멜랑콜리커들

박찬일 지음

연세대학교 대학출판문화원

멜랑콜리커들

지은이 박찬일
펴낸곳 연세대학교 대학출판문화원
주 소 서울시 서대문구 연세로 50
전 화 2123-3380~2
팩 스 2123-8673
ysup@yonsei.ac.kr
http://www.yonsei.ac.kr/press
등 록 1955년 10월 13일 제9-60호
인 쇄 (주)네오프린텍

2014년 9월 19일 1판 1쇄 2015년 3월 27일 1판 2쇄
ISBN 978-89-6850-076-3 (93800)

값 12,000원

머리말 1

알레고리가 일회적 알레고리이다. 행과 행이 모여 알레고리를 만든다. 수십 편의 詩가 수십 개의 알레고리이다. 북두칠성이 국자 모양이다. 일곱 개의 별이 '국자'라는 새로운 의미의 알레고리를 만들었다. 기표가 분리-배치되어 새로운 기의를 만들어냈다. 일곱 개의 별의 알레고리가 다르고, 여덟 개의 별의 알레고리가 다르다. 알레고리가 이점에서 파편적이다. 수십 편의 詩가 수십 개의 파편 이상이다. 수십 편의 詩가 하나의 알레고리를 주조할 때, 의미내용이 몰락이다. 성좌의 알레고리가 몰락의 알레고리이다, 몰락의 보편성에 의한 몰락의 알레고리이다.

바로크 시대, 戰場의 터전에 살던 인구의 1/3이 사라졌다, 1/3이 죽거나 '다른 곳으로 갔다'는 말. 신교도/구교도 間의 전쟁은 1618년에서 시작되어 1648년 베스트팔렌 조약으로 끝난다. 바로크문학이 '몰락의 알레고리'를 주요내용으로 한다. 여기도 몰락, 저기도 몰락이었다. 여기에서 '죽음을 기억하라'고 말했고, 저기에서 '죽음을 기억하라'고 말했다. 여기에서 '그날을 잡아라'고 말했고, 저기에서 '그날을 잡아라'고 말했다.

알레고리가 바로크 시대부터 몰락을 주요내용으로 말하기 시작했다. [벤야민의 공로이다] 따지고 말하지 않아도, 몰락의 자연사, 몰락의 인류사 아닌가. 지구의 지각이 유기물로 덮여 있다. '죽음'으로 덮여 있지 않은가. 다음 글의 제목이「초록무덤」이다.

무덤은 빙산의 一角이란다.
거대한 무덤이란다, 지구가.
무덤 위에 무덤이, 무덤 위에 무덤이
쌓이고 쌓여

단단해졌단다, 동글동글해졌단다.

초록 풀이 입혀졌단다.

바다는 무덤 아닌가요,
죽은 자를 물에 타서, 죽은 자에 죽은 자를 타서
초록 빛을 내는.

그렇단다, 그래서, 지구가 초록이란다,
초록 무덤이란다.

몰락과 멜랑콜리가 인접의 관계에 있다. 몰락이 일차적으로 애도를 낳고, 이차적으로 멜랑콜리를 낳는다. 프로이트에 의할 때, 멜랑콜리가 자기 자신에 대한 애도이다. 타자의 몰락에서 자신의 몰락을 보고-느낀다. 요컨대, 인류사 및 자연사가 몰락의 자연사 및 몰락의 인류사이고, 문학예술이 몰락의 알레고리일 수밖에 없고, 몰락의 알레고리가 멜랑콜리와 깊숙이 관련 있다. 한 인간의 멜랑콜리에 대한 파편적[알레고리적] 기록이 동시에 많은 사람의 멜랑콜리에 대한 파편적[알레고리적] 기록인 이유이다. 연세대학교 대학출판문화원에 감사드린다.

2011년 4월 22일, 박찬일

머리말 2

소멸을 얘기하는 者가 멜랑콜리커 아닌가. 소멸한 자를 몸속에 품은 자가 멜랑콜리커이고, 소멸을 몸속에 품은 자가 '멜랑콜리하다'. 소멸의 자연사-소멸의 인류사이므로, 소멸의 문학예술사이다. 문학이 소멸을 품고, 소멸자를 품고, 문학이 그러므로 멜랑콜리를 품고, 문학이 그러니 스스로 멜랑콜리커이다. 소멸의 자연사에 동의하고, 소멸의 인류사에 동의한다. 알레고리가 멜랑콜리이다; 알레고리[성좌Konstellation] 주조에 '주관성으로서 멜랑콜리'가 개입했다 보는 것이다. 그렇지 않더라도, 이것저것을 모아 구성-주조[분리-배치]했으나, 이것이 소멸과 관계하고, 저것이 소멸과 관계하고, 이것저것이 합쳐서 소멸을 구성하고, 혹은 소멸의 소멸을 구성하고, 스스로 멜랑콜리가 된 것, 스스로 멜랑콜리커가 된 것, 알레고리커가 멜랑콜리커이다.[1] 북두칠성이 '국자'의 알레고리이지만 국자가 소멸의 그물망을 빠져나가지 못한다. 일곱 개의 별이 '사방팔방' 멀리 떨어져 있고 질량도 다르지만 이들 역시 소멸의 그물망을 빠져나가지 못한다. 북두칠성의 알레고리가 소멸이고, '소멸의 멜랑콜리'이다.[2] 누구의 생각인가—별 일

---

1 "[알레고리라는] 카테고리의 분석적 유용성이 주로 생산미학의 영역에 있다는 것; 영향미학적 영역에서 보완이 반드시 필요하다."(뷔르거, 『아방가르드의 이론』, 3.Aufl., 95)

2 각주 1의 '뷔르거'를 위식하는것으로서, 북두칠성을 국자의 알레고리로, 동시에 소멸의 알레고리로 알리는 것이 영향미학적 고찰을 포함한다. 별자리로서 북두칠성은 '극단의 수단'으로서 [별들의 별자리로서], 그가 소멸이 운명임을 알릴 때, 이것은 소멸의 보편성을 알리는 것이 된다. 성좌 알레고리는 몰락의 보편성을 알레고리 일반의 내용으로 각인

곱 개의 배치가 북두칠성이라고, 별 일곱 개의 관계가 북두칠성이라고, 별 일곱 개의 배치가 달라질 수 있을 것이라고, 별 일곱 개의 관계가 달라질 수 있을 것이라고, 그러면 북두칠성이라고 할 수 있겠냐고, 국자가 알레고리인 북두칠성이라고 할 수 있겠냐고. 『말과 사물』(1966)의 末尾에서 푸코는 근대적 인간이 18세기말 지식의 재배치가 이루어낸 최근의 산물이며, 그때같이 다시 지식의 재배치가 이루어질 때, 근대적 인간은 "해변의 모래사장에 새겨진 얼굴이 파도에 씻기든 이내 지워지게 되리라"라는 유명한 말을 남긴다. 지식의 재배치가 알레고리이고, 알레고리가 소멸을 발판으로 하고, 또한 소멸을 목적으로 한다. 지식의 재배치에 멜랑콜리의 정조가 이미 깔렸다.

2012년 6월 29일, 박찬일

시켰다. 알레고리는 생산미학적으로 소멸의 멜랑콜리를 함량으로 갖고, 수용미학 [영향미학]적으로 소멸의 멜랑콜리를 함량으로 갖는다.

차례

제1부

'멜랑콜리'라는 이름말

이런 멜랑콜리커 – 저런 멜랑콜리커

양면감정병존 – 멜랑콜리의 현상학
— 벤야민의 『독일비애극의 원천』

'이런 멜랑콜리커'—'저런 멜랑콜리커'

자기실망을 자주 하는 者가 어느 날 그것을 크게 의식하게 됐을 때, 詩를 쓰거나, 개똥철학을 하거나, 술을 마신다. '자기실망'이 DNA 이중나선구조 염기서열의 한 부분의 문제인가? 본성이 아닌, 후생유전학의 한 부분으로서 혹독한 '대타자'를 만났기 때문인가? 조상 탓인가? 부모에 의한 '원리주의적' 교육 탓인가? 부모가 그렇게 태어났다 볼 때 후생유전학이 빛을 잃는다. 대타자로 표상되는 아버지 덩치가 워낙 커서 대타자와의 동일화가 이루어졌을 때, 초자아의 부릅뜬 눈 또한 워낙 크므로 그 눈에 자주 걸리기 때문일까? 탈주는 계속되나 번번이 실패로 돌아가고 체포가 계속된다. 도덕-양심의 다른 말이 초자아이고, 죄책감의 다른 말이 초자아이고, 자기실망의 다른 말이 초자아이다.

자기실망의 다른 말이 자기혐오이고, 극단이 자기학대이고, 자기학살이고—. 이를테면 코끼리가 모는 거대한 수레의 거대한 바퀴 밑에 몸을 던진다. 詩를 붙잡고 '나날들'을 보내다 보면 극단을 계속-계속 유지시키다가 白壽까지 살 수 있을지 모른다. 대리형성Ersatzbildungen-반동형성Reaktionsbildungen-승화작용Sublimierungen을 말할 때, 그것이 詩이거나, 혹은 아이스하키 같은 것 아닌가. 詩가 아닌 아이스하키에 방점을 찍는다. 자기실망 할 틈을 주지 않고 계속 몰아붙이는 아이스하키선수들. '생각하는 사람'이, '침잠의 명수'가, 멜랑콜리로 가는 가장 빠른 길이다. 군주들에게 생각할 틈을 줄 때, 국가대사를 그르칠 수 있다. 한가한 군주가 역사상 드문 이유이다. 궁신들이 군주에게 음주가무와 연회, 혹은 국가적 행사 등을 계속 제공한다. 궁신들도 예외가 아니다. 음주가무와 연회 등으로 계속 몰아쳐야 한다. 생각할 틈을 줄 때, 국가대사를 그르칠 수 있다. 궁신들이 생각하기 시작할 때 거기에 멜랑콜리가 포함된다. 배반이 포함된다.

1. 멜랑콜리커, 파울 첼란

첼란Paul Celan의 「죽음의 푸가Todesfuge」(1952)는 다음과 같이 시작한다. 첫 연이다.

> 이른 아침 검은 우유를 마신다 우리는 그것을 마신다 서녁에
> 우리는 그것을 낮에 아침에 마신다 우리는 그것을 마신다 밤에
> 우리는 마시고 마신다
> 우리는 대기 속에 무덤을 판다 거기서 사람들은 좁지 않게 눕는다
> 한 사내가 집에 살면서 뱀들과 논다 그는 편지를 쓴다
> 그는 날이 어두워지면 독일로 편지를 쓴다 그대 금빛 머리 마르가레테
> 그는 그것을 쓰고 집 밖으로 나온다 별들이 반짝인다 그가 휘파람으로 사냥
> 개를 부른다
> 그는 휘파람으로 유태인을 불러 땅에 무덤을 파게 한다
> 그는 우리에게 명령한다 이제 무도곡을 치라고

"검은 우유"가 표상하는 것이 독가스이고, 그러니까 모래이고 재이다. 모래와 재는 늘 타인의 모래와 재. '수용소Konzentrationslager' 이후, 혹은 '수용소사건' 이후, 첼란은 — 詩를 쓰는 것이 야만적인 일인 줄 알았어도 '쓰지 않을 수 없는 충동'을 물리치지 못하고 — '큰 멜랑콜리커'-시인으로서 평생 살아가게 된다. 인류의 유골함을 가슴에 품고 살아가게 된다.

> 곰팡이 푸른 것이 망각의 집.
> 바람에 펄럭이는 모든 문 앞에 너의 목 잘린 鼓手가 푸른색이다.
> 그가 너를 위해 이끼와 거친 陰毛로 만든 북을 친다;
> 곪은 발가락으로 그가 모래에 너의 눈썹을 그린다.

> 예전보다 더 길게 그가 눈썹을 그리고, 네 입술의 붉은색을 그린다.
> 너는 여기서 유골단지들을 채우고 너의 가슴을 대접한다.
>
> — 파울 첼란, 「유골단지에서 나온 모래」(1948)

"유골단지를 채"운 것은 "너"의 주검이고 "너의 가슴을 대접"하는 것 또한 "모래"로서 너의 주검이다, [먼저 죽는 것은 항상 타인이다] 유골단지의 모래가 대접하는 것은, 그러니까 유골단지의 모래가 給食하는 것은, 모래단지의 그 가슴만이 아니다. 모래단지의 모래가 給食하는 것은, 모래단지의 모래가 채우는 것은, 유골단지를 애도하는 화자의 가슴이기도 하다. [모래가 유골단지를 움직여서 나의 가슴을 채운다] 애도의 노래가 이 詩라고 할 때, '너의 가슴을 대접한다'는 아이러니이다. 사실은 '나의 가슴을 대접한다'이다. 죽은 자에 대한 애도불가능성에 빠질 때, 소위 [리비도]집중의 철회에 실패할 때, 죽은 자가 산 자를 덮어쓴다. 이른바 합체이다. 애도불가능성에 빠지는 것이, 하여 산 자를 덮어써서 산 자가 죽은 자가 되는 것이, '멜랑콜리'의 행로이다. 「유골단지에서 나온 모래」를 죽은 자가 덮어써 죽은 자가 된, 살아있지만 사실은 죽은 거나 마찬가지인 죽은 자가 쓴 詩로 볼 수 있다. '벌써 멜랑콜리커'가 쓴 詩라는 말이다. 鼓手가 "목 잘린 鼓手"이다. '목 잘린 鼓手'인 것이 애도불가능성에 빠져, 죽은 자와 합체된 鼓手이기 때문이다. 鼓手를 화자의 분신으로 보는 것이다. 첫 행과 마지막 행을 제외하고 모든 행의 주부가 鼓手, 혹은 '鼓手로서 "그"'이다. [화자를 대신하는 그이다] 그가 "망각"의 북을 친다. 여기까지가 애도행위이다. "푸른색"의 "너의 목 잘린 鼓手"가 멜랑콜리커이고, "너를 위해 이끼와 거친 陰毛로 만든 북을" 치는 鼓手가 멜랑콜리커이고, "곪은 발가락으로 […] 모래에 너의 눈썹을 그"리는 鼓手가 멜랑콜리커이고, "예전보다 더 길게 […] 눈썹을 그리고, 네 입술의 붉은색을 그"리는 鼓手가 멜랑콜리커이다. '예전보다 더 길게 너의 붉은 입술을 그린다.' 너는 '목 잘린 악사-鼓手'로서 이미 죽은 鼓手이다. 모래[재]에 눈썹을 그리나, 입술의 붉은 색을 그리나, 이미 그것은 죽은 鼓手-죽은 화자-멜랑콜리커에 의한 것이다. [붉은 입술이 아직 애도의 단계로 단정하게도 한다. 나[鼓手]는 청각-후각-시각-근육감각을 동원하여 너를 애도한다. 북을 치고, 발가락이 곪을 때까지 너의 눈썹을 그리고, 너의 붉은 입술을 그린다] 너는 – 끝 행에서 – 하나의 유골단지가 아니라. 복수의 "유골단지들Urnen"로 표상된다. 복수에 대한 애도는 벌써 애도불가능성이다. 첼란의 첫 시집 『유골단지에서 나온 모래』의 표제시이므로 아우슈비츠로 표상되는 유대인학살과 무관하지 않다. [아우슈비츠로 표상되는 유골단지들은 애도불가능성을 표상한다] '이상한 절차'로 생존한, 혹은 운 좋게 살아남은, 루마니아의 첼란은 이후 애도와 죄책감이 범벅이 된 '인생'을 살았고, 이것의 결실 하나가 詩「유골단지에서 나온 모래」이다. 혹은 시집 『유골단지에서 나온 모래』이다. 첼란은 멜랑콜리커의 모범적 예이다. 나이 50에 세느-강에서 투신한다. 첼란(1920-1970)의 가슴은 수많은 유골함들이 들어선 피라미드, 혹은 만리장성이다. 애도보다 죄책감을 강소할 때, 이것은 초자아에 의한 자기살해이다.

2. '이런 멜랑콜리커'

슬픔-애도는 초자아에 의해 승낙된 감정이다. 달리 말할 때, 애도 '또한' 초자아에 의한 [리비도]집중에 대한 명명이다. ["무목적적인 […] 해로운 행위"를 얘기할 때 이 또한 초자아에 의한 것이다] 초자아는 도덕-양심-죄책감으로 표상된다.

> 어느 정도 시간이 경과할 때, 애도상황이 극복될 것이라고 믿고 있다. 애도상황을 교란시키는 일을 무목적적unzweckmässig인, 심지어 해로운 행위로

간주한다.[1]

「애도와 멜랑콜리」(1915-1917)에서 문제는 애도Trauer가 아니라, 멜랑콜리Melancholie이다. 우울증-멜랑콜리는 자아상실로서 자기비하감정[수치심상실-자존심상실]을 크게 동반한다. "[누군가] 처벌-징벌해주었으면 하는 망상적 기대"(429)를 한다. 처벌-징벌이 초자아에 관련 있는 것으로 볼 때, '우울' 또한 초자아Über-Ich에 의해 허용된 감정이다. "자아Ich의 한 부분"으로서 "언필칭 '양심'이라는 심급기관"과 "고유한 자아에 대한 도덕적 불만"을 말할 때, 이것은 초자아에 對해서, 즉 초자아를 말하는 것이다. 애도에서 "대상에 對한 상실"을 말하고, 멜랑콜리에서 "자아에 對한 상실"(433)을 말할 때, 이것은 모두 초자아의 '[리비도]집중'에 의한 것이다. [상실한 자가 상실을 말할 힘이 없다. 상실을 말하는 것은 초자아의 리비도집중에 의한 것이다] 구별해서 말할 때, 후자에서 전자와 똑같은 리비도집중이 아닌, 그 리비도집중에서 풀려난, 그러나 리비도집중은 마찬가지인, "자유로운 리비도freie Libido"(435)에 의해서이다.[2]

애도에서, 초자아에 의해 허용된 리비도집중은, 애도-슬픔이 소멸하면서 자연 철회된다. 멜랑콜리에서 [초자아에 의한] '비판-불만으로서 리비도' 집중은 자아빈곤감의 극단적 상태에서, 곧 죽음[시체]에서 철회된다. [멜랑콜리에서 초자아에 의한 징벌은 암세포공격과 같다. 암세포뿐만 아

---

1 Sigmund Freud, Gesammelte Werke in 18 Bdn. Chronologisch Geordnet, Frankfurt/M. 1948, Ⅹ, 「애도와 멜랑콜리Traner and Melancholie」, 429; 이하 '프로이트 인용'은 본문에서 [권수]-[에세이名]-쪽수만 명기한다);「애도와 멜랑콜리」도 가능하고 「슬픔과 멜랑콜리」도 가능하다. 슬픔이 애도를 포함한다.

2 "[이런 방식으로] 대상상실은 자아상실로 변환되었고, 자아와 자아가 사랑한 사람 사이의 갈등은 자아비판과 '동일화에 의해 변형된 자아'의 분열로 변환되었다."(435); '갈등'이 말하는 것은 '변고발생'이다. 프로이트에 의할 때, 변고는 대상상실 뿐만 아니라, 대상에 의한 모욕-냉대[무시], 그리고 대상에 대한 실망을 포함한다. **'대상상실'/'자아상실'이 초자아와 관계있고, 무엇보다 자아비판Ichkritik이 초자아와 관계있다.**

니라, 정상세포까지 공격하여 결국 죽게 만든다. 정상세포 중의 정상세포가 초자아이다] [3]

멜랑콜리에서 '죽음에 이르는 병'이 두 가지 있는 셈이다. '극단적 자아빈곤'(호라티우스-베르터 등)으로 표상되는 자아상실은, 대상상실에 대한 리비도집중의 철회가 실패로 판명 났을 때 수반되는, 대상과 자아의 동일화에 의한 것이다. 상실대상이 자아를 덮어쓸 때, 자아상실이 일어난다. 죽은 자가 산 자를 덮어쓰는 것으로, 죽은 자의 유골함이 산 자의 心中에 안치되는 것과 같은 것으로, 산 자는 더 이상 산 자로 불릴 수 없게 된다. 이른바 우울증환자-멜랑콜리커의 身世이다. 또 하나는 초자아의 '극도의 자아빈곤'에 對한 태도이다. 자아상실감-극도의 자아빈곤은 초자아에게 비판-불만의 대상, 처벌-징벌의 대상이다. [호라티우스는 손가락 하나 까닥할 수 없어 머리를 감을 수 없었다. 머리에서 썩은 내가 났다] 오이디푸스-상황 Ödipus-Situation에서 오이디푸스는 대타자로 표상되는 아버지와의 동일화를 통해 '오이디푸스'[아버지]가 된다. 그 후 아버지 오이디푸스로 표상되는 '내면화된 초자아'에 依해 평생 살아가게 된다. 멜랑콜리의 '극도의 자아빈곤으로서 자존심상실-수치심상실'은 내면화된 초자아의 초미의 관심대상이다.

> 그대 보고 싶은 마음 죽이려고/ 산골로 찾아갔더니, 때 아닌/ 단풍 같은 눈만 한없이 내려/ 마음 속 캄캄한 자물쇠로/ 점점 더 벼랑끝만 느꼈습니다/ 벼랑끝만 바라보며 걸었습니다/ 가다가 꽃을 만나면/ 마음은/ 꽃망울 속으로 가라앉아/ 재와 함께 섞이고/ 벼랑끝만 바라보며 걸었습니다
>
> — 조정권, 「벼랑끝」 전문

---

3 "강박신경증Zwangsneurose의 경우 문제가 되는 것이 자아 밖에 머물러 있는 상식에 어긋나는 충동인 반면, 우울증의 경우는 초자아의 분노[애도] 대상이 동일화를 통하여 자아 속으로 수용된 것이다."(「자아와 에스」, XIII, 281); [대상은 늘 '애증감정병존의 대상'이다]

주제문이 "마음 속 캄캄한 자물쇠로/ 점점 더 벼랑끝만 느꼈습니다"이다. 첫 행 "그대 보고 싶은 마음 죽이려고"를 의식하는 것으로, 애도작업을 표상한다. 至難한 애도작업인 것이 '벼랑끝'에 선 애도작업이기 때문이다. 애도작업은, '리비도집중 철회'는, 실패한 것으로 보인다. 주제문을 '자기가슴에 유골함을 넣어 "캄캄한 자물쇠"로 잠근다'라고 한 것으로 보는 것이다. 유골함과 합체Korporation이므로 멜랑콜리커의 탄생이다. 끝에서 둘째 행을 의식하는 것으로 '"재와 함께 섞"인 것'이 그것을 웅변한다. "단풍 같은 눈"은 우선 모순형용이다. '유채색으로서 단풍'과 '무채색으로서 눈'의 병존. 단풍은 그러나 쇠잔한 잎으로서 종말로 가는 단계의 표상이다. 눈이 내릴 때 단풍이 종말을 고한다. 이 詩를 애도에서 멜랑콜리로 가는 도정차원으로 볼 때, 단풍이 애도단계를 표상하는 것으로 애도단계의 단풍이고, 눈이 멜랑콜리단계를 표상하는 것으로서 멜랑콜리단계의 눈이다. 단풍과 눈이 공간적 거리상 인접의 관계에 있고, 눈과 재가 의미적으로 인접의 관계에 있다. '봄눈 녹듯'이 말하는바와 같다. 눈이 재가 되는 것은 늘 시간문제이다.

3. 저런 멜랑콜리커

사랑하는 대상에 '실망'한 경우, 그리고 리비도집중 철회에도 실패한 경우, '리비도집중'이 다른 대상을 찾는데도 실패한 경우[轉位에 실패할 경우], 리비도집중이 자아 속으로 입성한다.[4] 사랑하는 대상이 '나=자아'도 가

4 "거의 저항할 힘이 없는 것으로 판명 나서 대상 [리비도]집중은 포기되고, 반면 자유로운 리비도가, 다른 대상으로 떠밀려가는 대신, 자아 속으로 들어갔다. 자아에서 그 리비도는 그러나 어떤 임의의 사용처를 찾지 못하고, 자아를 포기된 대상과 동일화시키는 것에만 기여할 뿐이다."(「애도와 멜랑콜리」, 435); [대상포기가 다름 아닌 자아상실에 대한 '애도불가능성으로서 포기'일 때, 따라서 그 자아상실이 외부에서 내부로의 위치 바꿈일 때, 외부에서의 리비도집중과 내부에서의 리비도집중을 달리 말할 까닭이 없다]

능하다. 혹은 사랑이 自己愛 아닌가? 이 경우, 대상상실의 자아상실로의 轉位가 없다. 자아상실로서 '벌써' 멜랑콜리이다.

부기하자. '자기에 실망하는 경우'도 대상상실을 말한다. 그 대상상실이 아닌 것은 대상상실이 벌써 자아상실이기 때문이다. '말 그대로 대상상실'이 요구하는 애도와 '자아상실로서 대상상실'이 요구하는 애도가 같은 것일 리 없다. 자아상실로서 대상상실은 '애도불가능성'을 단숨에 선너뛰어 멜랑콜리에 진입한다. '자기에 실망하는 경우'가 말하는 것은 '가장 빠른 자아상실'로서, 멜랑콜리로 가는 가장 빠른 지름길이다. 자기실망의 명수가 멜랑콜리의 명수이다. 자기실망으로 사는 사람이 멜랑콜리로 사는 사람이다.

자기실망으로 사는 사람에게 묻는다.

너는 무엇으로 사느냐?

— 멜랑콜리로 삽니다.

치명적 멜랑콜리와 경미한 멜랑콜리가 있어요.

초자아의 등장이 '중립적 의미의 자아' 상실을 이미 말하는 것이 아닌가? 초자아가 어린 시절의 초강력교육-원리주의적 교육에 의해 그 등장을 알렸을 때, 프로이트의 定食메뉴 — '오이디푸스상황'의 극복으로서, 아버지-대타자와의 동일화로서 그 등장을 알렸을 때, 이후 중립적 의미의 자아는 그 내면화된 초자아에 의해 점유된 채 살아가게 된다. [에스Es의 분화가 자아이고, 자아의 분화가 초자아이다] 에스-자아-초자아 間의 권력투쟁은 부족하다—만족스럽지 않다.[5] 초자아가 내면성으로서 그 등장을 알렸을

5 현실원칙과 쾌락원칙의 권력투쟁, 즉 초자아와 에스의 권력투쟁에서 쾌락원칙을 표상하는 에스의 승리를 궁극적으로 말할 때, 이는 「쾌락원칙을 넘어서」(1919-1920)의 프로이트를 부분 대변한다. "소수의 인간 개체들에서 더 큰 완벽을 향한 쉼 없는 동력이 관찰

때, 이것은 '중립적 의미의 자아' 상실로서 벌써 멜랑콜리의 시작이다. 간단히, 멜랑콜리는 자아상실이기 때문이다. 자아는 '에스로서 자아'이기도 하고, 自身Selbst으로서 자아이기도 하다. 자아상실을 말할 때, 이것은 이 모두를 상실하는 것을 말한다. 초자아가 원리주의적 교육이 아닌, 적절한 교육에 의한 등장일 때, 초자아가 대타자 아버지와의 미약한 동일화에 의한 등장일 때, 자아상실은 '치명적 멜랑콜리'에 못 미치는 것으로 해서 자아는 그만저만 살아가게 된다. 초자아의 등장은 치명적 멜랑콜리를 알리거나 경미한 멜랑콜리를 알린다. 초자아가 있는 한 멜랑콜리커를 면할 수 없다. [치명적/경미한 멜랑콜리 대신 초자아의 발달 정도를 말할 수 있다]

문제는 사랑하는 대상이 자아이고, 사랑하는 자아대상, 그 자아에 대한 실망이고, '사랑하는 대상으로서 자아상실'이다. 이중의 자아상실을 말할 수 있다. 사랑하는 대상으로서 자아를 상실했고, 사랑하는 주체로서 자아를 상실했다. 이중의 멜랑콜리이다. [자아에 실망했을 때 일어나는] '그' 자아상실에 대한 리비도집중은 애초에 다른 대상으로의 轉位가 봉쇄돼 있다] 이중의 자아상실로서, 두말할 나위 없는 완전한 자아상실이다. 대상상

되는 것은 본능억압의 결과로서 간단히 이해된다. 인간문명의 가장 고귀한 가치들이 모두 이러한 본능억압Triebverdrängung 위에서 세워졌다. 억압된 본능은 완전한 만족에 대한 노력을 결코 포기하지 않는다. 만족의 원초적 체험의 반복으로서, 대리형성, 반동형성, 승화작용 등 이 모든 것들이 억압된 본능의 지속적 긴장상황을 해체하기 역부족일 것이다."(「쾌락원칙을 넘어서Jenseits des Lustprinzips」, XIII, 44) '완전한 만족에 대한 노력'으로서 억압된 본능의 지속적 긴장상황이 초자아가 이룩하는 '인간문명의 가장 고귀한 가치들'을 압도할 것이라는 얘기이다; 「자아와 에스Das Ich und das Es」(1923)에서 '초자아'에 대한 심도 있는 논의가 펼쳐진다. 「자아와 에스」는 [쾌락원칙을 넘어서」의 후속편이고, 그리고 만년의 큰 저술들인 「문명 속의 불만Das Unbehagen in der Kultur」(1929-1930, XIV), 「인간 모세와 유일신교Der Mann Moses und die monotheistische Religion」(1934-1938, XVI)의 준비편이다. "만약 자아가 오이디푸스콤플렉스 극복에 실패했을 때, 에스에서 발원하는 에너지[리비도]집중이 자아이상의 반동형성에 다시 그 작용을 드러낼 것이다."(「자아와 에스」, XIII, 267); [그러니까] 죄의식이 무의식에 머물러 있을 때, 그것은 자아에서이다. 자아는 초자아에 복무한다. 초자아의 위임 下에 억압를 수행한다.(281 참조); 자아이상Ich-Ideal이 초자아의 다른 말이다. 초자아의 일이 본능억압이다. 죄의식을 미연에 방지하는 일이다.

실에 대한 리비도집중 역시 심화된다.

위장된 대상상실(자아상실의 위장으로서 대상상실)[6]이 아닌, 순전한 자아상실 역시-당연히 '생명과 관계있는 감정'에서 제외되어 있다.[7] 완전한 자아상실로서 '생명과 관계있는 감정'에서 완벽에 가깝게 제외돼 있다. [자아상실에 대한 비판은, 대상상실의 '자아상실로의 변형'에 의한, '변형된 자아상실'에 대한, 실제는 변형되기 이전의 대상상실에 대한, 일반적 케이스로서 비판이 아니라, 말 그대로 자아상실에 대한 비판이다] 누구인가? 사랑하는 사람이 자기 자신이었고, [실망 때문이었는가?] 그 사랑하는 자기 자신을 상실하였고, 그 사랑하는 자기 자신을 心中에 안치시킨 사람이? 확

---

6 대상상실-애도불가능성[리비도집중철회 실패]-자아상실로 이어지는 멜랑콜리의 메커니즘을 '위장'된 대상선택, 즉 나르시시즘에 기반한 대상선택에서 발원하는 것으로 말할 수 있다. ['나르시시즘에 기반한 대상선택'이 말하는 것은 대상선택이 바로 '나'라는 점이다] 대상상실에 대한 리비도집중 절차를 거치지 않고 바로 대상과의 동일시가 달성(?)되는 "나르시시즘적 질환dle narzisstischen Affektionen"을 말할 수 있다. "동일시"가 "대상선택의 사전단계"인 점에서 분명 원시 나르시시즘으로의 "퇴행"(「애도와 멜랑콜리」, 436)을 말할 수 있으나, 결과로만 볼 때, 대상과의 동일화로 인한 자아상실이 여전하므로 일반적 멜랑콜리 메커니즘에서 완전히 벗어난 것은 아니다; "그러니까 멜랑콜리는 그 특성의 일부를 애도에서 빌려오고, 다른 일부를 나르시시즘으로의 퇴행과정, 즉 나르시시즘적 대상선택에서 빌려온다."(437); [프로이트가 멜랑콜리의 두 가지 경로를 분명히 밝혔다] 애도에 의한 멜랑콜리와 나르시시즘적 대상선택에 의한 멜랑콜리가 다른 것은 후자에서, 대상과 자신이 동일하므로, '둘'의 "사랑관계Liebesbeziehung"(436)가 그대로 유지되는 점이다. 둘이지만 하나라는 점에서 일반적 의미의 '그 대상상실'이 없다. 상대에 의한, 혹은 상대에 대한, 모욕-냉대-실망에 의한 대상상실 또한 없다. 대상에 대한 사랑/미움이라는 양면감정병존 또한 존재하지 않는다. 양면감정병존 또한 질병으로서 "멜랑콜리의 전제조건"(438)이었다. 나르시시즘적 대상선택에 의한 멜랑콜리는 바로 자아상실에서 비롯된다. 이를테면 대상에 대한 실망이 아닌, 자기에 대한 실망이다. 자아에 대한 실망이 '저런 멜랑콜리커' 탄생의 조건이므로 프로이트가 말한 '나르시시즘적 대상선택에 의한 멜랑콜리'가 곧 '저런 멜랑콜리커'인 셈이다.

7 '생명과 관계있는 감정'이 이를테면 사랑의 술부로서 "주변에 대한 겸손과 굴종Unterwürfigkeit"(「애도와 멜랑콜리」, 434)이다. '멜랑콜리'는 겸손-굴종과 무관하다. 멜랑콜리커의 "이런 – 주로 도덕적인 – 편협망상Kleinheitswahn은 불면증과 음식을 거부하는 상황으로 귀결되고, 심리학적으로 아주 주목되는 것으로서, 모든 살아있는 것을 생명에 붙잡아둘 것을 강제하는, 그 본능욕구마저 능가하는 상황으로 이어진다.(431-432); '불면증과 음식을 거부하는 상황' 또한 멜랑콜리가 '생명과 관계있는 감정'과 무관하기 때문이다.

실한 것은 그가 '일반적 케이스로서 대상상실' 없이 우울증에 낚이므로 우울증의 명수, 우울증에 걸리기 쉬운 케이스라는 점이다.

> 그렇다. 아마 좋은 점을 말할 수 없는 사람보다, 기품 있고 능력 있고 훌륭한 [첫째] 유형의 사람이 우울증에 걸릴 가능성이 더 높다.(「애도와 멜랑콜리」, 432)

프로이트가 이렇게 말할 때 이것은 초자아가 발달한 사람에 대해서이다. "의식 검열과 현실성 검사"(433)의 능동因으로서 이것[의식 검열과 현실성 검사]을 자아에 많이 내면화한 자에 대해서이다.[8] 초자아가 발달한 사람이 초자아의 훼손에 민감하다. 왜 그러지 않겠는가?

> 우울증의 경우 초자아가 의식을 독점한 인상이 훨씬 강하다. 그러나 여기에서 자아는 반대를 할 엄두를 못 낸다. 자신의 죄를 자인하고 처벌을 감수한다.(「자아와 에스」, 281)

첫 문장이 말하는 것은 우울증이 초자아가 발달한 사람이 '특히' 걸리는 병이라는 것이다. 초자아는 무의식적 에스에 대해, 일어나는 일들에 대해, 더 많은 것을 알고 있고, 따라서 무의식적 에스에 대한, 일어나는 일들에 대한, 반응이 빠르다. 17세기 루터주의자들, 바로크비애극의 담당자들이, 혹은 햄릿이, 그런 자들이었다.(벤야민, 『독일비애극의 원천』, 전집, I-1, 「정당화론-아파테이아-멜랑콜리」 章)

> 그는 아버지의 다리를 잡고 개새끼 건방진 자식 하며

---

8 현실성 결여를 자아가 발언하는 것으로 보는 것이 프로이트에 더 가깝다.

비틀거리며 아버지의 샤쓰를 찢어발기고 아버지는 주먹을
휘둘러 그의 얼굴을 내리쳤지만 나는 보고만 있었다
그는 또 눈알을 부라리며 이 씨발놈아 비겁한 놈아 하며
아버지의 팔을 꺾었고 아버지는 겨우 그의 모가지를
문 밖으로 밀쳐냈다 나는 보고만 있었다 그는 신발 신은 채
마루로 다시 기어올라 술병을 치켜들고 아버지를 내리
찍으려 할 때 어머니와 큰누나와 작은누나의 비명,
나는 앞으로 걸어 나갔다 그의 땀 냄새와 술 냄새를 맡으며
그를 똑바로 쳐다보면서 소리 질렀다 죽여 버릴 테야
法도 모르는 놈 나는 개처럼 울부짖었다 죽여 버릴 테야
별은 안 보이고 갸웃이 열린 문 틈으로 사람들의 얼굴이
라일락꽃처럼 반짝였다 나는 또 한 번 소리질렀다
이 동네는 法도 없는 동네냐 法도 없어 法도 그러나
나의 팔은 罪 짓기 싫어 가볍게 떨었다 근처 市場에서
바람이 비린내를 몰아 왔다 門 열어 두어라 되돌아 올
때까지 톡, 톡 물 듣는 소리를 지우며 아버지는 말했다
— 이성복, 「어떤 싸움의 記錄」 전문

자기증오는 자기상실의 증거이다. 증오하는 것은 궁극적으로 상실을 증오하는 것이다. 대타자가 발전한 사람이 증오에 강하고, 따라서 '상실'에 잘 걸리는 자이다. 자기상실이 지시하는 것은 멜랑콜리이다. "그"는 형인 것 같지만 사실 화자 "나"이고("나의 팔은 罪 짓기 싫어 가볍게 떨었다"), "아버지" 또한 나이다. 증오가 나에 대한 증오라는 것이다. 나-형-아버지 다 같은 족속 아닌가. 같은 오이디푸스 가족관계 아닌가. 형이 아버지를 저러는 것은 자기를 그러는 것과 같다. 아버지가 "門 열어 두어라 되돌아 올/ 때까지"라고 말했을 때, "톡, 톡 물 듣는 소리를 지우며" 그렇게 말했을 때, 이것을 아버지 또한

자기가 증오할만한 자라고 승인한 것으로 보는 것이다. "톡, 톡 물 듣는 소리"가 말하는 것은 대타자로서 내면화된 초자아의 목소리이다. 아버지 또한 초자아에게 '그것'을 '지우'고 싶을 정도로 시달렸다. "罪" 또한 말할 때 하늘 아래 새로운 것이 없다. 아버지도 죄책감에 시달리고, 형과 나도 죄책감에 시달린다. 그 대타자 때문에 죄책감에 시달린다. 이성복이 대타자-초자아가 심리 발달한 자로서 "法"에 시달리는 자이다. 양면감정병존을 애도와 멜랑콜리에서 말할 때, 그 양면감정병존을 여기에서 본다. 法으로서 표상되는 초자아는 우리를 자기실망-자기경멸-자기학대에 시달리게 하는 자이다. 초자아에 의해 충분히(?) 시달릴 만큼 시달린 자는 이제 초자아에게 무릎을 꿇는다. 초자아에게 法을 지키며 살겠노라고, 규칙-규율-규범을 지키며 살겠노라고 맹서한다. 「어떤 싸움의 記錄」에는 자기실망-자아상실로서 멜랑콜리커가 있다. 「어떤 싸움의 記錄」에는 자아상실을 대타자 아버지-法-'오이디푸스'의 [재]수용을 통해 없는 것으로 해서, 평생 초자아를 안 건드리는 삶을 살려는 모범생이 있다. 「어떤 싸움의 記錄」은 멜랑콜리커와 모범생의 변증이다.

죽어 있으면 언젠가 솟을 줄 알았어 모래 밖으로
열없는 꿈을 비웃듯 내게 물 없는 늪을 주더라
잡을 것이 없어 구멍 속으로 구멍 속으로 목구멍
차오르는 메마름에 울어도 보았어 소리도 질렀는데 모래가 웃으며 물어보더군
왜 그래?
기대가 함정이 되어 모래로 모래로 깔때기로 비틀어진 내게
사납게 웃으며 사자처럼 달려드는 너
너희

모래들, 개미 귀신들.

— 안은별, 「모래」 전문

'사막의 지옥'을 모래지옥이라고 하던가? 그래서 「사막을 건너는 법」이라는 소설이 오래 기억에 남나? 개미지옥이 모래지옥을 말하는가? 그 작은 것들이라니! 명주잠자리라고 하는, 명주잠자리의 유충이라고 하는 이름이 만든 개미지옥. 모래지옥-개미지옥이 타인을 표상할 때, 타인이 잡아당기는 것으로서 애도불가능성에 의한 타인과의 합체를 의미할 때, 여기서 화자는 '이런 멜랑콜리커'이다. "구멍 속으로 구멍 속으로 목구멍"이 멜랑콜리 과정이다. 구멍이 결국 목구멍이었다. 목구멍으로 들어가 가슴 속에 안치된 타자의 유골함, 그 유골함을 표상하는 것이 첼란의 시에서처럼 "모래"이다. '이런 멜랑콜리커'가 '저런 멜랑콜리커'로 변증할 수 있는 것은 역시 '자기에 대한 실망'이다. 물론 초자아에 의해서이다. 자아는 초자아의 단죄의 대상이다. 모래지옥에 빠지는 꿈을 꾼다. 스스로 개미가 되어 개미지옥에 빠지는 꿈을 꾼다. 모래지옥에 빠지거나, 개미지옥에 빠지거나, 올라올 수 있는 가능성이 없다. "죽어 있으면 언젠가 솟을 줄 알았어 모래 밖으로"라는 말은? 한 번 빠지면 죽어도 다시는 올라올 수 없는 것, 그 멜루디를 말한다. 멜랑콜리는 죽어야 끝난다. 혹은 멜랑콜리커는 평생 멜랑콜리커로 사는 사람이다. 이런 꿈을 자주 꾸는 사람이 초자아가 발날한 사람이다. 원리주의적 교육을 받았거나, 오이디푸스상황에서 대타자와 심한 동일시사건을 겪었거나. 초자아는 죽음에 관심이 없다. 자연이 몰락에 관심이 없는 것처럼 몰락에 관심이 없으니 초자아가 자연과 같다.

양면감정병존-멜랑콜리의 현상학 — 벤야민의 『독일비애극의 원천』

(1) 신이 원하는 것이 내가 원하는 것보다 나은 것으로 간주한다. 나는 시중자 및 추종자로서 나를 신에게 바치고자 한다. 나는 의도와 노력 下에 신과 동행한다(에픽테토스Epictetus[Epiktet][～AD138], 『텔레스와 무소니우스, 복된 인생으로 가는 길Teles und Musonius, Wege zum glückseligen Leben』, übertr. v. W. Capelle, Zürich 1948). 스토아주의-중세기독교-루터주의들이 상호 유비적이다.

(2) 멜랑콜리는 "피조물적인 것과, 그 삶에 결정적인, 죄의 법칙에 대한 무대책의 충실로서 그것의 알맞은 완성이다."(『독일비애극의 원천』 Ⅰ-1, 333)[1][2]; 루터주의가 바로크-멜랑콜리의 온상이다. '바로크'가 루터주의로부터 멜랑콜리적 인간을 낳았다.

(3) "멜랑콜리가 알음-지식Wissen을 위해 세상을 배반한다."(334); '세상을 배반한 결과'가 서쪽에서 온 뜻은? 혹독한 멜랑콜리로서, 자아상실이다. '知識'이 표상하는 것이 역사적 멜랑콜리로서, 역동적 멜랑콜리-구제멜랑콜리이다. 유명론Nominalismus 아닌가? 누가 자아상실을 자청하는가? 누가 악마의 아가리 속으로 自身을 자발적으로 투척하는가?

---

1 이하 『독일비애극의 원천』(이하 『원천』)에서의 인용은 본문에서건 각주에서건 쪽수만 밝히기로 한다. 『원천』에서의 인용은 티데만Rolf Tiedemann과 슈베펜호이저Hermann Schweppenhäuser가 편집한 발터 벤야민 전집 중, Ⅰ-1(Frankfurt/M. 1978, 2. Aufl.)에서의 인용이다. 필요할 경우 章의 제목을 병기한다. ['벤야민' 인용은 이 전집에 의한다]

2 멜랑콜리의 가장 큰 조건으로서 [창조주가 아닌 것으로서] '피조물'을 말한다. [原]죄의식을 말할 수 있다. 태어난 게 죄이다.

(4) 벤야민의 메시아주의는 유물론적 메시아주의이다. 동태적 멜랑콜리는 바로크시대의 멜랑콜리로서 역사적 멜랑콜리이다. 그리고 역사에 관계하는 멜랑콜리로서, 구제멜랑콜리를 특성으로 갖는다. 구제알레고리→구제형이상학, '메시아주의'로 이어진다. 많음Vielheit으로서 현상들-사물들, 요소들이므로, 많음으로서 태양들-성좌들이므로, 많음으로서 엠블럼들이므로, 그들이 공통으로 드러내는 진리에 의한 것이므로, 유물론적 구제형이상학이다.

(5) 벤야민에서 '완전한 죽음'을 말할 때, 몰락을 일일이 불러내는 것으로서, 일반형이상학에 합류한다. 다른 것은 몰락 이전의 '완전성으로서 죽음'이 아니라, 몰락 이후의 '완전성으로서 죽음', 그에 대한 보증이다. 완전성으로서 죽음은 우선 몰락을 전제로 한다. 이를 넘어서는 것은, 몰락하지 않은 것도 일일이 호명함으로써 그들의 몰락이 그들만의 몰락이 아니고, 일반적 몰락인 것을 미리 알리는 방식이다. 과거의 몰락뿐만 아니라, 다가올 몰락을 향해서도 '알레고리커'는 완전한 몰락을 부르짖는다. 몰락의 형이상학이다. '알레고리커로서 벤야민'이 말하는 것이 멜랑콜리커이고, 멜랑콜리커의 구제방식이다. —뒤러Albrecht Dürer의「멜랑콜리아 I」에 나타난 천사의 '부릅뜬 눈으로서 구제방식'이다. 12년 후 또 하나의 천사가 등장한다.「역사철학테제 Geschichtsphilosophische Thesen」라는 제목으로 더 알려진「역사의 개념에 대하여」(1942)에서 클레Paul Klee의 회화「새로운 천사」를 앞에 두고 다시 유물론적-변증법적 구제방식을 말한다. '동질적이고 공허한 시간을 관통하는 역사적 발전과정'으로서 그 한 步 한 步 '진보Fort-Schritt'가 아닌, '도약'으로서 '현재시간'의 내파가능성-폭파가능성을 말한다. 천사는 "새로운 천사Angeles Novus"로서 "잠시 머물고 싶어 할, 죽은 자들을 깨우고 싶어 할, 산산이 부서진 것을 짜맞추고 싶어 할, 천사이다."(I -2, 697);『원천』에서 "멜랑콜리의 끈질긴 침전이 죽은 사물들을 구제하기 위해 죽은 사물들을 靜觀Kontemplation 속에 둔다."(334)고 했을 때 벤야민의 천사 역할은 분명해진다. 벤야민의 '천

사'는 역사적 멜랑콜리커로서 "사물들의 덧없음을 영원 속으로 구제하는 것"(397)이다.[3] 죽은 사물들을 짜맞추어 – 이것이 알레고리커로서의 행위이다 – 덧없음의 알레고리를 만들어, 이 덧없음을 그들 각각에 되돌려주는 것이, 그들을 영원 속으로 구제하는 것이다.[4] 북두칠성을 예로 들 때, '북두칠성의 배치'를 덧없음의 알레고리로 보고, 이 덧없음을 7개의 별 각각에게 되돌려주어, 그들을 영원으로 구제하는 것이다; '멜랑콜리의 지속적 침전의 목적이 죽은 사물들을 구제하기 위해 죽은 사물들을 靜觀 속에 두는 것', '사물들의 덧없음을 영원 속으로 구제하는 것', 이것들이 말하는 것이 무엇인가. 간단히, '너희들에게만 몰락이 있었던 것이 아니야', 라고 말해주는 것. 몰락을 몰락 속으로, 들여보내는 것, 몰락의 보편성 속으로 들여보내는 것, 그러므로 몰락자를 몰락자를 통해 구제하는 것[5]—너희들만 몰락한 것이 아니야! 물론 멜랑콜리커의 어조이

---

3 벤야민의 신학적 세계관, 혹은 메시아적 세계관을 보여준다.

4 북두칠성이 국자의 알레고리이다. 7개의 별의 질량이 각각 현저히 다르고, 7개의 별 간의 거리 또한 현저히 다르다. 별들이 서로에게 극단적이다. 극단적인 것들이 '모여'(?) 국자 알레고리를 만들었다. 극단성과 우연성("의도의 죽음", 「이념으로서 말」 章, 216)이 벤야민의 알레고리 이해이다. 벤야민의 알레고리는 그리고 멜랑콜리를 特長으로 한다. '알레고리는 멜랑콜리이다.' 알레고리는 몰락에 대한 멜랑콜리로서 인류의 沒落史-자연의 몰락사를 전제한다. '몰락의 보편성'의 구체화가 멜랑콜리이고, 멜랑콜리의 구체화가 알레고리이다.

5 몰락을 몰락으로 구제하는 변증법적 방식이 낯설지 않다. 니체형이상학에서 이것은 '가상을 가상으로 구원하는 것'으로 나타난다("이제 우리에게 꿈이 '가상의 가상'으로서, 이로서 꿈이 가상에 대한 근원적 욕망의 보다 고차원적 충족으로서 간주돼야 한다.", 『비극의 탄생』-1872, Ⅲ-1, 35; 니체 인용은 Giorgio Colli-Mazzino Montinari가 편집한 니체전집, Nietzsche Werke. Kritische Gesamtausgabe, Berlin-Newyork 1967ff.)에서이다. 로마자가 권수를 표시하고, 아라비아숫자가 쪽수를 말한다), 무엇보다 그림자를 그림자로 구원하는 것으로 나타난다: 니체 형이상학은 '전도된 플라톤주의'이다. 물론 A와 B를 설정하고 A보다 B에 우위를 부여하는 의미의 전도된 플라톤주의가 아니다. 니체는 A를 부정한다. A를 부정하고 B를 긍정한다. 니체철학은 관념론적 실재의 부인, 이의 결과로서 탁월성의 부재, 유비성의 부재, 무엇보다 일의성을 특징으로 한다. '현상'에 대한 무한한 긍정이 일의성이다. 니체가 "정오 : 가장 짧은 그림자의 순간"(『우상의 황혼』, Ⅵ-3, 75), "뜨거운 정오"(『차라투스트라』, Ⅵ-1, 339), "위대한 정오"(같은 책, 404)를 말했을 때, 이 또한 플라톤주의에 대한 부정이다. 이데아와 이데아의 그림자를 플라톤철학이라고 할 때(플라톤이 '그림자', '영상'이 가장 열등한 단계라고 한 것을 상기해야 한다), '가장 짧은 그

다; 벤야민의 천사는 정태적 멜랑콜리커가 아니라, 동태적 멜랑콜리커이다.[6] 뒤러의 천사는 그의 동판화「멜랑콜리아 I」에 등장하는 것으로서 양면감정병존을 갖는다. 애도-잉여감정에 휩싸인 정태적 멜랑콜리커의 모습, 그리고 – 이것은 천사 주변의 아이콘들을 고려한 것으로써 – '사유운동으로서 동태적 멜랑콜리커'의 모습을 보여준다. '죽은 사물들'과 '죽은 사물들의 구제'의 관계와 같다. 벤야민이『원천』2.부 '비애극과 비극'「토성론」[사투르누스론]에서 "사투르누스표상의 변증법적 특징"(327)이 "멜랑콜리적 심정상태의 영혼의 이중성에 대한 아리스토텔레스 통찰들"(328) 이래 계속 나타난 것을 얘기한다. 멜랑콜리 연구의 금자탑이라고 할 수 있는 파노프스키Erwin Panofsky 작슬Fritz Saxl의『뒤러의 멜렌콜리아 Ⅰ. 문헌사적-유형사적 연구 시도』, Leipzig-Berlin, 1923)을 꺼내든다. 벤야민이 여기에서 인용한 '말 중의 말': "멜랑콜리와 마찬가지로 대립의 데몬, 사투르누스는 영혼에게 한편으로 나태와 둔중을, 다른 한편으로 지력과명상을 수여한다.(18-19;『원천』, 327에서 재인용)

— 박찬일,「단자로서 태양들—'많음'으로서 성자들」

『독일비애극의 원천』감상 A」,『예술가』, 2013 여름, 332-335.

(6) 전기낭만주의의 인류보편적 개인주의는 이후 민족주의로 퇴락의 길을 걷는다. 낭만주의를 '나폴레옹'과 함께 독일통일(1871)의 功(?)으로 보는 까닭

림자의 순간', '뜨거운 정오', '위대한 정오'가 南中으로서, 욕망하는 대상과 욕망하는 주체의 뜨거운, 위대한 합일 상태를 주장한다. 그림자가 존재를 물리치고 존재가 된 삶, '~인 것 자체'가 그림자인 삶, '가상으로서 삶'이 본체인 삶! 플라톤주의로 표상되는 서양형이상학, 그 서양형이상학의 전도가 가시적으로 성취됐다. 그림자가 주인을 접수하고 그림자가 주인이 되는 진경. 그림자가 본체를 접수하고 그림자로서만 걸어가는 진경; 박찬일,「유물론적 변증철학—'플라톤'에 대한 가정적 접근 —『국가』를 중심으로,『예술가』, 2012 여름, 275 참조.

6 벤야민이「엠블럼으로서 시체」에서 역사신학Geschichtstheoiogie의 바탕에서 신학적 해소를 말할 때 이것은 "정태적statisch"이 아닌 '"역동적dynamisch"으로서 해소'를 말하는 것이다.(390);「엠블럼으로서 시체」章의 의의가 무엇보다 '정태적'-'역동적'이라는 어휘의 출현에 있다. 이후 '벤야민 연구'에서 '역동적 멜랑콜리'에 대한 논의가 탄력을 받게 됐다.

이다. 민족주의는 국가주의로 퇴락되어 보불전쟁-제국주의전쟁 등 이후 세계사적 전개에 비극성으로서, 본연의 [피조물이 함의하는] 비극성과 다른 '가시적 비극성'으로 해서, '비극성'을 심화시킨다. 종교개혁이 불러들인 인류보편적 정신에 대한, 구원의 보편성에 대한, 모색이, 종교라는 이름의 '열차'의 다양성으로 해서, 역시 분파주의에서 자유롭지 못했고, 이후 30년 전쟁-기독교/이슬람의 갈등(9-11전쟁, 아프가니스탄전쟁-이라크전쟁) 등 이후 세계사적 전개에 비극성으로서, 본연의 [피조물이 함의하는] 비극성과 다른 '가시적 비극성'으로 해서, 비극성을 심화-확대 시켰다. 비극성의 심화-확대가 그 자체 세계사적 사건으로 현상화되면서, 대파국이 그 조건을 점점 是認시키는 쪽으로 가는 것으로 보인다. 물론 '구원'을 잠재태로 갖는 대파국이다. 대파국이 비로소 스스로 구원을 얘기하기 시작한다.

1. 루터주의의 典據들

낙타가 바늘귀로 들어가는 것이 부자가 하나님의 나라에 들어가는 것보다 더 쉽다.

— 「마태복음」 19장 24절

"낙타가 바늘귀로 들어가는 것"을 '쉬운 일'로 얘기할 때, 이것은 '낙타로서 삶-예속으로서 삶'이 은총을 담보한 삶으로서, 낙타로서 삶, 예속으로서 삶을 살 것을 요구하는 것이다. "부자가 하나님의 나라에 들어가는 것이 낙타가 바늘귀를 들어가는 것보다 더 어렵다"라고 앞뒤를 바꿔 말할 때, 부자가 하나님의 나라에 들어가는 것이 '어려운 일'로 얘기할 때 – 여기서 부자가 많은 재산viele Güter(22절)을 가진 자를 표상하기도 하지만 – 이 얘기가 진정 말하는 것이, '부자'가 또한 표상하는, '세상사람-지상의 인간'으로 살지 말 것에 대한 요구이다. 다음은 21절이다.

> 예수께서 가라사대 네가 온전하고자 할진대 가서 네 소유를 팔아 가난한 자들을 주라 그리하면 하늘에서 보화가 네게 있으리라 그리고 와서 나를 좇으라 하시니

가진 것을 "가난한 자들"에게 나눠주라고 했을 때, 이것은 善行을 분명 요구한 것처럼 보인다. 중요한 것은, 재화를 하늘에 두고 예수를 "좇으라"는 그 다음의 요구이다. 지상의 삶에 대한 포기가 분명 예수의 입에서 흘러나왔고, 나중에 루터주의가 이에 응답한다.

신에 대한 헌신에 대한 요구는 물론 가톨릭에서도 예외가 아니다. 성경 다음으로 많이 읽히는 신앙지침서 중의 하나인 15세기의 『遵主聖範』(『그리스도를 본받아』) 역시 그리스도에 대한 헌신을 첫째 덕목으로 요구했다. 저자 독일수도사 토마스 아 켐피스(1379/80-1471)는 말한다.

> 심판의 날에 우리에게 던져질 질문은 우리가 무엇을 읽었는지가 아니라, 우리가 무엇을 했느냐다. 우리가 말을 얼마나 잘했느냐가 아니라, 우리가 얼마나 경건하게 살았는지에 관해 대답해야 할 것이다.

니체의 관점주의 중의 하나인 '노예도덕으로서 원한감정'이 떠오르는 부분이다. 弱者에 의한 강자에 대한 원한감정을 정당화시킨 것을 니체는 기독교에서 먼저 봤다. '强者에 의한 무슨 과업', 이를테면 학문-학식-예술 등이 副次的 일이었다. "무엇을 했느냐"가 말하는 것이 '신에게 헌신했는가?'—경건하게 살았는가?이다. [약자가 강자를 경멸할 수 있게 되었다]

쇼펜하우어는 비록 同苦-慈善을 얘기하고 있기는 하나 이 역시 副次的인 것이다. 그가 세상 것에 대한 모든 포기를 말하는, 종국에는 自身의 포기까지 말하는, 인도의 극단적 윤리를 알린다. '포기'에 관한 한 루터주의와

지근거리에 있다.

> 인도인의 윤리에는 다음과 같은 것이 규정되어 있다. 모든 자기애를 완전히 否定하는 이웃에 대한 사랑, 인류에만 한정하지 않고 일반적으로 모든 생물이 포함되는 사랑, 매일 힘겹게 얻은 것까지 기꺼이 내어주는 자선, 모욕하는 사람 모두에 대한 무한한 인내, 아무리 사악할지라도 악 모두를 선이나 사랑으로 갚는 일, 치욕 모두를 자진하여 즐거이 참는 일, 육식 모두를 삼가는 일, 참된 성스러움을 얻으려는 자의 완전 童貞 및 온갖 육욕의 단념, 모든 소유물을 버리고 모든 거주지며 식솔들을 떠나는 일, 깊고 완전한 고독에 잠겨 침묵 속에서 숙고하는 일, 자발적으로 속죄하고 천천히 끔찍한 고행을 하며, 의지의 완전한 소멸에 이르는 일, 그리하여, 자진하여 굶어죽거나, 악어에게 먹혀 죽거나, 히말라야 산속의 성스러운 바위 꼭대기에서 뛰어내려 죽거나, 생매장되어 죽거나, 무희들이 노래하고 환호하며 춤추는 가운데 神像을 싣고 돌아다니는 거대한 수레바퀴 아래 몸을 던져 죽는 일 등.(『의지와 표상으로서 세계』, 68.장)[7]

2. 루터주의와 멜랑콜리

루터주의는 믿음에 의한 구원으로서 은총을 말하나, '선행에 의한 구원으로서 은총'을 말하지 않는다. 루터주의자였던 바로크의 위대한 작가들이, 결과가 '삶'의 부인인, 루터주의에 발목을 잡힌다.[8] 세속적-국가적

7 스토아주의와 루터주의와 유비이다. 스토아주의자Stoiker 중, 스토아주의의 始祖로 알려진 제논(~BC262)이 스스로 목숨을 끊었고, 제논의 후계자 클레안테스Kleanthes(~BC233)가 스스로 목숨을 끊었다. 후기 스토아주의를 대변하는 세네카~BC65) 또한 자살과 같은 방식을 택했다.

8 루터교의 이율배반을 말할 때, 이것은 믿음의 강조, 그리고 "시민적 삶의 영위에 對한 엄격한 윤리성"(317)이 말하는 바이다. 그리고, 선행에 의한 구원을 부인하고, 믿음에 의한

삶의 영역이, 단지 副次的인 것으로서, "시민적 덕"을 입증하는 "시험장 Probstatt"(317)이란 말인가? 인간이 믿음에 의한 구원, 즉 예수 영접에 의한 구원, 성령 강림에 의한 구원만을 말한 루터 시대, 햄릿의 반응이 있다. 벤야민이 부분 인용했다. 변증법적 물음이다. [반명제에 의한 변증은 명제가 전제이다]

> [아, 눈에 걸리는 일마다 나를 가책하고 둔해진 내 복수심에 매질을 하는구나!] 인간이란 무엇이냐? 자신이 써서 얻는 이익과 최고 재산이 오로지 잠자는 일이고 먹는 일일 때, 가축과 다를 바 없다. 분명 우리를 창조하신 분이 전후좌우를 살피는 사유의 힘을 우리에게 부여했을 텐데. 그 분이 우리를 [사유]능력과 신적 이성을 사용하지 못하게 해 곰팡내 풍기도록 놔둘 분이 아닐 텐데 […] 내 그 일을 실행할만한 명분과 의리와 능력과 수단을 가지고 있지 않은가.(『햄릿』, 4.막 4.장)

인간이란 무엇인가? "가책"이고 "복수심"이다. "사유의 힘"이고 "신적 이성"이다. 인간이란 무엇인가? "명분"-"의리"-"능력"-"수단"을 가진 자. 神이 누구인가? 인간의 "[사유]능력"과 신적 이성을 썩히지 않게 할 분이다; 루터주의는 그러나 오로지 믿음에 의한 구원가능성을 역설한다.[9] 인생에 대한 원대한-심원한-웅혼한 기획이 '구원'과 무관한 것으로 드러났을 때, 아무런 말을 못하고 놀란 눈으로 세상 어딘가를 바라보는 멜랑콜리커[햄릿]가 나타난다. 선행-공적에 의한 구원이 부정됐을 때, 선행-공적이 副次的 의미밖에 가지지 못한 것으로 판명났을 때, 뛰어난 인간들의 비애가 그 깊이를 더해, 급기야 일체의 행동에 무기력해지는 멜랑콜리로 이어진

구원을 강조한다.

9 햄릿의 이 말은 비텐베르크 [교회]성문에 95개의 루터조항을 붙인 루터의 루터주의에 대한 반항을 포함한다. 드라마 內 햄릿은 덴마크 왕자였고, 비텐베르크대학 학생이었다.

다. 『원천』의 의미 있는 부분 중의 하나가 루터주의와 멜랑콜리의 관계이다.(『원천』 2.부 '비애극과 비극'의 「정당화론-아파테이아-멜랑콜리」 章)

'사유의 힘과 신적 이성을 썩혀야 하는 것'에 반발하는 햄릿. 믿음과 '이성'은 양립할 수 없는 것인가? 햄릿이 묻는다. —예스로 말하는 것. 루터주의는 '생활로서 삶'의 무가치-'삶의 포기'를 확고히 드러냈다, 이성에 대한 부인을 드러냈다.

> 이처럼 분별심이 우리 모두를 겁쟁이로 만든다. 생생한 혈색을 가진 결심이 창백한 사색에 감염된다. 마침내 옆길로 벗어나 의기충천하던 큰 계획이 행동이라는 이름을 잃는다…….(『햄릿』, 3.막 1.장)

"생생한 혈색을 가진 결심"-"의기충천하던 큰 계획"이 한 팀이고 "창백한 사색"-"잃"은 "행동", "겁쟁이"들이 한 팀이다. 벤야민이 '군주드라마'에 대해 한 말, "시민적 헌신"과 "육체적 금욕"(253, 「순교자로서 폭군—폭군으로서 순교자」 章)을 똑같이 루터주의에 대해서도 할 수 있다. [육체적]금욕-스토아주의-아파테이아는 '시민적 헌신'의 표상으로서 '질서에 대한 무조건적 굴종Devotion'을 포함한다. '생생한 혈색을 가진 결심'-'의기충천하던 큰 계획'이 무조건적 굴종 요구에 무릎을 꿇는다. '생생한 혈색을 가진 결심'-'의기충천하던 큰 계획'이 스토아에서 봤을 때 '영혼의 비상상황'이다. [아파테이아로서 "스토아주의 테크닉이, 영혼의 비상상황 앞에서, 격정을 자기지배 下에 두는 것에 전권을 부여하는 일에 관해서이다"] '햄릿'은 '겁쟁이'-'창백한 사상'-'잃어버린 행동'의 표상이 된다.[10] 시민적 헌신과 육체적 금욕이 동전의 양면이다. 군주드라마에서 시민적 헌신과 육체적 금욕이 그 표상인 '스토아주의 테

10 '창백한 사상'이 말하는 바가 루터주의이고, '잃어버린 행동'이 말하는 바가 루터주의에 의한 멜랑콜리이다.

크닉'을, "역사에 거스르는 새로운 창조"로서, "최초의 창조상태의 위반"(253, 「순교자로서 폭군-폭군으로서 순교자」 章)으로 말할 때, 루터주의 또한 역사에 거스르는 새로운 창조로서, 최초의 창조상태의 위반이다. 최초의 창조상태, 이른바 천지창조시대가 害가 없는 곳, 즉 요구가 없는 곳이다. '피조물로서 슬픔'이 없을 때이다.

루터주의자들이었던 위대한 바로크 비애극Trauerspiel작가들이 슬픔Trauer에 정주한다. [루터주의가 바로크 멜랑콜리의 텃밭이다][11] "모든 가치가 인간의 행동에서 제외되었다. 새로운 어떤 것이 생긴 바, 바로 공허한 세계이다."(317); 혹은, 정신적 보화를 가진 자들에서 삶의 혐오das taedium vitae가 일반적 현상이다. 신의 일방적 구원을 말하는 칼뱅주의[12] 또한 인간행동의 '차이'를 부정하는 점에서 비애를 생산하기는 마찬가지였다.

3. 아파테이아의 변증—스토아주의

스토아는 에피쿠로스주의Epikureismus의 반대편에 있고, 아리스토텔레스와 또한 다르다. 아리스토텔레스가 쾌락을 善의 부사석 현상으로 봤으나, 쾌락 자체를 부인하지 않는다. '외적 재화Güter로서 쾌락'을 행복에 포함시킨다. 스토아주의자들의 행복은, 충실-의무-극기-체념-엄격 등에 의한

---

11 루터주의-멜랑콜리가 일반적 멜랑콜리로서 정태적 멜랑콜리이나, 햄릿-인용에서 봤듯이, 햄릿의 '물음'은 변증법적 물음으로서 그 안에 '명제-정태적 멜랑콜리'에 對한 반명제로서 동태적 멜랑콜리를 포함한다. 햄릿은 구원을 向해 있다. 이것은 스토아의 아파테이아가 멜랑콜리적 침잠의 유비로서, 그 밑에 '종교적 명상'을 깔고 있는 것과 같다. 다른 것은 종교적 명상은 神에 의한 구원이고, 멜랑콜리적 침잠은 알레고리[커]가 드러내는 진리에 의한 구원인 점이다(이 글 5.章."눈물 흘리면서 관찰' — 햄릿' 참조).

12 칼뱅주의에서 구원은 신이 믿음을 선물한 자에 국한된다. 이른바 예정설이다. 믿음에 의한 구원을 말하는 점에서 루터주의와 다를 바 없다. 자력에 의한 믿음이 아닌, 궁극적으로 신에 의한 恩典으로서 믿음을 말하는 점에서, 인간의 자유의지를 더 많이 제한하였다.

행복Eudämonie이다. 이른바 아파테이아로 가는 길이다.[13]

스토아주의의 첫 번째 요구가, 행위에 관한 것으로서, "참아라, 그리고 체념하라sustine et abstine"가 그것을 웅변한다.[14] 스토아에서 '의지'를 강조하는 것도 이 때문이다. "우리가 무엇이 필요한가? 무엇이 만물을 질서 속에 두는가? 의지다! 무엇이 인간을 기근-예속-나락에서 구원하는가? 의지다! 더 강한 어떤 것이 인간에게 있겠는가?" 역시 같은 책에서 에픽테토스의 말이다. 두 번째 요구가 첫 번째 요구의 전제로서,『원천』에서 루터주의에 의한 멜랑콜리의 조건으로 본, 그 루터주의의 유비로서, 스토아주의의 아파테이아이다. 마르쿠스 아우렐리우스의 말이다.

> 너는 모든 파도들을 부수는 절벽 같아야 한다. 절벽은 서 있으나 파도는 부서져서 지치기 마련이다.(『명상록』, Ⅳ 49)

스토아주의자들은 현실주의자들이다. 격정은 '잠잠한 격정'이다.[15] 마르쿠스 아우렐리우스가 다음과 같이 말할 때, 이것은 이미 구약과 신약이 말하는 바와 같다. 스토아를 중세기독교의 전단계로 말하고, 바울신학의

---

13 후기 스토아주의자들로서, 스토아주의자의 대표로서, 세네카-에픽테토스-마르쿠스 아우렐리우스 등이 있다. 스토아주의를 '로마시대의 스토아주의'로 말하는 까닭이다

14 '참아라, 그리고 체념하라'는 이 글의 첫 번째 모토에 등장한 스토아주의자 에픽테토스의 말이다(같은 책).

15 스토아에서 '고귀한 격정'과 욕망으로 표상되는 고귀하지 않는 격정을 구분한다. 고귀한 격정이 고귀하지 않는 격정을 제압해야 하는 것으로서, 고귀한 격정은 – 스피노자 용어로는 – '능동적 격정'이다. 아파테이아에의 잠복이 '고귀한 격정'이다. 스토아의 자연학-형이상학에서 범신론과 유물론Materialismus을 말할 때, 스피노자는 17세기의 스토아주의자이다. 육체성과 연장성을 존재의 본질로 말하므로 유물론이고, 세계의 근거가 세계 자체에 있는 것으로 간주하므로 범신론이다; 스토아-스피노자의 유물론과 범신론이 곧바로 神의 부정을 向하지 않는다. 바이블을 대신하는 코기토를 말한, 그리고 심신이원론을 말한 데카르트가 평생 神을 섬겼고, '세계의 운행에 간섭하지 않는 하나님'을 말한 스피노자의 별명이 '하나님에 미친 사나이'였다. [유물론과 범신론이 神의 부인을 말하지 않는다]

전단계로 말하는 까닭이다.

> 아무 것에도 동요하지 말라 […] 한 식경이 흐른 후 너는 어느 곳에도 더 이상 존재하지 않는, 아무 것도 아닌 자가 될 것이다.(Ⅷ 5)

스토아주의의 아파테이아 역시 비애감에서 제외되지 않는다. '스토아주의로서 멜랑콜리'가 중세기독교 이전을 압도했고, '루터주의로서 멜랑콜리'가 바로크[비애극]을 압도했다. 벤야민이 독일비애극의 유형을 "반종교개혁적gegenreformatorisch"(245) 반작용으로 말하는 것, 이것은 정태적 멜랑콜리에 대해서이고, 이를 넘어 '역동적 멜랑콜리'에 대해서이다. 독일비애극이 "중세 전범Schulbild"(334)을 따른다고 할 때, 이것은 정태적 멜랑콜리에 대해서이다.

스토아주의에서 자유와 운명을 말하는 것은 '역동적 아파테이아'를 말하는 것과 같다. 아우렐리우스가 에픽테토스와 마찬가지로 '표상의 부정'-'표상의 두려움'을 말했을 때, 그래서 "표상을 꺼버려라"(Ⅶ 29) 말했을 때, 그것은 평정심-아파테이아의 조건을 말한 것이다. 에픽테토스가 다음과 같이 말하는 까닭이다. "인간을 혼란하게 하는 것은 사물들 자체가 아니라, 사물들에 대한 우리들의 견해이다. 소크라테스에서 그랬듯 죽음 자체가 끔찍한 것이 아니다. 죽음에 대한 우리의 표상이 끔찍한 것이다."; 스토아에서 자유와 운명이 동의어이다.

> 신들이 우리에게 우리의 재산이 될 것으로서 욕구의 힘과 自己체념의 힘을, 노력의 힘과 회피의 힘을 주었다. 일반적으로 말해 표상들을 사용하게 했다.

에픽테토스의 '자유론'이다(같은 책). 이른바 '자유 그 자체'가 말하는 것과 같다. 스토아에서 자유를 말할 때, 그러므로 이것은 '이성적 자유'가 아닌, '완전하지 않은 자유'이다. 운명론자들로서 스토아주의자들은 '자연'을 따른다. '운명론으로서 스토아주의'를 보증하는 것이 '오이케이오시스'로서 감각적 인지작용에서 생기는 근원적-자연주의적 충동이다.[16] 폴렌츠Max Pohlenz가 말한 바, '내적 영혼의 삶'을 '운명Heimarmene의 인과연쇄'에 편입시킨 점을, 즉 '보편적 인과연쇄'에 끌어들인 점을, 부인할 수 없다(폴렌츠, 『스토아: 어느 정신운동의 역사Die Stoa: Die Geschichte einer geistigen Bewegung』, Göttingen 1992, 7. Aufl., 101-106). 인과연쇄 Kausalnexus에 의할 때, 동일한 원인에서 동일한 결과가 생기므로, 內的 인간조차, 자유에 관한 한, 운명에서 제외되지 않는다. 문제는 '완전하지 않은 자유'를 포함하는 '타고난 소질'에 대한 인정이다. 스토아의 운명론과 유물론은 특히 후기 스토아주의자들, '세네카-에픽테토스-마르쿠스 아우렐리우스'에서 그 표상을 갖는다.

> 그대가 동의할 때, 운명이 너를 인도하고, 그대가 동의하지 않을 때, 운명이 너를 강제한다.(세네카Lucius Seneca, 「편지들」, 『자연의 諸문제들Naturales Quaetiones)』, 107, 11)

스토아는 운명에 수동적이고, 운명은 충실-의무-극기-체념-엄격을 포함한다. 문제는 '행복으로서, 그리고 능동적 격정으로서 충실-의무-극기-체념-엄격'이다. '행복'과 '능동적 격정'에 정태적 멜랑콜리가 함의하는 슬픔, 그 '피조물로서 멜랑콜리'가 없다. 스토주의를 꼭 '에피쿠로스주의의 반대'로 볼 수 없다.

---

16 오이케이오시스Oikeiosis는 그러므로 플라톤의 윤리학에서 말하는 '善으로서 오이케이온Oikeion'이 아니고, 아리스토텔레스의 '이상화된 인간본성'과도 거리가 멀다. 오이케이오시스는 '물리적인 어떤 것etwas Physisches'으로서, 초월적 원리를 말하지 않는다.

4. 초자아와 멜랑콜리

멜랑콜리는 대상상실을 전제한다. '루터주의에 의한 멜랑콜리'에서 대상상실이 인생에 대한 원대한-심원한-웅혼한 기획의 상실이다. 물러서서 말할 때, 善行의지-功績의지의 상실이다. 궁극적으로 자아상실이다. 상실대상[인생에 대한 원대한-심원한-웅혼한 기획]에 대한 리비도작업 철회에 실패할 때, 다음 수순이 상실대상의 내면화이고 동일화이다. "[애도]포기된 대상과 자아의 '동일화'"(프로이트Sigmund Freud, Gesammelte Werke in 18 Bdn. Chronologisch Geordnet, Frankfurt/M. 1948; 「슬픔과 멜랑콜리」, Ⅹ, 435; 이하 '프로이트 인용'은 본문에서 [권수]-[에세이名]-쪽수만 명기한다)이다. 상실대상의 유골함을 心中에 안치, 心中과 합체시킬 때, 나타나는 것이 '그 자아상실'이다. 인생에 대한 원대한-심원한-웅혼한 기획만 상실된 것이 아니라, 그 토대로서 햄릿이 말하는 인간능력으로서, '위대한 자아' 또한 상실되었다.

멜랑콜리커는 '초자아'가 특별히 강했던 사람이다. ['프로이트'에서부터 말하는 것이다] 멜랑콜리커의 자아에 대한 불만은 '대타자: 양심-도덕'으로 표상되는 초자아에 의한 불만이다. 문제는, 초자아에 의한, 도덕적 흠결에 대한 불만이다.

> 멜랑콜리의 임상학에서 다른 어떤 증상보다도 두드러지는 점이 자기 자신, 자아에 대한 도덕적 불만이다: 자기평가의 대상이 신체적 결함, 추함, 약점, 사회적 열등감이 되는 경우는 거의 없다; 우선적 위치를 차지하는 것이 오로지 [자아]빈곤에 대한 환자의 두려움들, 그리고 환자의 그에 관한 주장들이다."(「슬픔과 멜랑콜리」, 433-434)

멜랑콜리커의 "자기 자신, 즉 자아에 대한 도덕적 불만"이 '초자아에 의한 불만'이다. 도덕적 불만의 표상이, '대상상실→리비도집중→애도불가능성→자아상실'로 이어지는 것으로서, 궁극적으로 자아상실에 의한 [자아]빈곤이다. "자아-빈곤에 대한 환자의 두려움", "그리고 환자의 그에 관한 주장들"이 초자아에 의한 것이다. "보통 양심이라 불리는 심급"(434)으로서 초자아가 자아상실-멜랑콜리의 단계에서 자아를 무의미한 것으로 의식한다. 결론적으로 '자아'가 빠져나가버린 결과가 "극도의 자아빈곤감정, 대규모의 자아빈곤Ichverarmung"(431)으로서 멜랑콜리 증상이나,[17] 자아상실과 함께 초자아상실이 이루어졌다 봐야 한다. 자아상실에 대한 리비도집중으로서, 자아상실에 대한 초자아의 비판이, 급기야 자아를 죽음으로 몰아간다.[18] 초자아가 자아를 죽여 자아와 함께 사라지는 것이, 암세포를 죽이면서 동시에 건강한 세포까지 죽여 자아를 죽게 만드는, '항암치료'를 떠올리게 한다. 초자아는 무흠결-무오류의 표상으로서 극단적 선택을 했다? 위 인용문 앞에서 프로이트는 다음과 같은 말을 했다. '초자아상실'을 암시하는 대목이다.

> 우리는 양심이라는 심급기관을 의식검열과 현실성검사와 함께 자아의 위대한 기구들에 편입시킬 것이고, 또한 이 양심이라는 심급기관이 그 자체 병에 걸릴 수 있는 증거를 찾게 될 것이다.(433)

"양심이라는 심급기관"이 "자아의 위대한 기구들", 즉 초자아의 표상이다. '자아상실로서 멜랑콜리'를 "대리형성-반동형성-승화작용"(「쾌락원칙을 넘어서Jenseits des Lustprinzips」, XIII, 44)으로 견인하지 못한 초자아

---

17 '즉 그는 몸이 살아 있는데도 감각을 끊어버린다.'

18 초자아에 의한, 대상상실에 對해 사용된 리비도집중을 말할 수 있고, 초자아에 의한, 자아상실에 對해 사용된 리비도집중을 말할 수 있다. 후자에서 리비도는 도덕적 비판에 집중한다. 벤야민의 언어로 얘기할 때, '자아빈곤으로서 나태와 不忠'이 도덕적 비판의 첨예한 표적이다.(『원천』, 「나태와 不忠Acedia und Untreue」 章, 332-334)

가, '벤야민이 말하는 역동적 멜랑콜리'로 이끌지 못한 초자아가, "병에 걸"린 초자아이다.

5. '눈물 흘리면서 관찰'—햄릿

루터주의에 의해 내세가 강소되는 것을, 현세가 무의미한 것으로 간주되는 것을 일반적으로 말하고, 여기에서 멜랑콜리적 인간의 탄생을 일반적으로 말할 때, 이것은 '헤브라이즘/헬레니즘'에 대해서이다. "新고대풍 조명과 중세풍 조명 사이의 분열"(334, 「햄릿」)이 말하는 것이, 헬레니즘-인간형과 헤브라이즘-인간형의 분열 내지 그 공존으로서, 여기에서 헤브라이즘이 강조될 때, [여기에서] 멜랑콜리에 휩싸이는 인간이 탄생한다. 그가 바로 햄릿-形이다. 이 글 2.章 '루터주의와 멜랑콜리'의 인용문 두 개가 '결국' 말하는 것이 그것 아닌가? 햄릿은 그러므로 르네상스-종교개혁의 자식이다. [비애극으로서 『햄릿』(1603)은 르네상스의 자식이다] "눈물 흘리면서 관찰"이 그 표상인 "르네상스-熟考Renaissancespekulationen"(334)가 새로운 스타일의 드라마 창출에, 새로운 언어의 드라마 창출에, 기여했다. 새로운 드라마가 17세기 바로크비애극이다. '바로크비애극'을 스타일로 말할 때 그것은 엠블럼으로서 파편적 스타일이고, 바로크비애극을 언어로 말할 때 그것은 "레제드라마Lesedrama"(361)로서[19] 표현주의 언어이다.[20]

---

19 "알레고리는 하나의 도식이다. 하나의 도식으로서 知識의 대상이다. 하나의 고정된 도식으로서, 즉 고정된 이미지이며 동시에 고정된 기호로서, 비로소 知識의 대상은 잃을 수 없게 된다. 바로크 知識理想이 자료축적이고, 그 기념비가 거대한 도서실들이다. 그 理想이 문자이미지에서 충족된다 […] 근본적으로 비애극이 알레고리적 영역에서 자라났고, 그 형식에 의할 때 레제드라마[독서용-드라마]이다."(359-361, 「알레고리적 脫영혼 Allegorische Entseelung」章)

20 고대비극과 비애극의 차이 중 하나가 비애극을 레제드라마[읽기用-드라마]로 말할 때이다. '표현주의로서 비애극' 또한 비극과 비애극의 차이를 말한다. '표현주의로서 바로크비애극'에 관한 글: 박찬일, 「17세기 바로크비애극과 20세기 '역사적 표현주의' — 벤야민,

'눈물 흘리면서 관찰weinende Betrachtung'이 말하는 것이 벌써 멜랑콜리의 변증법이다. '눈물'이 정태적 멜랑콜리를 말하고, '관찰-숙고'가 동태적 멜랑콜리를 말한다. 햄릿은 '눈물 흘리는 관찰자'로서 정태적 멜랑콜리와 동태적 멜랑콜리의 표준적 표상이다.

> 셰익스피어만이 멜랑콜리커의 바로크적인, 非스토아적이고 非기독교적인, 擬似고대적이고 擬似경건주의적pseudopietistisch인 경직성으로부터 기독교적 불꽃을 살려낼 수 있었다.(335)

'바로크'를 "非스토아"-"非기독교", "擬似고대"=擬似르네상스, 擬似루터주의="擬似경건주의"로 이해할 때, 이것은 '바로크 헤브라이즘'의 부인(非스토아-非기독교)이고, '바로크 헬레니즘'의 제한적 인정이다. 제한적인 것이 '擬似루터주의'='擬似경건주의' 때문이다.

고유한 운명을 얘기할 때 비애극에 대한 것이고, '우주적 운명으로서 개인적 운명'을 얘기할 때 비극에 대한 것이다.[21] 충분히 살았을 때 '떠나는 것'이 쉽다. 충분히 비애에 휩쓸린 것이 '충분한 삶'이다. '충분한 비애'가 삶을 이쪽에서 저쪽으로 사뿐히 안착시키는 동력이다. 충분한 비애가 – 내재성에 의한 구원으로서 – 구원을 담지한다. 벤야민이 멜랑콜리적 침잠에서 구원으로서 "기독교적 섭리"(335)를 말하는 까닭이다.

> 햄릿만이 비애극에서 신의 은총의 관람자이다; 그러나 은총이 그에게 유희하는 것이 아닌, 오로지 그의 고유한 운명만이 그를 만족시킬 수 있다. 슬픔-대상의 범례인 그의 인생은 몰락하기 前, 기독교적 섭리를 가리킨다. 이 품 속에

『독일비애극의 원천』 감상 B」, 『예술가』, 2013 여름.

21 고대비극과 비애극의 차이에 관해서는 '박찬일, 「[바로크]비애극과 비극의 차이 — 벤야민, 『독일비애극의 원천』」, 『아시아문예』, 2013 겨울' 참조.

서 햄릿의 슬픈 이미지들은 복된 현존재로 변한다. 오로지 이 군주 방식의 삶에서 멜랑콜리가 자신과의 만남을 통해 자신을 완수한다. 나머지는 침묵이다.[22] 왜냐하면 모든, 살아본 적 없는 것은, 지혜의 말이 기만적으로 유령처럼 배회하는 이 공간에서, 구원받지 못한 채 몰락하기 때문이다 […] 로후스 폰 릴리엔크론Lochus Freiherr von Liliencron[23]은 명민하게 햄릿에서 사투르누스 혈통 및 나태 표지들을 읽어냈다 […] 이러한 명민에 의해 『햄릿』이 사투르누스의 혈통 및 나태의 표지들을 기독교 정신 下에 극복한 유일한 드라마로 간주된다. 오직 이 왕자의 모습에서 멜랑콜리적 침잠이 기독교 정신을 向한다.(334-335)

햄릿은 '살아본 적 있는 자'로서 구원 받고, "모든, 살아본 적 없는 것"은 "구원받지 못한"[24]다. 다시 말할 때, "멜랑콜리적 침잠"이 '살아본 적 있는 자'의 표상이다. 멜랑콜리가 '루터주의로서 기독교'에 기인한 것이라고 할 때, 그리고 "기독교 정신"-'기독교적 섭리'에 의한 구원이, "신의 은총"에 의한 구원이, 멜랑콜리적 침잠에 의한 것이라고 할 때, 이것이 바로 병 주고 약 주는 그 경우이다. 햄릿의 멜랑콜리적 침잠은 분명 피조물의 운명을 운명으로서 수용하는, '수도사들의 멜랑콜리'와 다르다. 햄릿의 멜랑콜리적 침잠은 역동적 멜랑콜리가 그 구체화로서, 구원을 담지한다. "사투르누스 혈통

22 햄릿이 죽기 전 마지막에서 한 말이 '나머지는 침묵일 뿐'이다.

23 로후스 폰 릴리엔크론, 『암발트Amwald에서 음악을 하는 방법. 일곱 번째 大罪. 두 편의 노벨레』, Leipzig 1903.

24 사라지는 것이 움직인 자들이다. 움직인 자들이 사라진다. 움직여지지 않는 자가, 즉 움직이지 않는 자가, 움직임이 뭔지 모른다. 살아있다!-움직인다! 등이 뭘 말하는지 모른다. 성장-성숙-퇴폐-몰락의 구조에 동참할 수 없는 존재가 '그'이다. '사라지는 것은 사라지지 않은 것'이 – 그 '사라지지 않는 것'으로 해서 – 초월적 존재자 같은 것이다. '삶'이 없어도 영원히 살아있어야 하는 초월적 존재자가 오늘도 사라지는 것들을 물끄러미 쳐다본다. 삶이 무엇인가? 사라지는 것이 무엇인가?(박찬일, 「아담언어로서 '디오니소스음악'— 니체의 글쓰기」, 『현대시학』, 2013. 09, 각주 18 참조); 문제는 내재성Immanenz과 초월성Transzendenz이다. ['내재적 삶'에 구원이 있다]

및 나태 표지들"의 "극복"이 동태적 멜랑콜리커로서 햄릿을 지시한다.

다른 버전으로 말하자. 햄릿을 얘기하면서 벤야민이 '기독교'를 얘기하지 않고 '기독교적 섭리'-"기독교적 불꽃"-"기독교 정신"이라는 말을 쓴다. 기독교적 섭리가 표상하는 것이 구원이다. 햄릿에게 나타나는 '사투르누스 혈통 및 나태 표지', 즉 멜랑콜리 증세들은 '멜랑콜리적 침잠'을 통해 구원을 向한다.[25] 멜랑콜리적 침잠이 말하는 것이 '멜랑콜리가 자신을 만나는 것'에 관해서이다. 멜랑콜리가 자신을 응시하여 자신을 역동적 멜랑콜리로 만드는 것에 관해서이다.[26] [자신을 만난 자에게 구원이 인색을 보일 리 없다] 벤야민은『원천』2.부 '비애극과 비극'의 마지막 章「햄릿」을 다음과 같이 끝내며 독일비애극에 '날개 달린 멜랑콜리'라는 위엄을 선물한다. 독일비애극의 무대로부터 "자기숙고의 은빛 시선"(335)을 깨워낸다.

> 독일비애극이 자신이 세운 장면들과 인물들을 날개 달린 멜랑콜리라는 뒤러의 수호신Genius에게 바친다. 바로크비애극의 거친 무대가 그 수호신 앞에서 자기의 내적 삶을 시작한다.(335)

독일비애극에 '햄릿'이 없다. 자기숙고로 표상되는, 충분한 삶을 산, 햄

25 기독교가 功이 많다. '구원의 담론'에 관한 한 기독교를 '덕분'으로 말해야 한다. [유일신교로서 기독교 말고 이슬람교-유대교가 있다] 홀투젠Hans Egon Holthusen은 한 술 더 떠 그동안의 서양문학에서 '일반적 의미로서 문학'과 기독교적 문학을 구분해서 말하는 것을 불가능으로 말한다. 홀투젠이 거론한 수많은 예들 중 하나: "단테와 칼데론에서 '기독교적' 실체와 '문학적' 실체의 구분이, 나아가 상상력과 신앙열정의 구분이, 가능하기나 한 건가?"(「기독교, 문학, 기독교문학」,『비판적 이해Kritisches Verstehen』, München 1971, 247-248)

26 자기응시-자기침잠을 꼭 역동적 멜랑콜리에서 말할 수 없다. 자기응시와 자기침잠을 일반적 멜랑콜리에서 말한다. 이를테면 다음과 같다. "사실 멜랑콜리는 명상의 여러 의도들 가운데 원래부터 피조물에 관련된 의도이다. 일찍부터 사람들은 생각에 빠진 천재의 태도보다 개의 시선에서 멜랑콜리의 힘이 더 적게 나타날 필요가 없는 것을 알고 있었다."(324,「육체와 영혼에 작용하는 멜랑콜리」章); '생각에 빠진 천재'와 '개의 시선', 그 적막한 시선이 영락없는 멜랑콜리로서 서로 다르지 않다.

릿이 없다. 요컨대, 독일비애극이, 이미 거기에 구원을 내포하는, '충분한' 자기숙고에 의한, 구원방식을 말하지 않는다. '구원받을 만하다!', 그 목소리로 구원하는 은총에 의한 구원이 없다. 햄릿의 구원은 다시 말하지만 멜랑콜리적 침잠에 의한 구원으로서 역동적 멜랑콜리가 그 표상으로서 벌써 구원을 담지한다. 독일비애극은, 뒤러의 동판화「멜랑콜리 1」에서 날개 달린 천사의 "날개 달린 멜랑콜리"로 표상되는, 이른바 변증법적 멜랑콜리로서, 역동적 멜랑콜리에 의한 구원을 비로소 말하기 시작한다. "바로크비애극의 거친 무대가 [날개 달린 멜랑콜리라는] 그 수호신 앞에서 자기의 내적 삶을 시작한다."「사투르누스론」章에서 '변증법적 멜랑콜리론'이 활발하게 개진됐다. 역동적-동태적 멜랑콜리는 날개 달린 멜랑콜리로서, 벌써 천사이고 구원이다. 햄릿 式의 충분한 비애-충분한 멜랑콜리에 의한 구원에서 '내재성에 의한 구원'을 말할 수 있다. 내재성에 의한 구원이 말하는 것과 날개 달린 멜랑콜리에 의한 구원이 같은 것은 공통분모로서 역동적 멜랑콜리를 말하기 때문이다 [충분히 산 자 떠날 자격이 있다. 이 멜로디가 말하는 것이 내재성이다] '내재성에 의한 구원'에 그러므로 메시아주의에 의한 구원이 제외되지 않는다. '일련의 햄릿'에서 몰락을 보편성으로서 알리는 그 메시아주의를 부인하기 어렵다.

6. 나태와 불충—햄릿

물론 햄릿의 비애-멜랑콜리에 멜랑콜리적-사투르누스적 특성으로서, 나태와 不忠이 포함된다. 나태는 바로크비애극에서 나타나는 군주의 일반적 우유부단과 일치한다. 不忠은 궁신들의 "무신념"과 일치한다. 멜랑콜리의 항목에 나태와 불충이 포함됐다. [不忠을 일반적 멜랑콜리에서 말할 때, 자아에 대한 不忠이다]「나태와 不忠」章에서 특히 주목되는 것은 不忠을 사물의 不忠으로 비유한 점이다. 일종의 구체Kugel로서 뒤러의 동판화

「멜랑콜리 1」에서는 사투르누스가 표상이다.

> 그들[궁신들]의 행동은 일종의 무신념Gesinnungslosigkeit을 보여준다. 일부에서 마키아벨리즘의 의식적 제스처를 말할 수 있고, 일부에서 불길한 형세에 의한 것으로서, 상황판단이 불가능한 것으로 간주된 질서에, 바로 사물적 특성을 취하는 질서에, 절망적으로 그리고 우울한 마음으로 귀속된 것을 말할 수 있다. 왕관-자포-왕홀은 운명극 의미에서 근본적으로 소도구들이며 그 자체 운명을 지닌다. 궁신들은 이 운명의 점쟁이로서, 제일 먼저 그 운명에 종속된다. 인간에 대한 不忠-배반은 사물들에 대한 관조적 몰입으로서, 바로 그것에 빠질 정도의 충실에 상응한다. 이러한 자세는 피조물적인 것과, 그 삶에 결정적인, 죄의 법칙에 대한 무대책의 충실로서 그것의 알맞은 완성이다. 인간에 대한 모든 본질적 결단들은 이러한 충실에 저촉된다. 보다 上位의 법칙들이 무대책의 충실이다. 충실은 오로지 사물세계에 대한 인간의 관계에서 더할 나위 없이 적절하다.(333)

"사물들", 이른바 "소도구들", "왕관-자포-왕홀"은 즉자적 존재로서, 의견이 없다. 왕관-자포-왕홀들에 영혼이 없다. 왕관-자포-왕홀들이 그들의 "운명"을 따른다. 소도구들이 군주를 바꾸는 것으로서 충실이 운명이듯이, "궁신들"이 군주를 바꾸는 것으로서 '충실'이 운명이다. 不忠은 "피조물적인 것"으로서, 피조물의 "죄의 법칙"에 충실한 것이다. 不忠이 "사물"에 대한 충실이고, 不忠이 또한 '인간'에 대한 충실이다. "배반"이 善惡果의 본령으로서, 인간의 본령이다. 소위 "본질적 결단들"은 존재하지 않는 것으로, "무대책의 충실"이 말하는 그 불충이 最-"上位의 법칙"이다. '소도구들로서 왕관-자포-왕홀'의 不忠이 '소도구들-사물들'을 멜랑콜리의 자식으로 알린다. 사물적 특성이 멜랑콜리적 특성 아닌가? 나태와 不忠으로서 사물 말이다.

군주가 멜랑콜리커로서, 나태와 우유부단의 특성을 지닌다. [우유부단

이 멜랑콜리의 증세가 아닐 리 없다]

> 지배자의 권력과 지배능력 사이의 대립관계가 비애극에서 일종의 고유한 장르적 특성으로, 그러나 단지 외면적으로, 나타난다. 이 특성의 해명은 오로지 주권론의 토대 위에서 가능하다. 문제가 되는 것이 폭군의 무능력이다. [비애극에서] 비상사태에서 결단을 내려야 하는 군주가, 처음 맞이하는 비상상황에서, 결단이 거의 불가능한 모습을 보여준다 […] 극중 인물들 속으로 밀고 들어오는 것이 스토아의 화법이 보여주는 그 군주의 주권이 아니라, 언제나 급변하는 격정의 폭풍으로서, 급작스러운 恣意이다. 특히 로엔슈타인의 인물들이 격정의 폭풍 속에서 마치 찢어져서 나부끼는 깃발처럼 모습을 드러낸다.[27] 이러한 표현을 이미지로 이해하는 것이 허용된다면, 그들은 또한 머리가 작은 점에서 엘 그레코El Creco 式의 인물들과 다르지 않다. 그럴 것이 사유가 아닌, 동요하는 육체적 충동이 인물을 규정하기 때문이다 […] 빈 익살극Posse에서도 잔인한 폭군을 보충하는 것들이 소위 유동성이다.(250-251)

따로 마련한 「우유부단Entschlussunfähigkeit」 章에서이다. 우유부단이 "스토아의 화법"이 말하는 이른바 '아파테이아'와 대립되는 것으로서, 그 표상이 "恣意"이다. "작은 […] 머리"가 표상하는 것 또한 "사유"부재로서, 멜랑콜리의 특징이다. 우유부단의 특성이 마음의 "'유동성Wankelmut" 으로서, 恣意'이다. 주목되는 것이 우유부단을 "지배자의 권력과 지배능력 사이의 대립관계", 혹은 "주권론의 토대"에서 나타나는 비애극의 "외면적" 특징으로 말한 점이다. 주권론은 "비상사태에서 결단을 내려야 하는" "'군

27 "디살케스, 가라/ 내게 더 이상 한 마디로 던지지 말라. | 아니/ 멈춰! 내가 죽는다/ 내가 떨고/ 몸이 마비된다! | 가라 계속! 머뭇거릴 시간이 더 없다. 멈춰! | 가라! 아! 보아라/ 내 눈에 흐르는 눈물과 터질 듯한 가슴을. | 가라! 계속 가라! 결정이 더 이상 번복될 수가 없다." 로엔슈타인Daniel Caspar von Lohenstein의 비애극 『소포니스바』(1669 초연)에서 마시니사가 다살케스를 통해 소포니스바에게 독배를 보내는 중에 하는 말이다.

주"의 주권론'을 말한다. [우유부단은 물론 성군이 아닌, '"폭군"으로서 우유부단'이다]

사투르누스적 인간의 한 가지 특징인 不忠이 궁신Höflinge으로 표상된다. 궁신의 不忠은 사물과 유비로서 무신념이 특징이기 때문이다. 궁신의 질서는 사물의 질서를 따른다. 무신념과 우유부단이 유비이다. 햄릿에서 不忠을 말할 때, 그것은 나태와 같은 곳을 향한다. 충분한 나태로서, 숙부 클로디어스의 죽음을 차치하고, 폴로니어스-레어티즈-오필리어 가족의 죽음이, 어머니 거트루드의 죽음이, 노르웨이왕 포틴브라스에게 덴마크왕위의 이양이, 합창으로 말하는 것이 '나태의 責'이다. '나태로서 햄릿'을 말할 때, 이것은 『햄릿』의 큰 질문, '햄릿은 왜 행동하지 않는가?Warum handelt Hamlet nicht?'에 대한 대답이 된다.

비애극과 비극이 우선 비애극이 역사적 삶이 내용이고 비극Tragödie이 신화가 내용인 점에서 분명히 다르다. 비애극Trauerspiel은 주인공으로서, 절대주의 왕정시대의 군주, 즉 '現史로서 군주'를 문학적 표상으로 지시한다. 비애극은 "당대의 세계사적 운행에 대한 관심"을 말한다. 비극의 주인공은 前史로서, 이를테면 오이디푸스-프로메테우스이다. 비극적 상황은 과거의 '영웅적 행위Harmatia-Mimesis'에서 발생한다. 벤야민에 의할 때, 바로크에서 군주를 비애극의 주인공으로 만드는 요소가 "군주의 덕"-"군주의 악덕"-"외교경영에 대한 통찰"-"온갖 정치적 간계들의 집행" 등이다. 군주가 "역사의 첫째 대변자"로서 "역사의 화신"이기 때문이다(243). 바로크비애극은 "연극장면이 역사장면에 동화된 극단적 결과"(244)로서, "그 시대에 재현된 역사적 삶"(242, 「비애극의 내용으로서 역사」 章)을 내용으로 한다.

바로크는 "새로운 주권개념"의 성립으로서, 교황, 혹은 교황대리인에 의한 신권정치의 붕괴, 즉 정교분리가 개시하는 시대였다. 결정적인 것이 1682년 루이 14세 때의 '갈리아조항'이다. 신성불가침으로서 교회가 아닌,

신성불가침으로서 왕궁이 옹호됐다. 사실은, "反종교개혁적"이고, 반민중적인, '바로크식 신권정치'의 출범이었다. '주권으로서 군주'에게 요구된 것이 최고의 행정력이 아니라, "비상사태를 막는 일"(245)이었다. 바로크에서 절대적 군주권이 확립되었다.[28]

그렇더라도 바로크비애극의 '역사'는 연대기적 외면적 역사가 아닌, '자연사로서 역사'이다. 바로크비애극은 '근원으로서 가혹한 진리'를 품은 자연을 내재적으로 드러낸다. 가혹한 진리내용으로서 바로크비애극은 벌써 형이상학을 품는다.

> [···] 비극은[29] 오직 왕의 의지/ 살인들/ 절망들/ 친자살인들과 부친살인들/ 화재들/ 근친상간들/ 전쟁들과 반란들/ 한탄들/ 울부짖음들/ 탄식들, 이와 같은 것을 다룬다.(오피츠Martin Opitz, 『독일시학書』(1624); 『원천』 242에서 재인용)

"전쟁"과 전쟁의 고난에 대해 말하는 모든 저술들에, 생명을 구걸하는 "한탄"조로서, 고정적 과잉감정이 나타난다. "절망적 표현방식"을 지속적으로 사용하는 일이 보편적이었다.(에르트만스되르퍼Bernhard Erdmannsdörfer, 『베스트팔렌강화조약부터 프리드리히대왕 정권출범까

28 군주의 주권론을 별도의 章, 「주권論Theorie der Souveränität」에서 언급할 때, 주목되는 것이 마키아벨리즘과 질적 유비로서 20세기 법학자 카를 슈미트Karl Schmitt의 '제왕적 주권론으로서 정치신학'에 대한 언급이다. "바로크시대의 주권개념은 비상사태에 대한 논의에서 전개되었으며, 비상사태를 막는 일을 군주의 가장 중요한 일로 만들었다."(245)라고 말했을 때, 이것은 슈미트의 『정치신학Politische Theologie』(München-Leipzig 1922)에서 얻은 인식이다. 슈미트의 정치신학을 지배자에 대한 '법학적 공고화'로 명명할 수 있다(245-248 참조); "반종교개혁적"(245)-세속적 '주권론'에서 바로크 비애극이해의 한 측면을 취할 수 있다. 특히 종말론의 부재로서, "파국적 폭력"에 의한 몰락에 관해서이다.(박찬일, 「단자로서 태양들—'많음'으로서 성좌들」— 『독일비애극의 원천』 감상 A」, 같은 곳, 336-338 참조)

29 여기서 비극은 그 비극이 아니라, [바로크] 비애극을 지시한다.

지 독일역사. 1648-1740』, 베를린 1892, 102;『원천』91에서 재인용)

7. 루터주의와 역동적 멜랑콜리

『원천』을 루터주의, 혹은 類似루터주의에 대한 궁극적 반응의 기록으로 말한다. 바로크비애극 작가들이 神을 모시는 이외 모든 것을 副次的인 것으로 인식했을 때 비애에 빠지고, 神을 모시는 것 이외 '모든 것의 상실'이 자아상실로 이어지면서 멜랑콜리 특성을 갖는다. [神이 멜랑콜리를 조장했다] 루터주의자Lutheraner의 유비가 군주이다. "군주가 멜랑콜리적인 것의 범례Paradigma이다."(321,「군주의 우울Trübsinn des Fürsten」章); 역시 '피조물의 허약'에서 벗어날 수 없는, 그러나 '극단으로서 군주'의 위치 때문이다. 극단은 많은 것을 포함하는 것으로 해서 진리를 표현할 '자격'을 벌써 갖는다. [루터주의자의 가장 큰 유비가 군주이다]

벤야민에 의할 때, 먼저 멜랑콜리-비애를 피조물에 고유한 "[일반적] 마음씨"(318)로 간주한다.[30] 루터주의/칼뱅주의에 의한 역사적 멜랑콜리 이해에서 규범적 멜랑콜리 이해로 변모? 아니다. 르네상스-숙고가 궁극적으로 말하는 동태적 멜랑콜리에 앞서 일반적 사건으로서 '멜랑콜리'가 분명 있다. 루터주의라는 대타자가 초자아로 내면화되고, '루터주의로서 초자아' 이외가 副次的인 것으로 인식되는 경우, 이것은 오히려 멜랑콜리가 '인간사 일반'인 것을 지시한다. 규칙-규율-규범으로 표상되는 혹은 양심-도덕-죄악감으로 표상되는, 일러 '오이디푸스'로 표상되는 초자아를 루터주의나 스토아에 의한 것으로 볼 수 없다. 인간은 기본적으로 슬프다. 인간

30 "최초로 태어난 순수한 창조물인 아담이 피조물로서 슬픔을 갖고 있다. 아담을 명랑하게 하기 위해 창조된 이브가 기쁨을 갖고 있다."(324); 이러한 인식은 아담타락 이전의, 선악과로 표상되는, '모순적 천지창조시대'에 정확히 부응한다. 모순적 천지창조시대라고 해도 여기에서 '분별'을 강조할 수 없다. '모순적 천지창조시대'가 어쨌든 '선악과[인식의 나무] 타락' 이전의 시대이기 때문이다.

이 일반적으로 멜랑콜리커이다. 초자아 때문이다.[31] [초자아가 이른바 오이디푸스-대타자로서 자기실망을 주도한다]

> 스토아의 아파테이아에서 슬픔으로 가는 길은 한 걸음뿐이다.(319)

벤야민이 집중하는 것은 그런데 변증법으로서, '눈물 흘리면서 관찰'로 표상되는 동태적 멜랑콜리이다.[32] 슬픔-애도에서 "자기 의도를 특별히 고양시키고 지속적으로 심화시키는 능력"을 말한다. "침잠Tiefsinn은 무엇보다도 슬픈 [비애의] 인간에게 고유한 것이다."(318); 규범적 멜랑콜리이해에서 '역동적[동태적] 멜랑콜리로서 구제-멜랑콜리' 이해를 말해야 한다.

> 그럴 것이 깊이 천착하는 사람들이 자기 현존이 지엽적이고 거짓된 행동이라는 폐허에 處해 있는 것을 본다. 그것에 대항해 삶이 스스로 박차고 나온다. 삶의 존재이유가 신앙 때문에 오로지 무가치하게 되는 데에 있는 것이 아니라는 것을 깊이 느낀다. 현존 전체가 그렇게 탄주될 수 있을 것이라는 생각에 삶은 전율에 휩싸인다 삶은 [다시] 죽음에 대한 생각에서 경악한다.(318)

> 비애는 마음씨인데, 그 안에서 감정이, 공허한 세계를, 가면이 말하는 바와 같은, 무표정한 것으로 새롭게 살려낸다. 비애는 그 세계를 보며 불가사의한 만족을 얻는다. 모든 감정이 어떤 선험적apriorisch 대상과 결합되어 있는데 이

---

31 부모에 의해 엄격한 교육을 받은 아이의 행로가, 이를테면 남녀칠세부동석 式 근본주의적 교육을 받은 아이의 행로가, 초자아의 행로로서, 앞으로의 인생을 험난으로 예고한다. 일생 불안으로 점철된 인생을 살게 된다. 불안이 '무=죽음의식'에 의한 것만이 아니다. 무의식에 내면화된 초자아에 의한 '불안-불만' 또한 만만치 않다. 예고 없이 습격하는 저 밑도 끝도 없는 불안을, '죽음으로 선구'-'죽음에 이르는 병'이 그 표상인 不安과 생명본능에 對한 기동타격대로서 초자아에 의한 不安, 이 두 不安의 합작품으로 말한다.

32 동태적 멜랑콜리는 역사적 멜랑콜리로서 구제멜랑콜리의 특성을 갖는다. 구제알레고리→구제형이상학-메시아주의로 이어진다.

> 대상의 서술이 감정의 현상학이다. **비애의 이론은 비극의 이론에 대한 相對로서, 분별된 모습을 드러낸다. 비애의 이론은 오로지 멜랑콜리커의 시선 下에 드러나는 그 세계의 묘사 속에서 펼쳐진다** […] 이 감정의 자리를 특징짓는 것이 의도의 놀랄 만큼의 집요함이다 […] 비애는 자기 의도를 특별히 고양시키고 지속적으로 심화시키는 능력이 있다. 침잠은 무엇보다도 슬픈[비애의] 인간에게 고유한 것이다.(318) [강조는 필자]

앞 인용에서 루터주의의 극복으로서 역동적 멜랑콜리의 단초가 마련됐다.[33] "삶의 존재이유가 신앙 때문에 오로지 무가치하게 되는 데에 있는 것이 아니라는 것"을 말한 점이 그렇다. 비록 '죽음 앞에서 "전율"'을 말했더라도 말이다. "죽음에 대한 생각에서 경악"이 일반적이다. [루터주의가 말하는 것이 정태적 멜랑콜리이다] 뒤의 인용에서 역동적 멜랑콜리의 메커니즘이 제시됐다. "비애의 이론은 비극의 이론에 대한 相對로서, 분별된 모습을 드러낸다. 비애의 이론은 오로지 멜랑콜리적 인간의 시선 下에 드러나는 그 세계의 묘사 속에서 펼쳐진다." '멜랑콜리적 시선 下'의 '세계의 묘사'가 말하는 것이 벌써 '구제-알레고리로서 멜랑콜리'이다.

> 멜랑콜리가 知識을 위해 세상을 배반한다. 멜랑콜리의 끈질긴 침전Versunkenheit이 죽은 사물을 구제하기 위해 죽은 사물들을 정관Kontemplation 속에 둔다.(334)

---

33 "자기 현존"을 "지엽적이고 거짓된 행동"으로 느끼게 하는 것이 초자아이다. 역동적 멜랑콜리커는 그러나 '자기실망→자아상실→멜랑콜리'의 수순을 따르지 않는다. 역동적 멜랑콜리커는 초자아가 특별히 발달한 자로서 초자아에 의한 최고발현인 대리표상-반동형성-승화작용에 能한 자이다. 역동적 멜랑콜리커가 알레고리커이고, '대리형성으로서 바로크비애극'이다. 알레고리를 대리표상-승화작용의 변종으로 보는 것이다. 대리형성 Ersatzbildungen-반동형성Reaktionsbildungen-승화작용Sublimierungen에 관해서는 이 글 4.章 '초자아와 멜랑콜리' 참조. 이 글 1.부, '멜랑콜리라는 이름말'의 첫 번째 글 '이런 멜랑콜리커 – 저런 멜랑콜리커' 참조.

벤야민은 '한 줌의 재'가 말하는, "죽은 사물"의 구제불가능성에 관해, 그러나 죽은 사물의 그 '만만치 않은 저항과 무게'를 어디선가에서 인용했다(이 글 9.章 '동태적 멜랑콜리와 정태적 멜랑콜리의 변증' 첫 인용문 참조); 멜랑콜리커는 '가련한' 멜랑콜리커이다. "세상을 배반한다" 하는 것은 '극도의 자아빈곤으로서 멜랑콜리'의 주요 증상에 對한 것이다.[34] 멜랑콜리커는 '세상이 시키는 일'로서 생명을 유지-향상시키는 일을 하지 못한다. 자연스럽게, 그러니까 필연적으로, 세상과 격리되는 자, 멜랑콜리커이다. 역동적 멜랑콜리커는 말 그대로 멜랑콜리커의 역동성을 말한다. 문제가 수동적-소극적 자세가 아니라, 능동적-적극적 자세이다. 적극적 멜랑콜리커로

34 '세상을 배반한다'에 대한, 벤야민 고유의 역사이해에 의한 것으로서, 다른 관점이 있다. [박찬일,「단자로서 태양들 —'많음'으로서 성좌들」—『독일비애극의 원천』감상 A」, 같은 곳, 각주 28 참조] ['세상을 배반한다'는 선형적·연속적 역사이해에 대한 배반이다. 벤야민 이해에 있어서 가장 중요한 것으로 전제해야 할 것이 비선형적·불연속적 역사이해이다, 통상적 역사주의의 거부로서, 선형적·연속적 역사이해에 대한 거부이다. 선형적·연속적 역사이해의 거부가 알레고리-알레고리커이다. 알레고리-알레고리커로서 벤야민은 역사적 폐허 구덩이들에서 "단편, 그 파편Fragment, das Bruchstück"(354)들을 꺼내 이들을 재구성해 내려고 한다, 그들을 일일이 호명해주고 싶어한다; 벤야민이「역사의 개념에 관하여」에서 보편적 세계사서술과 유물론적 역사서술을 구분한다. "보편적 세계사라는 것이 공허한 시간을 채우기 위해 사실의 더미들을 모으는데 급급하다. 이에 반해 유물론적 역사서술은 구성원칙konstruktives Prinzip에 근거를 둔다." 벤야민이 이해하는 유물론적 역사서술은 벤야민 고유의 것으로서, 일반적 변증법적 유물사관과 구분된다. "특정한 시기"의 역사적 사건은 늘 살아있는 "지금시간Jetztzeit"이다. 그것은 지금시간에서 구성되고 편집된다. "역사는 구성의 대상이다." "고대 로마는 지금시간에 의해 충전된 과거"이다, "불란서혁명"은 "다시 돌아온 로마"였다. 현재가 과거에 간섭하고, 간섭된 과거에 의해 과거는 다시 현재에 간섭한다. '역사적 사건'은 과거·현재·미래를 넘나드는 것으로서 늘 진행형이다. [멜랑콜리적 역사관을 통해 말하면 '역사적 사건'은 늘 구제의 대상이다] 주목되는 것은 "사고에는 생각의 흐름만이 아니라 생각의 정지도 포함된다"는 말이다. 생각의 정지는 "희미한 메시아적 힘"에 의해 충만된 지금시간이다. "역사적 유물론자는 그가 단자Monade로서 마주 대하는 역사적 대상에만 오로지 접근한다. 단자의 구조 속에서 역사적 유물론자는 사건의 메시아적 정지의 표지, 즉 억압된 과거를 위한 투쟁들에 내재한 혁명적 기회의 표지를 인식한다." 벤야민의 고유한 유물론적 역사관은 메시아적 역사관, 단자론적monadologisch 역사관을 포함한다. 단자론적 역사관은 벤야민이 "한 시대 속에 전체 역사의 진행이 보존되고 지양되는 것"이라고 말할 때 뚜렷이 나타난다.(「역사의 개념에 관하여Über den Begriff der Geschichte」, Ⅰ-2, 694-701 참조)

서 그는 "知識"을 위해 멜랑콜리커를 자청한다. "죽은 사물을 구제하기 위해" 멜랑콜리를 소극적으로 對面하지 않고 능동적으로 對面한다. '죽은 사물의 구제 조건'이 우선 애도이다. 애도가 知識의 첫 번째 표상이다. 역동적 멜랑콜리커의 애도는 알레고리에 의한 애도이다. 알레고리가 知識의 두 번째 표상이나, 벤야민이 知識으로서 말하는 것이 사실 알레고리이다. "知識에 정주시키는 일"(357, 「폐허」)을 말했을 때, 이것은 알레고리에 정주시키는 일에 관해서이다. 멜랑콜리[커]는 알레고리[커]이다. 알레고리를 통해, '나타나는 이념'을 보게 하고, '드러나는 진리'를 보게 한다. '몰락의 자연사'를 진리로서 재현한다. 진리가 멜랑콜리-알레고리를 구제형이상학으로 알린다. [동태적 멜랑콜리는 바로크시대의 멜랑콜리로서 역사적 멜랑콜리이다. 그리고 역사에 관계하는 멜랑콜리로서, 구제멜랑콜리-구제알레고리를 특성으로 갖는다. 많음Vielheit으로서 현상들-사물들, 요소들이므로, 많음으로서 태양들-성좌들이므로, 많음으로서 엠블럼들이므로, 그들이 공통으로 드러내는 진리에 의한 것이므로, 유물론적 구제형이상학이다] [35]

위위 인용문에 주목해서 말해야 하는 것: 바로크비애극에서 비애가 관객을 불러내어 관객을 정당화시키는 것이 아니라, 관객이 비애를 불러내어 비애를 정당화시킨다.[36] [비극이 관객을 불러내어 관객을 정당화시킨다. "[…] 비극 속에서 탄주되는 것은 우주 안에서의 결정적 성취이다. 이 성취를 위해, 그리고 그것의 재판관으로서, 공동체를 불러들이는 것이다."(298, 「슈트름운트드랑과 고전주의」 章]; 역동적 멜랑콜리의 태동을 처음 알린 곳이 2.부 '비애극과 비극' 후반부 「정당화論-아파테이아-멜랑콜리 章」에서

---

35 박찬일, 「단자로서 태양들 — 많음으로서 태양들 — 『독일비애극의 원천』 감상 A」, 같은 곳, 303-327 참조.

36 "그럴 것이 이 연극[비애극]이 슬프게 만드는 연극이라기보다 거기에서 슬픔이 자기만족을 찾는 연극, 슬픔에 싸여있는 자들 앞에서의 연극이기 때문이다."(298); "비극에서 관객들Zuschauer이 비극에 의해 요청 받고 정당화되는 반면, 비애극이 관찰자들Beschauer로부터 이해돼야 한다."(298-299, 「비극과 비극성Trauer und Tragik」 章)

이다. 「정당화論-아파테이아-멜랑콜리 章」가 유의미한 이유이다. 또 하나의 유의미가 '루터주의와 멜랑콜리'에 대해서였다(이 글 2. 章「루터주의와 멜랑콜리」 참조). 다음도 역동적 멜랑콜리의 태동을 말하는데 손색이 없다.

> 경건한 가정생활의 울타리에서 빠져나오는 것과 마찬가지로, 국가대사극의 화려함에 대한 열정적 관심 역시, 생각에 침잠하는 일이 마치 장중함에 끌리는 것과 같은 그런 경향에 기인한다. 이 경향 속에 열정적 관심이 자신의 고유한 리듬을 다시 인식한다. 바로크 언어형성에서 대규모로 드러나는 바, 슬픔과 과시의 근친성은 여기에 그 근원 가운데 하나를 갖는다; 침잠의 경우도 다르지 않다. 이 앞에서 연대기적 세계사의 거대한 형세들이, 일종의 유희로서, 있다. 일종의 유희인 것이, 그 안에 믿을만한 것으로 해독되는 어떤 의미 때문에, 주의할만한 가치가 있더라도, 그 개관할 수 없는 반복으로 인해, 멜랑콜리 상태의 그 불유쾌한 삶의 지배를 – 위로할 길 없는 것으로서 – 촉진시키기 때문이다.(319)

"슬픔과 과시"는 표현주의의 짝패이다.[37] 바로크 표현주의는 20세기 초엽 역사적 표현주의와 유비이다. 문제는 관심-침잠-유희이다. "열정적 관심"으로 "생각에 침잠하는 일"이다. "개관할 수 없는 반복"으로서 "유희"를 말하고, "멜랑콜리상태의 그 불쾌한 삶"의 "촉진"으로서 유희를 말할 때, 이미 그 멜랑콜리가 아닌 것이다. 멜랑콜리야 놀자! 할 때, 이미 그 멜랑콜리가 아닌 것이다. "유희"는 그 안에 능동성-적극성을 포함한다. 유희의 이중성에 그 알레고리적 유희와 그 멜랑콜리적 유희가 포함된다. [슬픔과 과시의 "근친성"이 내포하는 것이 "고유한 리듬"으로서 슬픔의 역동성이고,

---

37 17세기 모든 바로크비애극에서 '과시'를 말할 수 없다. "스페인 式의 섬세한subtil 성찰"로서 비애극이 있고, "독일 式으로 과장된gespreizt 제스처로서 비애극이 있다.(303, 「국가대사극-인형극」 章)

멜랑콜리적 침잠 下에 있는 "연대기적 세계사의 거대한 형세들"을 유희로 말하는 것이 멜랑콜리의 역동성이다]

8. 바로크시대의 멜랑콜리

바로크시기 루터주의와 중세 이전의 스토아에서 유사성을 말할 수 있다. [고대의 비관주의는 합리적 비관주의-과학적 비관주의이다. 출구전략을 담지하는 비관주의이다[38]] 루터주의-스토아주의는 삶의 단념을 통해 필연적으로 정신적 "황폐함"에 직면하게 돼있다. 다시 말하는 것: '스토아의 아파테이아에서 슬픔으로 가는 길은 한 걸음뿐이다.' 루터주의자들의 자아부정이 스토아주의의 연장이다. 스토아철학의 아파테이아Apathie는 자아부정이 원인이고 결과이다. 자아부정은 "자아감상실Depersonalisation 증세"의 구체화로서 의도와는 어긋나게 멜랑콜리를 빚어낸다.[39] 고대의 과학적 비관주의-합리적 비관주의가 출구전략을 담지했듯 바로크시기의 자아감상실로서 표상되는 멜랑콜리에도 출구전략이 있다. 뒤러의「멜랑콜리 1」의 등장이다. 자아감상실이 "유익한 연관관계"(319)를 그 안에 포함한다.

> 바로크시대의 인간이 그랬듯, 이 동판화에서, 생각에 잠긴 자의 知識 및 박식한 자의 연구가 내적으로 융합돼 있다. 르네상스시기가 우주를 탐구하며, 바로크시기가 도서관들을 탐구한다.(319)

38『비극의 탄생』(니체)에서 비극이 비관주의의 출구전략으로 간주된다. 디오니소스비극과 아폴론비극이 비관주의의 출구전략을 말한다. 비극이 가상으로서, 비관주의를 가상으로서 是認시킨다.

39 자아감-상실은 프로이트에서 확인되듯 멜랑콜리의 결과이다. 분명하게 말할 때 자아상실의 결과이다. 자아상실이 멜랑콜리이다. 자아감상실을 프로이트는 '극도의 자아빈곤'으로 말했다. 프로이트의 극도의 자아빈곤과 벤야민의 '자아감상실'이 말하는 것이 같다. [멜랑콜리커는 신체는 있으나 감각이 없는, '이미' 죽은 존재이다] 동시대인으로서 벤야민과 프로이트를 말할 때, 이것은 많은 것을 상상하게 한다.

뒤러의 동판화에서 암시적으로 주장됐듯 '숙고'가 슬픈 자들의 고유한 능력이다. "침잠은 무엇보다도 슬픈 [비애의] 인간에게 고유한 것이다."(위위위위 인용문)

> '자연이라는 책'과 '시대라는 책'이 바로크적 숙고의 대상이다.(320)

> 특히 책이 문자로 자연무대에 세워진 영원한 기념비로 간주됐다 […] [책보다 더 지속적인, 더 불변하는 어떤 것이 존재하지 않는다](320)

첫째 인용의 "자연"과 "시대"를 표상하는 것이 이를테면 잔혹한 생로병사로서 '자연'이고, 이를테면 잔혹한 루터주의로서 '시대'이다. 혹은 '30년 전쟁'이 표상하는 자연-시대이다. 둘째 인용에서 "영원한 기념비"로서 "책"을 말한다. 불멸과 구제의 관계는 외연과 내포의 관계이다. 동태적 멜랑콜리커는 불멸의 '도시관'에서 숙고하는 자로서, 숙고에 의한 구제가능성을 능동적으로 모색하는 자이다. 뒤러의 동판화에서 '천사'의 부릅뜬 자세 및 여러 도상들이 표상하는 동태적 멜랑콜리가 숙고에 의한 구제가능성을 말한다.[40] 동태적 멜랑콜리의 가능성은 바로크시대, 파스칼의 『팡세』에서도 확인된다. 벤야민의 인용이다.

> 영혼이 자기에 대해 생각할 때, 자기를 슬프게 하는 것만을 보게 될 뿐이다 […] 영혼의 즐거움이 망각에 있다. 영혼을 비참하게 하기 위해서는, 영혼이

---

40 「정당화론-아파테이아-멜랑콜리 章」에서 '정당화론'은 루터주의에 의한 멜랑콜리의 是認, 스토아주의의 아파테이아에 의한 멜랑콜리의 是認을 말하면서, 동시에 동태적 멜랑콜리의 정당화이다. 「사투르누스」 章의 '知識을 위해 세상을 배반한다'가 그 슬로건이다.

자기를 바라보고 자기와 함께 하도록 강제하는 것만으로 충분하다.(321)

정태적 멜랑콜리와 동태적 멜랑콜리의 변증을 보여주었다. 동태적 멜랑콜리에 관한 것으로서, "영혼의 즐거움", 즉 "망각"을 말했다. "영혼을 비참하게 하기 위해서는, 영혼이 자기를 바라보고 자기와 함께 하도록 강제하는 것으로 충분하다." 이것은 일반적 멜랑콜리에 관해서이다. '군주'의 경우에서도 예외가 아닌 보편적 멜랑콜리. '군주에게 쉴 틈을 주지 않아야 하고, 영혼을 바라볼 틈을 주지 말아야 한다', 했을 때 이것은 일반적 멜랑콜리에 관해서이다. [국가대사를 그르칠 틈을 주지 말아야 한다] 그리피우스의 비애극『레오 아르메니우스』에서 '레오 아르메니우스'의 말.

날이 저물자마자, | 새까만 무리, 불안의 무리가 기어 들어와, | 군주의 침대에서 눈을 뜨고 있다 [⋯] 왕홀이 있는 곳, 거기에 두려움이 있다!(『원천』, 322 참조)

'멜랑콜리가 "군주의 침대"에 거처하고 있다,' 이렇게 말할 때, 벌써 '보편성으로서 멜랑콜리'의 요약이다. 군주들이, 극단으로서, '보편성으로서 멜랑콜리'의 범례이다. 벤야민은 분명 선천성 멜랑콜리를 의식하고 있다. '이유 없는 두려움'이 그것을 말한다.

그럴 것이 멜랑콜리적 인간은 "처음에 ⋯ 미친개에 물린 자와 같기 때문이다. 그는 끔찍한 꿈을 꾸며, 이유 없이 두려움에 시달린다 [⋯] 궁궐이 일반적으로 춥고/ 계속 겨울이다/ 왜냐하면 정의의 태양이 궁궐에서 멀리 떨어져 있기 때문이다 ⋯ 그 때문에 궁신들이 온통 추위로/ 두려움과 슬픔으로 몸을 떤다."(322,「군주의 우울」章)

역시 벤야민의 인용으로서, 알베르티누스Aegidius Albertinus에 의한 것이다(알베르티누스, 『루시퍼왕국과 영혼사냥: 혹은 바보사냥』, Augusburg 1617, 390-411). "슬픔의 정신"(하르스되르퍼Georg Philipp Harsdörfer, 『문학안내서』, Nürnberg 1653, 116; 『원천』 322에서 재인용)에 사로잡힌 자가 멜랑콜리커일 때, 멜랑콜리커가 보편적 현상이다. 문제는 멜랑콜리가 '광기'로 나타날 때이다. 광기의 표상 하나가 실투이다.

> [⋯] 질투[하는 자]가 딱정벌레, 메뚜기, 벼룩, 그림자 등을 연적으로 간주한다.(323)

질투-광기-멜랑콜리가 보편성이다. 한국의 어느 여름날 '조상 하나'가 냉수 한 사발에게 '참 시원하다'고 말을 걸었을 때, '냉수'가 그의 연인에게 사랑의 라이벌로서 질투의 대상이 됐다 한다. '광기로서 멜랑콜리'가 근대 이후 '사슬에 묶이는 원인'이 된다. [근대 이후 광기가 제거의 대상으로서, 정신병동이 종착지이다] 선천적 멜랑콜리를 말할 때, 이른바 멜랑콜리 기질론을 빠뜨릴 수 없다. 흑담즙질이 주지하다시피 그리스까지 소급되는 4가지 체질 중 하나로서 멜랑콜리와 관계한다.

> [⋯] 비장이 해악적인 검은 담즙의 형성에 결정적 의미를 갖는다. 비장으로 흘러 내려 그속에서 만연하는 '끈적끈적하고 건조한' 피가 인간의 웃음을 감소시키고 우울증Hypochondrie을 불러들인다.(324)[41]

'병리학적 이해로서 멜랑콜리이해'는 "피조물 위치의 인간의 비참함"

---

41 여기에서 다시 확인되는 것이 '극단적 자아빈곤으로서 우울'-멜랑콜리이다. 웃음감소-우울증대 역시 자아감상실의 표상이다.

을 강화시킨다. '피조물로서 자기이해'가 신플라톤주의 이전 스토아주의에 이어서 바로크 루터주의에서 강화됐을 때, 이것이 멜랑콜리의 견고성 및 불가항력성을 말하게 한다. 이른바 병리학과 신학의 결합으로서 "멜랑콜리의 전지전능한 힘"(324)을 인식하게 한다.

9. 동태적 멜랑콜리와 정태적 멜랑콜리의 변증

동태적 멜랑콜리와 정태적 멜랑콜리의 싹이 이브와 아담에 있다. '최초로 태어난 순수한 창조물인 아담이 피조물로서 슬픔을 갖고 있다. 아담을 명랑하게 하기 위해 창조된 이브가 기쁨을 갖고 있다.'(이 글 각주 30); 벤야민은 길로Karl Gielow의 논문을 빌어 동태적 멜랑콜리와 정태적 멜랑콜리의 변증을 "아주 집중적이고 정신적인 활동과 그것의 아주 깊숙한 퇴락, [둘의] 대립"(길로, 『뒤러의 동판화 '멜렌콜리아 1'과 막시밀리안 시대의 인문주의자들』, 1904; 『원천』 325에서 재인용)으로 요약한다. "멜랑콜리와 광기의 관습적 결합"을 말할 때, 그것은 플라톤 이후이다. 특히 아리스토텔레스가 『프로블레마타Problemata』에서 멜랑콜리 자장 안에서 천재성-광기가 함께 하는 것으로 언명한 것이[42] 동태적 멜랑콜리이해의 시작이다. 천재성-광기가 동태적 멜랑콜리의 표상이다. 천재성은 "예언의 능력"(325)을 포함한다.[43] 멜랑콜리의 양가성, 그 중 동태성에 대한 강조는 『원천』의 '사

42 광기를 말한 것이 아리스토텔레스 이후, 그리고 신플라톤주의 이전, 스토아에서이다. 스토아는 광기를 고통-공포-욕정 등으로 이해했다. 광기를 스토아의 능동적 멜랑콜리로 이해할 때, 이것은 광기가 변증법적 대립명제로서, 이를테면 고통이 악에 대한 대응-대립명제가 될 때이다. 스토아에서 광기가 악에 대치하는 '신선한 광기'로 간주된다. 스토아에서 그러나 광기는, 궁극적으로는, 제어되어야 할 것으로서, 중세기독교의 이해와 다르지 않다.

43 고대적 멜랑콜리이해로서 아리스토텔레스가 「꿈을 통한 예언De divinatione somnium [De divinatione per somnia]」에서 언급했다; 멜랑콜리의 동태적 성격에 대한 언급이 고대그리스 플라톤-아리스토텔레스 이래 근대의 칸트까지 계속 지적돼 왔다. 벤야민은 「육체와 영혼에 작용하는 멜랑콜리」 章에서 아리스토텔레스가 멜랑콜리에 광기-천재성 및

투르누스론'에서 심화-반복된다. 「나태와 不忠」 章의 다음과 같은 언급이 동태적 멜랑콜리의 성격을 훨씬 명료하게 했다.

> 멜랑콜리의 끈질긴 침전이 죽은 사물들을 구제하기 위해 죽은 사물들을 정관 속에 둔다 […] 페기Charle Péguy는 사물의 구원 불가능에 관해, [특히] 영웅들과 성자들의 노력에 의한 것으로 종국에 가서는 한 줌의 재만이 계속 남아 있게 되는 사물들-존재자들 자체의 저항과 무게에 관해, 말하곤 했다.(334)

벤야민은 '아리스토텔레스 멜랑콜리論', 즉 "그리스의 멜랑콜리개념의 변증법"(327)에 주목한다. 문제는 자아감 상실에 머무르는 정태적 멜랑콜리가 아니라, '먼 곳'을 쳐다보는 동태적 멜랑콜리이다. 뒤러의 동판화에서 '바다'가 그 먼 곳으로서 遠景이다. 前景의 여러 도구들이 그 먼 곳으로 데려다 줄 것들이다. '행성으로서 사투르누스'가 "가장 먼 곳"(326)에 있는 사실 또한 지상의 멜랑콜리커들에게 역동성을 부여한다. '사투르누스의 변증법적 특성'에 결정적인 것이 파노프스키와 작슬의 공동작업인 『뒤러의 멜렌콜리아 1. 문헌사적-유형사적 연구 시도』의 탄생이다.

> 멜랑콜리와 마찬가지인 대립의 데몬Dämon, 사투르누스는 영혼에게 한편으로 나태와 둔중을, 다른 한편으로 지력과 명상을 수여한다. 멜랑콜리와 마찬가지인 사투르누스도 그의 복속들을, 비록 그들이 그 자체 고귀한 자들일지라도, 줄창 위협적인 우울과 광적 황홀로 위협한다.(『원천』, 327에서 재인용)

예언적 능력을 관계시킨 것을 상세하게 지적했다(325-326). 벤야민의 칸트에 대한 언급은 다음과 같다. "칸트 역시 멜랑콜리커의 이미지를 비교적 오래된 이론가들에서 나타난 색깔들로 그렸다. 『아름다움과 숭고함의 감정에 대한 고찰』은 멜랑콜리커에게 "복수욕 … 타고난 감흥, 환상, 시험 … 유의미한 꿈, 예감, 기적의 표지" 등의 특성을 부여한다."(Kant, 『아름다움과 숭고함의 감정에 대한 고찰』, Königsberg 1764, 33-34; 『원천』, 326)

"나태"-"둔중"은 자아감상실로서 정태적 멜랑콜리[일반적 멜랑콜리]의 특성이고,[44] "지력"-"명상"은 역사적 멜랑콜리로서 동태적 멜랑콜리의 표상이다. 역사적 멜랑콜리에 구제형이상학 함의가 담긴다. 멜랑콜리의 이중성은 농업과 수확의 神 사투르누스의 표상인, 낫을 든 노인에 관한 서로 다른 해석에서도 드러난다. 낫을 든 노인이 곡식을 수확하는 자의 표상이면서 동시에, "죽음을 수확하는 자Schnitter Tod"(328)의 표상이다.

사실, 멜랑콜리의 이중성에 대한 통찰은 중세를 넘어 르네상스에서 적극적으로 표출된 것이다. 중세 기독교적 관념에서 멜랑콜리는 '악마성'이었다. [죽음을 수확하는 자로서 사투르누스는 중세의 악마적 해석이다] 이것은 '루터주의의 유비로서 스토아의 아파테이아'에서 멜랑콜리의 또 다른 측면으로, '명상으로서 멜랑콜리'를 보는 관점과 모순된다.

> 물론 기독교 공간에서 비로소 가능한 것이지만 스토아의 아파테이아에서 슬픔으로 가는 길은 한 걸음뿐이다. 바로크시기의 모든 고대적인 것이 그랬듯 바로크의 스토아도 擬似고대적이다. 바로크시기의 스토아에서 합리적 염세주의[45]의 수용보다 더 중요한 것이 스토아적 실천에 의한, 인간이 대면하게 되는 [정신의] 황폐함이다. **격정을 몸 안에서 발생하게 하는 삶의 물결이 있고, 격정이 근절될 때 발생하는, 삶의 물결의 후퇴가 있다.** [자기]격정이 근절될 때, 주변세계로부터 격리와 함께 고유한 몸으로부터도 소외되는 지경에 이르게 된다. 자아감상실의 증세를 심각한 수준의 슬픔에 빠진 상황에 기인

---

44 군주의 '우유부단과 나태의 상호연관'이 드러난 곳이 『원천』의 「나태와 不忠」 章이다. 이 글 6.章 '나태와 不忠—햄릿' 참조

45 "고대" 그리스비극의 탄생을 "합리적 염세주의"에 의한 것으로 볼 때, 이것은 니체-하이데거 용례로서, '니힐리즘으로부터 비극의 탄생'이 말하는 바와 같다. 이른바 '니힐리즘의 변증으로서 精神史'이다; 이 글 각주 38 참조.

한 것으로 파악할 때, 이 병리적 상태에 대한 개념파악이, 비교할 길 없는, 유익한 연관관계 속으로 들어간다. 그 병리적 상태에서, 빈약하기 이를 데 없는 사물들, 그 사물들과의 자연스럽고 창조적 관계의 결여에 기인하는 것으로, 그 사물들이 수수께끼 같은 지혜의 암호로서 나타난다.(319)[46] [강조는 필자]

루터주의의 지이부정은 스토아의 연상이다. 스토아의 아파테이아는 자아부정의 결과이다. 자아부정은 자아감상실로서, 의도와 어긋나게 "자아감상실의 증세"인 "[정신의] 황폐함"으로서 멜랑콜리를 빚는다. [스토아주의자는 운명론자이고 현실주의자이다] 문제는 "수수께끼 같은 지혜의 암호"이고, "유익한 연관관계"이다. 여기에 종교적 명상으로서, 적극적 멜랑콜리가 포함된 것으로 보는 것이다. [아파테이아에 적극적 멜랑콜리가 포함된다](이 글 3.章 '아파테이아의 변증—스토아주의' 참조) [중세와 르네상스의 멜랑콜리이해가 다르다] 벤야민은 중세와 르네상스의 멜랑콜리이해의 차이를 "르네상스 관념에서 일어난 대담한 전환"으로 예고한다. 2.부 '비애극과 비극' 끝자락「사투르누스」論에서이다.

이 변증법의 공간에서 멜랑콜리적 문제의 역사가 탄주된다. 르네상스의 마법에서 정점을 이룬다. 멜랑콜리적 심정상태의 이중성에 관한 아리스토텔레스의 통찰 및 사투르누스 영향 下의 대립명제성이, 중세에 들어와 기독교적 성

46 루터주의에 의한 멜랑콜리와, 루터주의의 연장으로서 18세기 경건주의에 의한 멜랑콜리, 그리고 스토아의 아파테이아에 의한 멜랑콜리의 탄생이 상호유비적이다. 문제는 바로크의 루터주의-"바로크의 스토아"에 의한 멜랑콜리이다. 프로이트의「슬픔과 멜랑콜리」가 출판된 것이 1917,『원천』이 써진 때가 1924년. 인용문은 멜랑콜리의 '증상'에 관해 말한 점에서 유의미하다. 멜랑콜리에 대한 벤야민의 정확한 숙지를 방증한다. "인간이 대면하게 되는 [정신적]황폐함"-"삶의 물결의 후퇴"-"주변세계로부터 격리"-"몸으로부터도 소외"-"사물들과의 자연스럽고 창조적 관계의 결여", 최종적으로 말하는 "자아감상실"이 '멜랑콜리[커]'와 정확하게 일치한다(이 글 각주 39-40 참조); 인용문 끝의 "유익한 연관관계"가 말하는 것이 정태적 멜랑콜리와 對峙하는 동태적 멜랑콜리에 관해서이다.

찰에 순응한 것으로 해서, 오로지 악마적 재현의 특성을 갖게 된다. 반면, 르네상스시기에, 원전-원천을 통해서, 고대에 성취된 사색의 풍부한 재산들이 다시 빛을 보게 됐다. 이러한 전환점을 발견해낸 것, 그리고 극적 전환의 힘을 뿜으며 그를 서술한 것에 관해 말할 때, 그것은 길로Gielow 연구의 훌륭한 성과, 그리고 그 연구의 드높은 아름다움에 대해서이다.(328)

벤야민은 르네상스시대 멜란히톤Phiippus Melanchiton(『영혼에 관하여De anima』, 1548)』의 용어로서, "범속하고 위험한 멜랑콜리"로부터 "숭고한 멜랑콜리erhabene Melancholie"-"영웅적 멜랑콜리"로의 전환(329)을 말한다.[47] 영웅적 멜랑콜리-역동적 멜랑콜리의 표상으로 뒤러의 「멜랑콜리 1」의 "마방진"에 관해 언급한다.

뒤러의 「멜렌콜리아」의 [천사]머리 쪽 평판에 적힌 마방진das magische Quadrad이 주피터 행성印으로서, 사투르누스의 음울한 세력에 대항하는 주피터의 영향을 말한다. 평판 가까이에 천체 주피터를 지시하는 것으로서, 저울이 걸려있다.(329)

뒤러의 동판화에서 '영웅적 멜랑콜리'만을 말할 수 없다. 문제는 '멜랑콜리 심정상태의 이중성'이다. "뒤러의 동판화가 게다가 잠을 자고 있는 동물을 재현하였는데, 이를 통해 의미상징의 양가성이 풍부해진다. 악한 꿈들이 비장에서 나오는 것일 때, 예언적 꿈들 역시 멜랑콜리적 인간의 특권이다. 군주와 순교자의 공통자산으로서, 이러한 꿈들이 비애극들에서 유명하다."(330, 「의미상징들: 개-구체-돌덩이」 章)라고 말할 때, '멜랑콜리

47 "멜랑콜리적 심정상태의 이중성"(328)을 '숭고한 멜랑콜리'와 '해로운 멜랑콜리'로 달리 표현한 데 의의가 있다. 물론 숭고한 멜랑콜리가 '역사적 멜랑콜리'-역동적 멜랑콜리로서, 구제의지를 갖는다.

의 이중성'의 표상으로서 「멜랑콜리 1」의 이중성 또한 분명해진다. 뒤러의 동판화가 멜랑콜리의 이중성을 보장한다. 꿈에 "예언적 꿈"이 있고 "나쁜 꿈"이 있다. 후자자 정태적이고, 전자가 동태적이다. 바르부르크Aby Warburg가 "막시밀리안 시기 우주론적 문화의 가장 성숙하고 가장 신비스러운 성과"(바르부르크, 『루터시대 글과 그림에 나타난 이교적-고대적 예언』, Heidelberg 1920, 24; 『원천』, 331에서 재인용)라고 했을 때, 이것은 다름 아닌 뒤러의 동판화에 대해서이다.

10. 나가며—해석의 이율배반

(1) 벤야민이 비애극을 알레고리구조로 보고, 그것이 나타내는 것과 그것이 드러내는 것을 말할 때, 그것은 역사내용이 아니라 이념내용이고, 이념내용으로서 진리내용이다. 연대기적 역사가 아닌 자연적 역사로서, 그 자연은 속성-본성의 의미를 갖는다. 자연이 몰락으로서, 세계는 몰락의 세계사이다. 몰락의 자연사-몰락의 인류사이다. 알레고리의도를 멜랑콜리의도로 말할 수 있는 근거이다. 멜랑콜리는 정태적 멜랑콜리가 아닌 동태적 멜랑콜리로서, '알레고리구조-성좌' 안에 있는 현상들-사물들에게 몰락을 보편성으로 알린다. 현상들-사물들이 '성좌들의 그 많음'으로서, 엠블럼-알레고리의 그 '많음'으로서, '로고스로서 진리'를 향유한다. 몰락을 구제하는 것이 오로지 '진리'일 수밖에 없다. '진리가 소멸하지 않는다.' 벤야민이 던진 공이다. '모든 것이 움직이고 움직이는 모든 것이 사라진다. 사라지는 것이 사라지지 않는다.' 이 위대한 멜로디에 對한 어쩌면 유일한 대항마로서 현재진행형이다.

(2) 벤야민이 니체의 충실한 제자인 것이 비자연적 방법을 사용해, 이를테면 바로크드라마로서, 바로크드라마를 알레고리구조로 파악함으로써

자연에 승리하는, 구제형이상학에 동참했기 때문이다. 유명한 말: 인간이 비자연적 방법을 써서 자연에 저항해서 승리하지 않는 것 말고, 인간이 자연으로 하여금 그 비밀을 털어놓도록 강요할 방법이 달리 있겠는가?(니체, 『비극의 탄생』, Ⅲ-1, 63); 니체는 그리스비극에서 특히 합창단의 그 '양적 완화-정책'에서 구제형이상학을 도출했고, 벤야민은 성좌-알레고리의 그 '많음으로서 量'으로부터 구제형이상학을 도출했다.

(3) 멜랑콜리의 변증, 즉 정태적 멜랑콜리와 동태적 멜랑콜리의 변증은 '알레고리적 해석의 이율배반'에서, 즉 '문자와 표현의 이율배반'에서 이미 예견된 일이었다. 또, 문자와 표현의 이율배반은 알레고리적 분리-배치에 의한, 알레고리적 임의성-자의성에 의한, 알레고리의 이의성-다의성에서 이미 예견된 일이었다.[48] 알레고리의 이의성이 멜랑콜리의 변증, 곧 이의성을 담보한다? 이에 대한 논의가 더 필요하다. 다음 (4)절이 補遺로서, '알레

48 사물들-현상들, 요소들을 임의로-자의로, 분리-배치했을 때, 이미 그것이 지시하는 것이 '임의성-자의성에 의한 이의성Zweideutigkeit-다의성Mehrdeutigkeit'이다. 이것이 바로크 알레고리이해의 始作이다. 벤야민은 신칸트학파 코엔Hermann Cohen-호르스트Carl Horst들을 인용하며 알레고리의 특성으로서 이의성과 다의성을 보증한다. 다음은 코엔의 말이다. "그러나 이의성, 다의성이 알레고리의 근본특성이다. 의미들의 풍부함에 대해 알레고리는, 그러니까 바로크는, 자부심을 느낀다. 이의성이 그러나 낭비의 풍부를 말한다; 자연이란, 형이상학의 오랜 규칙들에 의거할 때, 또한 역학의 오래된 규칙들에 의거할 때, 특히나 절약의 법칙에 묶여 있다. 이의성은 그러니 어디서나 의미의 순수성 및 통일성에 대한 반대이다."(『순수감정의 미학Ästhetik des reinen Gefühls』, Bd. 2, Berlin 1912, 305; 『원천』 263에서 재인용); 인용 뒤쪽에서 확인되는 것처럼 벤야민과 신칸트학파가 어울릴 수 없는 것은 자명으로서 자명하다. **칸트의 인식명제, '인식이 대상을 따르지 않고 대상이 인식을 따른다'는 벤야민의 성좌론과 상호모순이다. 벤야민에서 이를테면 인식이, 임의의 분리-배치가 始作인 '성좌'에서 시작되기 때문이다.** 벤야민에게 '의미의 순수성과 통일성'은 전혀 고려의 대상이 아니다; '신칸트학파'가 말하는 것은, 칸트가 말하는 것으로서, 인식규칙의 설정이고, 인식경계의 설정이다. [인식한계의 설정이 아니다] 물자체에 對해 침묵할 일이다. 이른바 실증주의철학이고, 이른바 현상학이다. 현상학의 모토 '사물[사태] 자체로!'와 칸트의 '물자체'에서 사물 자체와 물자체가 함의하는 것이 전혀 다르다. 물자체가 말하는 것이 주지하다시피 인식불가능성이다. 코엔과 호르스트가 얘기하는 것이 '경계지키기'로서, 그렇다면, 의고전주의의 '완전성으로서 예술'이 그 표상이다.

고리의 이율배반성'에 대한 논의이다.

(4)『원천』의 3.부 '알레고리와 비애극'에서 새로운 광휘로서 알레고리 이해가 '파노라마로서' 펼쳐진다. 알레고리적 이율배반을 일반적으로 말할 때, 우선, '속과 성의 변증'이다. 정확히 말할 때, '명제로서 속'이 '대립명제로서 성'에 휩쓸린다. "그에 따라 속세가, 알레고리적 관찰에 의할 때, 위계가 상승하거나 하락한다"라고 발하는 까닭이다. 상승은 聖으로의 상승이고, 하락은 '俗의 하락'이다. 하락은 상승의 대가이다. 다음, 이러한 종교적 변증의 유비로서, "관습과 표현의 변증"으로서 알레고리이다. 관습적인 것과 창발적인 것의 변증으로서 알레고리이다. 그렇더라도 알레고리는 "관습과 표현 둘 다"(351,「알레고리적 해석의 이율배반Antinomie der Allegorese」章)이다.

> 17세기의 알레고리는 표현의 관습이 아닌, 관습의 표현이다. 따라서 알레고리는 권위의 표현이며, 그 원천의 위엄에 의할 때 비밀에 싸이고, 그 효력의 범위에서 公的이다.(351)

> 알레고리적 해석 上의 차갑고 깨끗한 마무리 기술과 그것의 폭발적 표현 사이의 갈등에서 확연하게 나타나는 것이 마찬가지로 동일한 이율배반이다.(351)

알레고리가, 그 의미상징이, 멜로디라는 것을 알린다. 멜로디는 우주멜로디로서, 즉 이념의 표상으로서, 달리 말할 때, "관습의 표현"으로서 "권위의 표현"이다. 관습-권위가 말하는 것은 세세도록 오래된, 우주 가장 안쪽에서 들려오는, 그러므로 로고스로서 목소리이다. 알레고리에서 그 목소리는 법전화된 것으로, 즉 이미지로 나타난다. '잃어버린 로고스의 시대'에 상징[목소리]을 대신하는 것이 알레고리[문자]이다. 이른바 알레고리의 형이상학이다.[49] 나타나는 이념-드러나는 진리 같은 것이다. 바로 '많음으로서 성좌들'이 말하는 것으로서, 몰락의 보편성이다.

벤야민은 엠블럼-상형언어들의 "신학적 비의성"(348)을 말할 때, 이 또한 이율배반에 관한 것이다. 전제는 신학과 시문학의 공통분모로서 알레고리이해이다. '알레고리적 신학으로서 시문학'의 출발을 말할 수 있게 한 것이 오피츠Martin Opitz의 『독일 시학書』이다.

> 시문학은 처음에 일종의 감춰놓은 신학이었다 […] 최초의 황량한 세계는 더 거칠고 조악했다/ 지혜의 교훈 및 천상의 것들에 관한 교훈을 제대로 파악하고 이해할 수 있기에는/ 그래서 현자들은 신에 대한 외경을 가르치기 위해/ 좋은 풍속과 변화를 가르치기 위해 그들이 고안한 것을/ 운율과 우화들 속에/ 특히 세상사람들이 듣기 원하는 것을/ 숨기고 감춰야 했다.(『원천』, 349에서 재인용)

신학이 시문학이었다. 그것도 '알레고적 시문학'이었다. "신에 대한 외경"을 불러일으키기 위해, 일반적 말이 아닌, 이른바 '말씀'으로서 "운율과 우화들"의 형식이 필요했던 것과 문자언어에 주목하게 하기 위해, 일반적 문자가 아닌, '형식으로서 문자'가 필요했던 것이 상호유비적이다. 형식으로서 문자가 다름 아닌 알레고리[문자]이다. 덕목-역사-도덕 등을 '엠블럼'에서 말할 때 엠블럼이 이율배반이다. 엠블럼에서 예컨대 나뭇잎-구름-말[馬], 사물들을 말할 때, 그것은 예컨대 덕목-역사-도덕 등 '진리'에 관해서이다(349-350). 알레고리적 이율배반의 가장 적절한 전거는 색의 엠블럼,

---

49 "그렇지만 바로크의 이론이 대체로 역사를 창조된 사건으로 파악했듯, 특히 알레고리는, 모든 문자가 그렇듯, 관습으로 여겨질지라도 동시에 성서와 마찬가지로 창조된 것으로 간주된다."(351, 「알레고리적 해석의 이율배반」 章); 알레고리는 로고스를 대신하는 것으로서, 로고스가 신의 말씀을 뜻할 때, 알레고리는 '알레고리커로서 인간'의 '말씀'을 뜻한다. 로고스가 진리를 말하고, 알레고리가 진리를 보여준다.

즉 '색의 상형문자학Farbenhieroglyphik'이다(「예들-전거들Beispiele und Belege」章). 빨강-은색-파랑-보라-검정 등이 상호이율배반을 지시한다. 벤야민은 다음 전거들을 뵈클러Georg Andreas Böckler의 『紋章의 기법Ars heraldica』(Nürnberg 1688)에서 뽑았다.

> 은색에 대한 빨강/ 복수하려는 願望, 빨강에 대안 … 파랑/ 불손, 보라에 대한 … 검정/ 지속적 기도(『원천』, 350에서 재인용)

위위위 인용문에서 벤야민이 "차갑고 깨끗한 마무리 기술"과 "폭발적 표현"으로 얘기하는 것은 우선, 알레고리가 우주멜로디로서 진리로 向해 있는 점이다. 문제는 '차갑고 깨끗한 마무리 기술과 폭발적 표현'의 이율배반성이다. 고쳐 말할 때, 문자와 표현의 이율배반성이다. 계시언어에서 이율배반을 말할 수 없고, 문자언어[알레고리]에서 이율배반을 말할 수 있다. 알레고리문자는 '불변의 복합체'[엠블럼-상형문자]로 고정되나, 고정된 의미를 말하지 않는다. 알레고리문자의 본래성은 다시 말하지만 이의성이고 다의성이다. 문제는 '파편으로서 문자-폐허로서 문자'이다. '알레고리커'는 "植字의 대담성"-"과장된 은유법"으로, "무정형의amorph 파편"-"알레고리적 문자이미지"(351-352)로, 알레고리를 알린다. 표상이 "신성한 복합체로서 문자"(351)인 상형문자에서 알레고리를 알린다. '신성'으로 말하는 것이, 상징과 견주는 것으로서, 진리를 드러내기 때문이다. '파편으로서 문자'는 무대에서 "폐허"(「폐허Ruine」章)로 표상된다. "알레고리가 사상의 제국에서 얘기하는 것을 폐허가 사물의 제국에서 얘기한다."(354); '파편으로서 문자'가 몰락의 자연사를 담지하지 않았으나 몰락의 자연사를 '표현'한다. 문자가 항시 몰락의 자연사를 표현하는 것이 될 때, 문자와 표현의 관계는 더 이상 이율배반성이 아니다. 문자와 표현의 이율배반성이 진리 앞에

서 자취를 감춘다.[50]

(5) 르네상스-종교개혁 시기에 대한 반정립으로서, '반종교개혁적 바로크'를 말한다. 반종교개혁의 결정적 특징이 우선, 종말론 不在["종말 Endzeit에 대한 기대" 부재]이다. "반종교개혁의 역사철학적 이상이, 그 절정으로서, 모든 묵시론적 특징들에 낯선, 평화와 예술의 황금시대이다."(259); 분명하게 말할 때, 르네상스-종교개혁 시기와의 차별성이 '종말론의 거부'이다. "피안으로 직접 들어가는 길"(258)의 거부로서, 구원에 대한 거부이다. 그러나 '바로크드라마의 내재성'(「바로크드라마의 내재성」章)은 제한적이다. 바로크비애극은 "기독교적 삶과의 논박"(258)을 긍정적 의미이든 부정적 의미이든 회피하려 했다. 그 표징이 "직접적 표현"의 봉쇄에 의한, 간접적 표현이다.

> [···] 시대의 집약된 힘이, 정통적 교회형식의 유지 下에, 삶의 내용의 근본적 변화를 꾀했다. 결과가 인간의 본래적이고 직접적 표현이 모든 방향에서 봉쇄됐다.(258)

"시대의 집약된 힘"에 강제적 성격의 시대정신으로서 "정통적 교회형식"이 포함된다. 바로크의 일이 "구름 낀 하늘이 지상을 쓰다듬게 하는 것"이었다. '구름 낀 하늘'이 표상하는 것이 종말론 懷疑-구원 懷疑이다. '바로크'의 제한된 내재성을 표현한 아름다운 말: "르네상스의 화가가 하늘을 높이 둘 수 있었을 때, 바로크의 회화에서 구름이 어둡게 혹은 빛을 내며 지상 쪽으로 움

50 알레고리적 문자이미지를 두고 볼 때, '바로크'가 고전주의의 반대쪽에 있다. 無定型의 파편으로서 바로크 문자이미지는 고전주의의 완전성 지향, 즉 조화-화해-균형-절제, 형식미의 탁월한 반대이다. 낭만주의에서 무한성을 말할 때, 이것은 파편성이라기보다, 완전성 지향의 다른 이름이다.

직였다."(258); '어둡게'와 '빛을 내며'가 말하는 것이 불확실성이다.

'반종교개혁으로서 바로크비애극'에서 종말론 부재 말고 얘기 가능한 것이 정태적 멜랑콜리와 동태적 멜랑콜리의 변증이다. 종교개혁-루터주의의 아파테이아가 정태적 멜랑콜리를 표상하면서, 동시에 그에 대한 반작용으로서, 정태적 멜랑콜리와 동태적 멜랑콜리의 변증을 표상했다. '세속화된 기독교드라마로서 바로크비애극'이 최종적으로 말하는 것이 "출구 없는 절망"(257), 그리고 '출구 없는 절망'에 대한 응전으로서, 뛰어난 "[예술가的] 능란한 솜씨와 형이상학적 무게"(259)이다. [예술가的] 능란한 솜씨와 형이상학적 무게를 중요한 가치로 말할 때, 물론 바로크비애극의 '새로운 알레고리 像'에 관해서이다. 구제멜랑콜리-구제알레고리-구제형이상학에 관해서이다.

제2부

조병화-유안진-이승훈

'멜랑콜리커로서 문학'—哀悼 대상을 잃어버린 글들 — 조병화의 49.시집『따뜻한 슬픔』읽기

(1) 소멸과 멜랑콜리는 보편적이다. 공시적으로 보편적이고 통시적으로 보편적이다; 소멸과 멜랑콜리는 감출 수 없다. 공시적으로 감출 수 없고, 통시적으로 감출 수 없다.

(2) 일반적 멜랑콜리커의 수순은 '대상상실—애도—애도불가능성—합체—자아상실—욕망상실'이다.

(3) 역사적 멜랑콜리커는 "테베", "만리장성", "필립왕", "젊은 알렉산더", "프리드리히대왕"(브레히트,「책 읽는 노동자의 의문」, 1939), '30년 전쟁'을 기억한다. '여기저기'에서 '이름도 없이 빛도 없이' 소멸한 자들을 '일일이' 불러내어 그들을 소멸의 보편성에 합류시킨다. '봐, 봐, 너희들만 억울한 것이 아니야, 모두 억울해.', 속삭여주는 것이다. 소멸을 소멸로서 구제하는 것이다. 여기에는 벤야민 특유의 유물론적 역사관이 있고, 무엇보다 메시아적 역사관이 있다.

1. 영원한 멜랑콜리커—보들레르

(1) 언어가 존재의 집이다? 조병화시인은 '인간이 인간에게 "존재의 집"이다'라고 말한다. "벗"이 "나"의 존재의 집이라고 말한다, "나의 일생이 가득히 소장되어 있"기 때문이다. 벗들이 사라지는 것은 그러므로 내가 사라지는 것과 같다. 벗들이 다 사라지면 '나의 존재의 집'이 다 사라지는 것이다. 기억 속에서 사라지는 것이 '완전한 소멸Zamani'이다; '나[화자]'도 '벗들의 존재의 집'이므로 벗 하나가 사라지면 내 몸에 유골함 하나를 안치

시키는 것이 된다. 사라지는 벗들의 수만큼 내 몸의 유골함의 수도 늘어난다. 죽음연습을 이렇게 하는 걸까.

> 나의 일생이 가득히 소장되어 있는
> 나의 '존재의 집', 그 벗들
>
> 어디로들 가는 것일까
>
> 신문에 부고가 날 때마다
> 이 생각.
>
> — 조병화, 「사라져가는 '존재의 집'들」 부분

'내'가 죽으면 내 '존재의 집'인 벗들은 각각 납골당이다, '나'의 유골함을 품은. 우리는 모두 납골당이다, 타자들의 유골함을 품은.[1]

(2) 보들레르가 "내게는 천 년을 산 것보다 많은 기억이 있다"(「우울」), "내 소중한 기억은 바위보다 무겁다"(「백조」)라고 말한다. '내게는 천 년을 산 것보다 많은 기억이 있다'를 '소멸의 자연사·소멸의 인간사가 천 년보다 오래되었다'고 바꾸어본다. 천 년을 애도하는 것으로 봐본다. 천 년 동안 이름도 없이 빛도 없이 사라진 '완전소멸자'를 애도하는 것으로 봐본다. 구체적 대상의 소멸을 말한 것이 아니므로 영원한 멜랑콜리를 말한 것으로 봐본다 — 완전소멸자가 너무 많으므로 잊을 수 없다. 이것도 영원한 멜랑콜리의 이유가 된다 — 완전소멸자를 자신과 합체Inkorporation시킨 것으로

1 '존재의 집'이 조병화의 50.시집 『고요한 귀향』에서는 "존재의 숙소"(「벗—고향의 친구 C의 죽음을 들으며」로 변주된다.

봐본다. 스스로 "공동묘지보다 많은 주검을 담은 엄청난 구덩이"(「우울」)이 된 것으로 봐본다. 스스로 "달빛조차 극도로 꺼리는 교회묘지"(「우울」)가 된 것으로 봐본다. '내 소중한 기억은 바위보다 무겁다'라고 한 것은 몸속이 '공동묘지보다 많은 주검을 담은 엄청난 구덩이', 무거운 몸이기 때문이다. 바디가 무거운데, 공동묘지보다 많은 바디를 담은 몸은 얼마나 무거울 것인가; 몸속에 공동묘지보다 많은 바디를 담은 자는 스스로 바디이다.

공동묘지가 기피·혐오의 대상('달빛조차 극도로 꺼리는 교회묘지')이면 '공동묘지보다 많은 주검을 담은 엄청난 구덩이'는 더욱 더 기피·혐오의 대상이다. 몸속에 공동묘지보다 많은 주검을 담은 멜랑콜리커는 기피·혐오의 대상이다. 무엇보다 멜랑콜리커 자신이 이 사실을 알기에, 멜랑콜리커는 멜랑콜리커에게 기피·혐오의 대상이다. 공동묘지보다 많은 주검이라고 한 것은 잃어버린 대상이 누구인지 모른다고 한 것이다. 잃어버린 대상이 누구인지 모르므로 멜랑콜리는 넘을 수 없는 벽이다. 멜랑콜리커는 영원한 멜랑콜리커가 된다. 신의 죽음이 인간의 죽음을 낳은 것처럼, 인간의 영원한 죽음을 낳은 것처럼.

> 내게는 천년을 산 것보다 많은 기억이 있다.
> 계산서들, 싯귀들, 연애편지들, 소송서류들, 로맨스물들, 영수증들에 말린 무거운 머리털들, 가득찬 서랍장들, 육중한 장롱보다 더 많은 비밀들을 감춘 내 슬픈 두뇌. 내 두뇌는 피라미드, 엄청난 구덩이, 공동묘지보다 많은 주검들을 담은 엄청난 구덩이.
>
> — 나는 달빛조차 극도로 꺼리는 교회묘지, 마치 회한처럼 기다란 구더기떼가 기어다니는 곳, 구더기떼들이 **내 최고 사랑이었던 주검들**(필자 강조)을 계속, 계속, 갉아먹는 곳. 나는 시든 장미로 가득 찬 낡은 化粧室 […]
>
> —「우울Spleen」

"피라미드"에는 얼마나 많은 주검이 담기는가, 그들을 '다' 잊을 수 없다. 영원한 멜랑콜리이다, 영원한 멜랑콜리커이다; 화자를 멜랑콜리커라고 읽을 수 있는 확실한 증거는 "내 최고사랑이었던 주검들"이라고 했기 때문이다. 이것은 멜랑콜리커의 수순, '(사랑하는) 대상상실—애도—애도불가능성—합체[몸 속에 유골함 안치]—(자아상실)'과 정확하게 일치한다.

2. 멜랑콜리-멜랑콜리커—조병화

보들레르에게 '공동묘지'가 있다면 조병화에게는 '대합실'이 있다. 대합실이 '사람들이 모여드는 곳'이면서, 대합실이 '사람들이 떠나는 곳'이다.

먼 길 걸어와서
당도한 텅 빈 넓은 대합실,
섬뜩하여라

다들 어디로 이미 떠났을까.

—「텅 빈 대합실」 전문 ①

이 사람은 어디로 가는 나그네일까,
사람들이 모여드는 대합실,
한 코너에서
출입구만 바라보고 있다.

—「출발을 기다리며」 전문 ②

② "사람들이 모여드는 대합실"을 말하려는 것이 아니다. 앞에 이미 복선으로서 "나그네"가 장착되어 있다. 총알이 떠날 준비를 하고 있는 것처

럼 나그네도 떠날 준비가 되어 있다. 인류가 나가는 구멍은 다 같다. "한 코너"가 복선으로서 장착되어 있다. 인류가 공동으로 나가는 구멍은 소멸의 구멍이다. "출입구"가 소멸의 구멍의 알레고리이다. 시 자체가 소멸의 알레고리이다. 대합실은 '많은 것'의 알레고리이다. 정확히 말하면 '소멸을 기다리는 인류의 알레고리'이다. "출발을 기다리며"라고 한 것은 아이러니이면서 역설이다. 소멸을 출발이라고 아니할 까닭이 없다. 출입구[소멸]만 바라보고 사는 삶은 죽음연습을 하는 삶이다. 중요한 것은 화자의 정조이다. 화자의 정조가 멜랑콜리라는 것이다. 모든 알레고리는 소멸을 만든다. 북두칠성은 국자의 알레고리이지만 국자 또한 사라지게 되어있다.[2] 알레고리가 소멸이라는 것은 알레고리가 멜랑콜리라는 말과 같다. 소멸을 끼고 사는 자가 멜랑콜리커이다.

①에서 "대합실"은 보들레르가 자신을 "공동묘지보다 많은 주검을 담은 엄청난 구덩이"이라고 한 것을 직접적으로 상기하게 한다. "다들 어디로 이미 떠"나 "텅 빈 넓은 대합실"의 대합'실'은 봉안'실'을 상기하게 한다. 대합실이 봉안실이다. 대합실이 봉안실인 것은 '떠난 그들'의 자취가 있기 때문이다. "섬뜩하여라"라고 한 것은 '떠난 그들'의 자취를 보았기 때문이다. '섬뜩하여라'는 보들레르가 "달빛조차 극도로 꺼리는 교회묘지"라고 한 것을 상기시킨다, "마치 회한처럼 기다란 구더기떼가 기어다니는 곳"이라고 한 것을 상기시킨다. 무엇보다도 대합실이 봉안실인 것은 대합실에 화자 혼자 있기 때문이다, 봉안실에 화자 혼자 있기 때문이다. 수많은 주검이 안치된 봉안실 속에 들어간 화자가 그들을 애도하는 것으로 보는 것이다. "다들 어디로 이미 떠났을까."는 애도하는 게스투스이다. ②의 「출발을 기다리며」에서 '대합실'을 '많은 것'의 알레고리라고 했다. '소멸을 기다리는 인류의 알레고리'라고 했다. ①「텅 빈 대합실」에서 대합실은 '많은 것'의 알

---

2 각주 6 참조

레고리이지만 '소멸을 기다리는 인류'의 알레고리는 아니다, '이미' 소멸한 인류의 알레고리이다. '대합실을 떠난 인류'의 자취를 애도하는 화자는 애도에서 멈추지 못한다. 대합실[봉안실]은 '많은 곳'으로서, 수많은 주검이 안치된 곳으로서, 그들을 일일이 다 애도할 수 없다. 그들을 일일이 다 애도하기 위해서는 봉안실[대합실]을 통째로 옮겨 화자의 몸 안에 안치시켜야 한다, 스스로 멜랑콜리커가 되어야 한다. '다들 어디로 이미 떠났을까.'를 애도의 게스투스를 넘어서 멜랑콜리의 게스투스로 보는 것이다.

3. 역사적 멜랑콜리커—조병화

역사적 멜랑콜리커라고 한 것은 조병화의 멜랑콜리가 공시적 멜랑콜리를 넘어 통시적 멜랑콜리이기 때문이다. 통시적 멜랑콜리는 과거를 향한 멜랑콜리와 미래를 향한 멜랑콜리를 포함한다. 먼저 공시적 멜랑콜리커로서의 조병화. 공시적 멜랑콜리커의 으뜸가는 원인으로 '어머니'를 부정할 수 있을까. 어머니가 돌아가셨다, 그가 멜랑콜리커의 반열에 올라선다.

내겐, 어머님의 墓域이
고요한 나의 寺院, 정결한 나의 寺刹
바람이 司祭요, 구름이 法師

이곳에서 나는 말이 없다.(필자 강조)
—「나의 寺院」 전문

시집 『따뜻한 슬픔』의 세 번째 시. "어머님"의 유골은 어머님의 "墓域"에 있다. 유골이 "寺院"에 있는 경우도 있고, "寺刹"에 있는 경우도 있다. 봉안실을 경영하는 교회가 많고, 봉안실을 경영하는 사찰이 많다. 주목되는 것은 "이곳에서 나는 말이 없다."라고 한 것이다. '말이 없다'는 슈테판 츠바이크의 「죽은 자는 말이 없다」는 단편을 떠올리게 한다. '이곳에서 나는 말이 없다.'는 것을 '이곳에서 나는 죽은 자이다.'라고 한 것으로 보는 것이다. 멜랑콜리커는 죽은 자이다. 멜랑콜리커는 욕망이 거세된 자이다. 말하기가 싫고, 먹기가 싫고, 왜 자야 하는지 모른다. 멜랑콜리커는 죽은 자이기 때문이다. 조병화가 죽은 자인 것은 어머니의 유골함을 몸속에 품었기 때문이다. 사랑하는 대상의 소멸이 애도를 불러온다. 애도가 애도로 끝나지 않는 경우가 있다. 소멸자를 몸 안에 안치하는 경우이다. 정확히 말하면 소멸자의 유골함을 몸 안에 안치하는 경우이다. 유골함을 몸 안에 안치한 자는 걸어다니는 봉안실이다. 몸 안에 주검을 안치시켜 스스로 죽음을 자초하는 자이다. 대상의 상실이 애도에 부응한다면 자아의 상실이 멜랑콜리에 부응한다. 유골함을 몸 안에 안치한 자는 멜랑콜리커로서 멜랑콜리커 자체가 된다.[3] 멜랑콜리커에게 "바람이 司祭요, 구름이 法師"이다. 바람과

3 「나의 寺院」은 공시적 애도의 모범적 예이다. 외부상실-애도-애도불가능성-내부상실-멜랑콜리(커)의 수순은 일반적 멜랑콜리커의 수순이다. 멜랑콜리커는 예컨대 상실한 대상이 있고, 그 상실한 대상을 마치 유골함처럼 몸 안에 안치하고, 스스로 유골함이 된 개인이다. 상실한 대상을 몸 안에 둘 수 있다면 상실한 대상을 몸 밖으로 꺼낼 수도 있다. 이 경우 멜랑콜리는 개인에게 있었던 역사적 사실로만 존재한다. 이러한 해석은 프로이트의 논문 「애도와 멜랑콜리」(1917[1915])에서 기인한다.(GS, Ⅹ). 우울증의 논의가 단순하지 않은 것은 프로이트는 또한 상실한 대상의 불분명성에 대해 분명히 얘기하기 때문이다. "상실한 것이 무엇인지 분명히 인식할 수 없다, 환자조차도 자신이 상실한 것을 의식화시키기 힘들다고 해야 하리라." 분명한 것은 멜랑콜리가 상실을 전제하고, '애도불가능성'을 전제로 한다는 점이다, 애도대상이 분명하거나 분명하지 않거나, 상실을 전제하고, 애도불가능성을 전제한다는 점이다. 애도대상이 분명하지 않을 때 멜랑콜리커는 '어려운 상황의 멜랑콜리커'가 된다. 상실한 것이 무엇인지 모를 때, 애도 대상이 불분명할 때, 몸 안에 안치시킨 유골함을 꺼내기가 힘들다. 애도대상의 부재·애도대상의 불분명은 정체성 혼란·정체성 상실을 심화시킨다. '정체성 상실의 구체화로서의 멜랑콜리'를 자기 자신에 대한 애도로 볼 수 있다. 자기 자신의 애도에서 "양면감정병존갈등 Ambivalenzkonflikt"이 "복잡하게" 나타난다. "사랑대상의 상실은 사랑관계에서의 양면감정병존을 알맞게 드러나게 하는 탁월한 계기가 된다." 애도는 "대상에 대한 상실로 괴로워하는 것"이고(여기에도 양면감정병존이 있다), 멜랑콜리는 "자아에 대한 상실"에서 기인한다. 자아상실의 대가는 혹독하다. "고통스러운 불쾌감", "외부세계에 대한 관심중

구름은 삶의 덧없음을 상징한다. 한 번 가면 다시 오지 않는 바람, 다시 올려다보면 이미 그 자리를 떠난 구름. 바람과 구름을 司祭이고 法師라고 한 것은 바람과 구름으로서 살겠다는 것이다, 아니, 바람과 구름으로서 죽겠다는 것이다. 멜랑콜리커는 소멸과 아주 인근의 관계에 있다. 역사적 멜랑콜리의 압권은「진돗개」이다.

진돗개는 눈치가 번개라 한다
진돗개는 귀가 하늘이라 한다

모습으로 사람을 판단하고
발자국 소리로 사람을 알아차린다 한다

병원을 찾아오는 사람이
환자이면 돌아갈 때 거리까지 배웅하고

단", "사랑능력의 상실", "모든 행동의 억제", "자기감정 비하" 등이다. 간단히 말하면 "자아감의 극대적 저하, 엄청난 자아 빈곤"이 자아상실의 표상이다.(GS, Ⅹ, 429-444). 프로이트 式 그대로 말하면 '삶 충동'으로서의 '욕망의 부재'이다. 욕망 부재는 유기체적 삶을 유지하기 위한 최소한의 삶의 조건들에 대한 거부와 같다. 이점에서 멜랑콜리는 죽음 충동과 관계있다(「자아와 에스」, 1923). 멜랑콜리를 죽음 충동과 관계시키는 것은 멜랑콜리에 보편적 성격을 부여하는 것이다. 구체적 원인 없는 불안이 앙스트Angst라면, 구체적 원인 없는 우울감이 멜랑콜리이다. 앙스트와 멜랑콜리 둘 다 죽음과 관계한다. 앙스트가 죽음으로의 불안이고, 멜랑콜리 역시 죽음으로의 멜랑콜리이다; 대상을 향한 리비도집중이 허약할 경우 자아는 대상을 향한 리비도집중을 철회할 수 있다. "대상을 향한 리비도집중Objektbesetzung, Liebesbesetzug"(GS, Ⅹ, 435-437)을 철회하는 대신 자아는 "대상과의 나르시스적 동일시"를 감행한다. 이른바 나르시시즘으로의 퇴행이다. 프로이트는 대상과의 동일시를 통한 나르시시즘으로의 복귀 또한 멜랑콜리의 주요 특성의 하나로 보려고 한다(436). 대상과의 동일시는 대상상실-자아상실로 이어지는 멜랑콜리의 일반적 궤도를 이탈하는 것. 나르시시즘의 대상과의 동일시는 대상의 상실을 부분적으로 반영하는 것이지만 대상상실이 자아상실로 이어지는 것이 아닌, 자아의 확대로 이어진다는 점에서 멜랑콜리의 기본 메커니즘에서 이탈하는 것. 중요한 것은, 프로이트 정신분석학에서 중요한 '동일시Identifizierung' 그 자체이다.

환자가 아니면 마구 짖어댄다 한다

이 말은 진도외과전문의 의원
조영남 원장의 말,

진돗개는 캄캄한 밤에도
천리를 보고, 천리를 듣는다 한다.
—「진돗개」 전문

"진돗개"에 대한 정보를 알려고 이 시를 인용한 것은 아니지만 '진돗개'에 대한 정보가 쏠쏠하다. 진돗개가 '벤야민의 천사'와 '뒤러의 천사'를 상기하게 한다. 진돗개는 벤야민과 뒤러의 천사처럼 멜랑콜리커이다. 「역사철학테제」(벤야민)라는 제목으로 더 알려진 「역사의 개념에 대하여」(1942)에서 천사는 "새로운 천사Angeles Novus"로서 "잠시 머물고 싶어 할, 죽은 자들을 깨우고 싶어 할, 산산이 부서진 것을 짜맞추고 싶어 할 천사이다."(GS, Ⅰ-2, 697). 『독일비애극의 원천』(1928)에서 "멜랑콜리가 알음을 위해 세계를 배반한다.[4] 멜랑콜리의 지속적 침전의 목적이 죽은 사물들을 구제하기 위해 죽은 사물들을 靜觀Kontemplation 속에 두는 것이다"(GS, Ⅰ-1, 334)고 했을 때 벤야민의 천사 역할은 분명해진다. 벤야민의 '천사'는 역사적 멜랑콜리커로서 "사물들의 덧없음을 영원 속으로 구제하는 것"(GS, Ⅰ-1, 397)이다.[5] 죽은 사물들을 짜맞추어 – 이것이 알레고리커로서의 행위이다 – 덧없음의 알레고리를 만들어, 이 덧없음을 그들 각각에 되돌려주는 것이, 그들을 영원 속으로 구제하는 것이다. 북두칠성 예를 들면,

4 이 책 앞의 글 『양면감정병존-멜랑콜리의 현상학 — 벤야민의 「독일비애극의 원천」』 각주 34 참조.

5 벤야민의 신학적 세계관, 혹은 메시아적 세계관을 분명하게 보여준다.

북두칠성의 배치를 덧없음의 알레고리로 보고, 이 덧없음을 7개의 별 각각에게 되돌려주어, 그들을 영원으로 구제하는 것이다.[6]

'멜랑콜리의 지속적 침전의 목적이 죽은 사물들을 구제하기 위해 죽은 사물들을 靜觀 속에 두는 것', '사물들의 덧없음을 영원 속으로 구제하는 것', 이것들이 말하는 것은 무엇인가. 간단히, '너희들에게만 소멸이 있었던 것이 아니야.', 라고 말해주는 것이 아닌가. 소멸을 소멸 속으로 들여보내는 것, 소멸의 보편성 속으로 들여보내는 것, 그러므로 소멸자를 소멸자를 통해 구제하는 것—너희들만 소멸한 것이 아니야! 물론 멜랑콜리커의 어조이다.[7]

벤야민의 천사는 정태적 멜랑콜리커가 아니라, 동태적 멜랑콜리커이다. 뒤러의 천사는 그의 동판화 「멜랑콜리아 Ⅰ」에 등장하는 것으로서 양면 감정병존을 갖는다. 애도, 잉여감정에 휩싸인 정태적 멜랑콜리커의 모습, 그리고 – 이것은 천사 주변의 아이콘들을 고려한 것으로써 – 사유운동으로서의 동태적 멜랑콜리커로서의 모습을 보여준다. '죽은 사물들'과 '죽은 사물들의 구제'의 관계와 같다. "진돗개"가 표상하는 것은 역사의 천사, 혹은 벤야민 식으로 말하면 '새로운 천사'이다. 다시 한 번 인용하자.

진돗개는 눈치가 번개라 한다
진돗개는 귀가 하늘이라 한다

---

6 북두칠성은 국자의 알레고리이다. 7개의 별의 질량은 각각 현저히 다르고, 7개의 별 간의 거리 또한 현저히 다르다. 별들은 서로에게 극단적이다. 극단적인 것들이 '모여'(?) 국자 알레고리를 만들었다. 극단성과 우연성("의도의 죽음", GS Ⅰ-1, 216)이 벤야민의 알레고리 이해이다. 벤야민의 알레고리는 그리고 멜랑콜리를 特長으로 한다. '알레고리는 멜랑콜리이다.' 알레고리는 소멸에 대한 멜랑콜리로서 인류의 소멸사, 자연의 소멸사를 전제한다. '소멸의 보편성'의 구체화가 멜랑콜리이고, 멜랑콜리의 구체화가 알레고리이다.

7 소멸을 소멸로 구제하는 변증법적 방식은 낯선 것이 아니다. 니체형이상학에서 이것은 가상을 가상으로 구원하는 것(『비극의 탄생』, 1872)으로 나타나고, 그림자를 그림자로 구원하는 것(『차라투스트라』, 1885)으로 나타난다.

모습으로 사람을 판단하고
발자국 소리로 사람을 알아차린다 한다

병원을 찾아오는 사람이
환자이면 돌아갈 때 거리까지 배웅하고
환자가 아니면 마구 짖어댄다 한다

진돗개의 "눈치"가 '죽은 사물들'에 대한, '죽은 사물들의 덧없음'에 대한, 눈치이다. 진돗개의 "귀"도 마찬가지이다. '죽은 사물들'에 대한, '죽은 사물들의 덧없음'에 대한, 귀이다. '진돗개'에게 "번개", "하늘"의 지위를 부여하였다.[8] 진돗개의 "판단", "알아차"림들도 모두 '죽은 사물들'에 대한, '죽은 사물들의 덧없음'에 대한, 판단이고, 알아차림이다. 압권은 진돗개의 역사에 대한 불연속적 이해이다. "환자"인 것과 "환자가 아"닌 것의 구분이다. '환자가 아닌 것을 배제시키는 것'은 벤야민의 멜랑콜리커로서의 역사 이해와 정확히 일치한다. 벤야민은 물론 소멸의 보편성을 얘기하고 있지만, 모든 알레고리는 멜랑콜리를 내용으로 하는 것이지만.

"진돗개는 캄캄한 밤에도/ 천리를 보고, 천리를 듣는다 한다"에서 '캄캄한 밤'이 암시하는 것은 비극적 세계 인식과 관계있다, 멜랑콜리적 세계인식과 관계있다. 무엇보다도 '천리를 보고, 천리를 듣는다 한다'는 역사적 멜랑콜리커를 강조한 것으로 읽을 수밖에 없다. 역사적 멜랑콜리커의 대상은 지나간 역사에만 국한되는 것일까.

다음 글은 역사적 멜랑콜리커로서의 조병화를 보여준다. 역사적 멜랑콜리커로서의 조병화의 진면목을 보여준다.

---

8 멜랑콜리커에게, '진돗개'에게, "번개", "하늘"의 지위를 부여한 것은 멜랑콜리커에게 천재성을 부여한 것이다. 흑담즙질이 표상하는 차가움, 건조함, 느림, 나태를 넘어 멜랑콜리커를 천재의 표상으로 보기 시작한 것은 플라톤, 아리스토텔레스 이후이다.

참으로 엄청난 대량 생산과
대량 학살의 한 세기, 100년
제1차 세계대전쟁,
제2차 세계대전쟁,
핵무기, 화학무기의 출현
[…]
고요히 고개 숙여 하얀 눈이 내리는가

죽어간 것들을 위하여
살아남은 것들을 위하여
상처진 것들을 위하여
神이 하얀 상복을 입고
기도 올리누나

오, 불쌍한 생존들이여
존재의 허망을 다 같이 반성할지어라

눈이 내리누나

하얀 눈이 소리 없이 내리누나
세기말의 이 고요함

어디선지 들려오는
21세기의 불안한 구두 소리.

—「세기말의 눈 1998년 겨울」

"대량 생산"은 "대량 학살"을 전제한다. 대량 생산이 필요조건이지만 충분조건은 아니다. 대량 생산이 아니더라도 대량 학살은 오게 돼 있다. 대량 학살의 당사자들의 유골함을 가슴에 품은 것은 "神"—神이 우선 멜랑콜리커이다. "神이 하얀 상복을 입고/ 기도 올리누나"라고 한 것은 화자. 神은 화자의 페르소나, 조병화 역시 대량 학살의 당사자들의 유골함을 가슴에 품은 멜랑콜리커이다. 압권은 "고요히 고개 숙여 하얀 눈이 내리는가"라고 한 부분, "눈이 내리누나// 하얀 눈이 소리 없이 내리누나"라고 한 부분, '눈'을 멜랑콜리커에 합세시킨다. '고개 숙여 내리는 눈'과 '소리 없이 내리는 눈'은 멜랑콜리커의 전형적 자세이다. 뒤러의 동판화 「멜랑콜리 Ⅰ」에 나타난 천사의 자세가 이랬다. "세기말의 이 고요함"은 다음의 "어디선지 들려오는/ 21세기의 불안한 구두 소리"를 예비한 것. '고요'와 '소리'의 변증! 20세기의 '소리 없이 내리는 눈'이 21세기의 '불안한 구두 소리'로 변증되었다. '21세기의 불안한 구두 소리'를 듣는 자는 21세기에도 대량 학살이 계속될 것이라고 간주하는 자이다. 21세기의 대량 학살을 미리 애도하는 자이다. 21세기의 대량 학살의 당사자들의 유골함을 미리 가슴에 품은 자이다. '소멸의 인류사'를 인식한 자의 詩—과거의 소멸을 애도하고 그 소멸자들을 가슴에 품은 자의 시, 미래의 소멸을 애도하고 그 소멸자들을 가슴에 품은 자의 시. 역사적 멜랑콜리커의 詩! 보들레르의 「우울」에서처럼 조병화도 멜랑콜리커에서 벗어날 수 없다. 20세기의 대량 학살의 당사자들이 너무 많으므로, 너무 많은 유골함을 가슴에 품었으므로, 21세기의 대량 학살의 당사자들이 너무 많을 것이므로, 너무 많은 유골함을 미리 가슴에 품었으므로, 멜랑콜리커에서 벗어날 수 없다. 조병화는 영원한 멜랑콜리커, 미래를 포함시키는 역사적 멜랑콜리커를 자처했다.

4. 멜랑콜리커—변증법적 도약

「세기말의 눈 1998년 겨울」에서 주목되는 것이 더 있다. 『따뜻한 슬픔』에는 "神"을 언급한 시가 많다.

음모가 검은 아버지와
음모 하나 없는 여 아이가 손을 잡고
남탕으로 들어오는 풍경이 있다

이제 머지 않아 저 여 아이가
음모가 검은 어머니가 되어
음모 하나 없는 남 아이의 손을 잡고
여탕으로 들어오려니

—「혈연 온천장 풍경 · 2」부분 ①

대지에서 식물은 자란다
대지에서 동물은 자란다
사람은 대지에서 자란 동식물을 먹고 산다
고로 사람은 대지를 먹고 산다

대지는 지구이다
지구는 머지않아 황폐할 것이다

따라서 사람은 머지않아 멸망할 것이다.

—「멸망의 삼단논법」 전문 — ②

골짜기로 골짜기로 찾아든
모레인 호수는 억만 년 원시로 남아 있는
울적한 수면

솟아오른 로키산맥에서 흘러드는
만년설 눈 녹은 물이 고적하더라

어디선지 들려오는 듯
캐나다 원주민들의 슬픈 노래
머리에 감돌며

세월 속에 영원한 것은 없더라
소멸과 변화로 이어가는 인간 세상

오, 자연이여
神은 있는지 없는지 말이 없더라.

—「원시와 현재 모레인 호수에서」 전문 ③

神은 이곳에서도
주소불명이어라.

—「록키산맥 Banff 국립공원에서」 부분 ④

神이 하얀 상복을 입고
기도 올리누나

오, 불쌍한 생존들이여

존재의 허망을 다 같이 반성할지어라

—「세기말의 눈 1998년 겨울」⑤

어디로 사라졌을까
분명 멸종했으려니, 아 딱도 하여라

이 '길잡이' 딱정벌레만이랴
사진첩을 넘길 때마다
있어야 할 곳에 있어야 할 곤충들이
허 허 허허롭다, 비어 있다, 보이질 않는다

멸종이란 말은
종자가 말살되어서
다시는 이 지구상에 소생할 수 없다는 말
오, 神이여 이건 너무나 잔혹한 처사이옵니다

머지 않아 人類라는 종자도.

—「멸종 풍경」 부분 ⑥

② 소멸의 "대지"사, 소멸의 "지구"사, 소멸의 "사람"史에 대해 얘기한다. 소멸의 보편성에 대해 간단히 말한다. 벤야민은 알레고리의 내용을 모두 소멸의 자연사·소멸의 인류사로 이해한다. 벤야민에게 알레고리커는 멜랑콜리커이다. 무엇보다 '소멸의 인간사'의 절정을 보여주는 것이 ①「혈연 온천장 풍경· 2」이다, 진풍경이다. "아버지"와 "어머니"의 소멸, "여 아이"와 "남 아이"의 소멸, '소멸의 보편성'의 절정이다.

③ ④ 멜랑콜리는 그리스의 '시간의 신' 크로노스Kronos와 관계있고,

로마의 '농업의 신' 사투르누스Saturnus, 시간의 신 크로노스Chronos와 관계있다. 멜랑콜리는 '시간의 덧없음'과 가장 밀접한 관계에 있다. "억만 년 원시"의 "모레인 호수", "로키산맥"의 "만년설"에 대한 대응감정이 "울적" 감정과 "고적"감정이다. 화자는 "캐나다 원주민들의 슬픈 노래"를 "머리"로 듣는다. "영원"과 "소멸과 변화"가 서로 대응관계에 있다. 소멸과 변화가 영원을 주조한다, 대표적인 경우가 파르메니데스·플라톤들이다. 플라톤의 이데아철학은 소멸과 변화에 대한 유물론적 변증으로서 영원불멸·영원불변을 말한다. 플라톤은 멜랑콜리커로서 시작한다. 이데아의 끝에 움직여지지 않는 움직임으로서 신이 있다. 화자는 "神은 있는지 없는지 말이 없더라."(③), "神은 이곳에서도/ 주소불명이어라."(④) 하면서 '신존재론/신부재론'에 합류한다. '신이 존재하지 않는다'는 과학적 가설의 대상이 되지 못한다, 검증될 수 없고, 반박될 수 없기 때문이다. 神을 말하는 것은 어쨌든 동태적 멜랑콜리커와 관계있다.

벤야민은 '멜랑콜리의 지속적 침전의 목적이 죽은 사물들을 구제하기 위해 죽은 사물들을 靜觀 속에 두는 것이다'라고 했다. 멜랑콜리커의 중요한 양상 중의 하나가 양면감정병존Ambivalenz이다, 혹은 변증법적 도약이다. ⑤ "하얀 상복을 입"은 "神"이 있으면 "기도 올리"는 神이 있다. 후자는 동태적 멜랑콜리커이고, 전자는 정태적 멜랑콜리커이다. 마찬가지로 "불쌍한 생존들이여"라고 한 것은 정태적 멜랑콜리커의 '영탄'이고, "존재의 허망을 다 같이 반성할지어라"는 동태적 멜랑콜리커의 '요청'이다. '존재의 허망을 다 같이 반성할지어라'는 묘묘한 에끄리뛰르이다, 대량 학살을 자행한 자들, 대량 학살의 당사자들, 즉 인류 전체에게 향하는 말인가, 아니면 바로 위 연의 '神'을 고려하는 것으로서, 神에게 향하는 말인가. '다 같이'가 '불쌍한 생존들'에만 걸리지 않은 것으로 보는 것이다. 인류에게 존재의 허망을 반성·성찰하라고 촉구한 것으로 볼 수 있고, '존재의 허망'을 하사(?)한 神에게 – 바로 그 이유에서 – 반성·성찰하라고 촉구한 것이라고 볼 수 있다. ⑥ "딱정벌레"가 "딱"하게도 정말 "멸종"했는지 모르겠다. 그러나 '멸종 그 자체'는 분명하다. 멸종하지 않는 것은 없다. "머지 않아 人類라는 종자도" 멸종한다. 사실, 다윈이 전하는 것은 "인류라는 것도 고정되지도 않고 영원하지도 않다."는 것이다. 멸종은 '과거·현재·미래'를 가로지르는 공시적/통시적 사건이다. 멸종을 얘기하는 자는, 소멸을 얘기하는 자와 같다, 멜랑콜리커이다. "오, 神이여 이건 너무나 잔혹한 처사이옵니다"라고 하는 것은 동태적 멜랑콜리커의 어조이다. 최고심급인 神에게 소멸[멸종]을 영원 속으로 구제해줄 것을 요청한다. 멜랑콜리커의 '죽은 자들을 깨워, 죽은 자들을 영원 속으로 구제하려는 시도', 즉 '소멸의 보편성으로 구제하려는 시도', '소멸의 자연사·소멸의 인류사로 구제하려는 시도'에는 '神적 기대감'이 포함된다.

모던과 포스트모던의 변증 — 유안진論; 近年의 시들

1. 들어가며

유안진의 시세계를 '모던과 포스트모던의 변증'이라고 규정할 수 있다. 다음 시에서 힌트를 받았는지 모른다. 제목이 「포스트모던한 이별식」. 전문이다.

가벼운 발길로 몇 걸음 옮기다가 돌아서더니
나른한 음성으로 한다는 말이
다달이 한두 번씩은 어렵겠지만
라디오FM에서 가끔은 맘에 드는 음악을 들어보게 되듯이
마음 내킬 때는 서로가 마땅한 때를 골라
바람도 쐬듯 그렇게 바람소리 같더라도
사소한 소식이라도
아름 아름으로라도 건네 주고 건네 받자고
자잘구레한 부탁이라고 윙크까지 곁들이고는
차에 올라타더니 다시 내다보며
카랑카랑한 목소리로 고쳐서는 혹시
타다 남은 심지에
파란 불꽃 다시 켜질지 모르지 않느냔다

하염없이 하염없이 궂은비만 내리는 하늘에다 무슨 고함이라도 내지르고 싶었다.

이별의 목록에 새로운 항목을 추가하였다. "포스트모던한 이별"이라는

항목을 추가하였다. '포스트모던한' 이별이 있다면 '모던한' 이별도 있을 것이므로 두 개의 항목을 새로 추가하였다고 할 수 있다.

제목은 "포스트모던한 이별식"이지만 '포스트모던한 이별'과 '모던한 이별', 두 가지 이별의 모습을 보여주고 있다. 끝 행[둘째 연]이 모던한 이별에 관한 것이고, 나머지 첫째 연 전부가 포스트모던한 이별에 관한 것이다.

모던한 이별은 '헤어지는 것은 헤어지는 것'이라고 인식하는 이별이다. 세상에 단 하나밖에 없을 절대적인 이별이다. 비장한 이별이다. "하늘에 […] 무슨 고함이라도 […] 지르고 싶"은 이별이다. "하염없이 하염없이 궂은비만 내"린다고 한 것은 하염없이 하염없이 눈물만 흘린다고 한 것이다.

포스트모던한 이별은 헤어지는 것이 헤어지는 것이 아닐 수도 있다고 인식하는 이별이다. 다시 만날 수도 있다고 생각하는 이별이다. 이 세상에 단 하나뿐인 경우의 비장한 이별이 아니다. "타다 남은 심지에/ 파란 불꽃 다시 켜질지 모르지 않느"냐고 말하는 이별이다.

구체적으로 밝히면, 시적 주체의 이별이 모던한 이별이다. 이 세상에 난 한 번밖에 없는 이별이다. 무거운 이별이다. 시적 주체를 떠나는 자의 이별이 포스트모던한 이별이다. 그의 이별은 "차에 올라타"는 이별이다. 그러므로 차를 타고 다시 올 수도 있는 이별이다. 이 세상에 단 한 번밖에 없는 이별이 아니다. 이별을 가볍게 생각하고 있다.

이 시를 포스트모던하게 읽을 수 있는 이유는 더 있다. 세로줄의 첫 글자을 이어 읽으면 '가나다라마바사아자차카타파하'로 읽을 수 있게 되어 있다. 펀이 작용했다고 할 수밖에 없다. 시적 유희가 작용했다고 볼 수밖에 없다. 시적 유희, 펀은 후기모더니즘의 주요 항목들이다.[1]

'심각'은 물론 모더니즘의 주요 항목이다. 『율리시즈』, 『잃어버린 시간

---

1 박찬일, 「포스트모던 이별과 모던 이별」, 『사랑, 혹은 에로티즘』, 푸른사상, 2005, 109-110 참조.

을 찾아서』, 『댈러웨이 부인』, 『베를린 알렉산더 광장』은 심각한 '문학'들이다. 심각하게 읽어야 할 모더니즘 문학들이다.

2. 전체, 혹은 단일에 도달하려는 모더니즘

고통이 삶의 전부라고 인식한 자의 다음 수순은 고통을 인정하고 받아들이는 것 아닐까. 고통을 회피하는 것이 아니라, 고통을 껴안는 것이 아닐까. 고통을 껴안아 고통을 비껴가게 하게 하는 것이 아닐까. 유안진의 다음 시가 그러한 경지를 상상하게 하고 있다. 고통을 꽉 채워 고통을 사라지게 하는 경지를.

찬란한 태양빛을 받아
모든 걸 이룩하고 싶었다
젊은 날에는

이제는 아니란다
속 빈 강정같이도
가무잡잡하고 오종종한 오죽(烏竹) 대궁같이도
텡텡 비어져 울림하고만 싶다
있는 속내 없는 속내 죄다 비워내어
아예 속도 없이 히죽거리고만 싶다

두둘겨 봐 어디!
가을하늘 소리 같은
악기(樂器)가 되게시리—.

— 「속 빈 강정같이」 전문(『시현실』, 2001. 겨울)

"속 빈 강정"의 경지를 그런 수순의 경지로 보는 것이다. "오죽(烏竹) 대궁"의 경지를 그런 수순의 경지로 보는 것이다. 그 경지에 도달하면, "있는 속내 없는 속내 죄다 비워"낸 '속 빈 강정'의 경지에 도달하면, "속도 없이 히죽거리"는 '오죽(烏竹) 대궁'의 경지에 도달하면, 그때의 마음속에서는 "가을하늘 소리 같은" 소리가 날까.

"찬란한 태양빛"은 고통의 빛도 포함된 태양빛이다. "모든 걸 이룩하고 싶었다"는 말 속에는 '고통에 대한 열망'(?)도 포함되어 있을 것이다. 미당은 "인제는 돌아와 거울 앞에 선/ 내 누님"으로 젊은 날의 열망에 조응했지만,[2] 유안진 시인은 '속 빈 강정', '오죽 대궁'으로 젊은 날의 열망에 조응하였다.

열망이 사그러드는 것을, 생명이 사그러드는 것을, 정말 담담하게 지켜볼 수 있을까. 안타까워하지 않고, 아쉬워하지 않고 받아들일 수 있을까. 그것은 상상의 영역이 아닐까.[3] 혹은 해탈이나 달관의 경지에서나 가능한 일이 아닐까. 해탈·달관의 경지는 '전체 인식'과 결과·원인의 관계에 있다. 해탈·달관의 경지를 간단히 모더니즘의 해탈·달관의 경지로 보는 것이다. 물론 해탈·달관은 실제 도달할 수 없는 경지이다. 이 경우에도 모더니즘을 말할 수 있다. 모더니즘은 '도달하려는 모더니즘'이기 때문이다. 전체 인식에 도달하려는 모더니즘이기 때문이다.

또한 모더니즘은 '단일'을 좇아가려는 모더니즘이다. '역사적 리얼리즘'이 단일에 도달하였다면 리얼리즘을 좇아가려는 것이라고 할 수 있다. 리얼리즘이 성취한 것을 동경하는 모더니즘이라고 말할 수 있다. 리얼리즘을

---

2 젊은 날의 열망에 조응하지 않은 '누님에 대한 시'도 있다. 이용악의 「다리 우에서」는 다음과 같이 시작한다. "바람이 거센 밤이면/ 몇 번이고 꺼지는 네모난 장명등을/ 궤짝 밟고 서서 몇 번이고 새로 밝힐 때/ 누나는/ 별 많은 밤이 되어 무섭다고 했다". 무서워하는 누나가 신기하다.

3 박찬일, 「고통에 대한 열망, 혹은 사랑」, 『해석은 발명이다』, 푸른사상, 2003, 208-209 참조.

동경하는 모더니즘을 루카치는 『소설의 이론』 첫 머리에서 다음과 같이 아름답게, 그리고 비탄조로, 설파한 바 있다.

> 별이 빛나는 창공을 보고, 갈 수가 있고, 또 가야만 하는 길의 지도를 읽을 수 있던 시대는 얼마나 행복했던가?

"별이 빛나는 창공"이 단일과 혹은 전체와 관계있다. 혹은 '별'이 단일과 혹은 전체와 관계있다. 별까지 가면 다 가는 것이 아닌가. 또 하나의 태양까지 가면 다 가는 것이 아닌가. 전체적 인식에 도달하는 것이 아닌가. 빛이 1년 동안 가는 거리를 뛰어넘으면 전체적 인식에 도달하는 것이 아닌가. 물론 별이 빛나는 창공은 은유적 표현이다. 전체에 대한 조망이 가능하던 발작의 시대, 혹은 그 이전 괴테의 바이마르 고전주의 시대에 대한 은유적 표현이다. 프로이센을 변증법적 발전의 최종 심급으로 본 '헤겔 시대'에 대한 은유적 표현일 수 있다. 헤겔에 의하면 프로이센에서는 '이성과 현실'이 서로를 규정하는 시대였다. 이성적인 것은 현실적이고, 현실적인 것은 이성적이다라는 명제가 구체화된 사회였다. 물론 관념론자로서 헤겔과 유물론자로서 루카치를 변별해야겠지만.

「바다, 받아주는」이라는 시를 보자.

> 우주의 첫 생명체가 시작되었다는
> 아폴로디테가 태어났다는
> 바다에, 밀물이 들고 있다
> 뜨거운 것이 짜거운 것이
> 뜨겁고도 쓰라리게 목젖까지 차 올라
> 어머니! 외마디가 터져 나왔다
> 산에 묻힌 어머니(母)를 바다(海)에서 부르다니

河海같은 어머니라고 해서 그랬을까

파도가 튕겨서 입술이 찝질하다 눈물맛이다

세상의 강물이란 강물을 다 받아주어서

세상의 무엇이나 다 받아주는

아무리 받아주어도 넘치지도 않는 바다는

천만가지 세상 높낮이들 가리지 않고

받아준다고 바다이지

천만가지 이름으로 천만번을 불러도

다만 바다일 뿐

받아주는 어머니(母)가 있어서 바다(海)이지*

* 일본의 한 시인도, <프랑스말이여, 네 어머니 속에는 바다가 있고, 일본말이여, 네 바다에는 어머니가 있다>라고 썼다.

— 「바다, 받아주는」 전문(『현대시학』, 2008. 4)

"첫 생명체가 […] 태어"난 "바다", "강물이란 강물"은 "다 받아주"는 바다, "천만가지 세상 높낮이들 가리지 않고" 다 받아주는 바다, "어머니" 같은 바다를 동경하고 있다. 바다는 총체성의 바다라는 점에서, 어머니는 총체성의 어머니라는 점에서, 바다와 어머니는 같다. 바다는 어머니이고, 어머니는 바다이다. 유안진의 스케일을 말할 수밖에 없다. 전체를 꿰뚫어보려는 열정을 말할 수밖에 없다. '이 세상의 가장 안쪽을 붙들고 있는 것은 무엇인지' 궁금해하는 '파우스트적 노력'을 말할 수밖에 없다.[4]

「그림자도 반쪽이다」도 이점에서 주목된다.

4 이 글의 제목을 의식하면 여기에도 '포스트모던적' 편이 있다. 어머니를 뜻하는 한자 母와 바다를 뜻하는 海를 괄호 속에 넣어 병기한 것이다.

그림자도 반쪽이구나

그런데 나머지 반쪽은 누구지?

— 「그림자도 반쪽이다」 부분(『현대시학』, 2008. 4)

반쪽이 나머지 반쪽을 '좇아가는'[찾는] 형국이기 때문이다. 좇아가게 하는 것은 물론 열정이다. 모더니즘의 열정이다. 마르셀 프루스트, 제임스 조이스, 버지니아 울프, 알프레트 되블린들의 열정이다.

「세한도 가는 길」 앞 5행도 좇아가자고 하는 구절들이다.

서리 덮인 기러기 죽지로

그믐밤을 떠돌던 방황도

오십령(五十領)고개부터는

추사체로 뻗친 길이다

천명(天命)이 일러주는 세한행(歲寒行) 그 길이다

— 「세한도 가는 길」 부분(『봄비 한 주머니』, 2000)

"추사체로 뻗친 길"로 가려고 한다. 추사체로 뻗친 길은 "천명(天命)"의 길이다. '上善若水의 길'과 같다. 시적 주체는 上善若水의 그 길을 "세한행(歲寒行)의 그 길"이라고 명명하였다.

추사체로 뻗친 길은 물론 곡선이다. 물은 곡선으로 흐른다. 그러나 곡선의 추사체를, 곡선의 물줄기를, 창공에 떠 있는 별처럼 질서정연한 길이라고 할 수 있지 않을까. 전체는 질서정연한 힘에 의해 균형이 잡혀있는 것이므로. 하느님의 섭리는 질서정연하게 작용할 것이므로. "신은 세계를 가지고 주사위 놀이를 하지 않는다."(아인슈타인);비록 현재 하이젠베르크의 양자역학이 대세를 등에 업고 있다 하더라도. 노벨상 수상자 도모나가 신이치로가 양자의 세계를 아주 수줍은 처녀에 비유했을 지라도. 단지 쳐다보는 것만으로도 그 행동이 변하는 것이 양자의 모습과 같다고 했을지라도.

추사체를 上善若水에 대한 은유뿐만 아니라, 질서정연한 전체에 대한 은유로 보는 것이다. 『잃어버린 시간을 찾아서』이고, 『율리시즈』이고, 『댈러웨이 부인』이고, 『베를린 알렉산더 광장』으로 보는 것이다.

모더니즘의 단일과 전체를 좇는 것을 중심을 좇는 것이라고 할 수 있다. 중심은 단일과 전체들과 내세의 관계에 있다. 이점에서 주목되는 시가 신작시 「배꼽에 손 얹다」이다.

생각할 게 있으면
가슴에 손을 얹는 이
손으로 이마를 짚거나 뒷머리를 긁는 이
눈감고 손가락으로 귀를 후비는 이
허벅지나 엉덩이를 꼬집는 이도 있다지만
나는 배꼽에 손을 얹는다

남들과 서로 가족호칭으로 불러도
절대로 한가족이 될 수 없고
한가족끼리도 타인처럼 살아가니까
진실은 언제나 천륜의 그루터기에서 나오니까
나는 첫 아담이 아니니까
어머니와 공유한 흉터만이 믿을만하니까
아직도 배고픈지 알 수 있으니까
먹을수록 배고프고 살수록 추위타는 목숨에게는
출생 당시의 목청만이 정직하니까
생각은 이렇게 배꼽에서 나오니까
생각은 이렇게 손으로만 들리니까

이만하면 따뜻한 것이다
이만하면 배부른 것이다
너도 이젠 어머니다
잊지 말거라
두 손바닥에다 번갈아 들려준다
내 손 아닌 어머니 손이다.

—「배꼽에 손 얹다」 전문

둘째 연 열 번째 행에서 '배꼽에서 생각이 나온다'고 한 것은 태아가 배꼽으로부터 세상에서의 생명을 시작하는 것을 떠올리게 한다. 배꼽을 세상의 중심이라고 한 것과 같다. 둘째 연 중간에서 '어머니와 공유한 흉터만이 믿을만 하다'고 한 것은 또한 어머니가 세상의 중심이라고 한 것이다.[5] 주목되는 것은 끝 연 셋째 행에서 "너도 이젠 어머니다"라고 한 것이다. 이것은 '너도 이제는 중심이다'라고 한 것과 같다. 중심을 감당할 수 있는 자는 흔치 않다. 어머니가 중심을 감당할 수 있다. 중요한 詩가 될 것 같다. 이점에서 「나는 내가 낳는다」도 주목된다.

누구의 유전자에도 오염되지 않은
무염시태(無染始胎)의 나는
내가 잉태하기로 했다
다시 태어나야 진정한 내가 될 수 있거든
나는 자궁을 가졌거든

---

5 앞에서 인용한 詩「바다, 받아주는」 참조. 유안진에게 어머니는 총체성으로서 어머니, 중심으로서 어머니이다.

누구의 간섭 어떤 의무도
어떤 관습에도 감시당하지 않고
어떤 규범에도 검토 당하지 않는
모든 순치(馴致)를 거부한 나로 자라서
처음부터 끝까지 나로서만 살게 될 새로운 나는
아무도 낳아 줄 수 없으니까

— 「나는 내가 낳는다」 부분(『미네르바』, 2007. 가을)

나는 누군가에 의해 창조되는 것이 아니라, 자신에 의해 창조될 것이라고 하고 있다. 누군가에 의해 창조된다는 것은 진정한 내가 아니라는 것이다. 진정한 내가 될 수 없다는 것이다. 진정한 나는 창조자로부터 자유로운 자이다. "간섭", "의무", "관습", "규범"으로부터 해방된 자이다. 해방은 대가를 필요로 한다. 그레고르 잠자의 자본주의적 생활방식으로부터의 해방은 죽음을 대가로 필요로 했다. 좀머 씨의 "나를 좀 제발 그냥 내버려 둬"(『좀머씨 이야기』)라는 말 역시 죽음을 대가로 필요로 했다. 해방을(혹은 자유를) 지속적으로 감당할 수 없었기 때문이다. 그러나 스스로 잉태한 자, 스스로를 스스로가 만든 자는 해방을(혹은 자유를) 감당할 수 있다. 스스로가 어머니인 자는 해방을(혹은 자유를) 감당할 수 있다. 중심을 괴로워하지 않아도 된다. 스스로가 중심이기 때문이다.

3. 俗과 聖의 변증

'모던과 포스트모던의 변증'을 '聖과 俗의 변증'과 대체의 관계에 있다. 물론 포스트모던이 俗과 대체의 관계에 있고, 모던이 聖과 대체의 관계에 있다. 가장 최근의 시집 『다보탑을 줍다』(2004)의 표제시 「다보탑을 줍다」를 보자.

고개 떨구고 가다가 다보탑(多寶塔)을 주웠다
국보 20호를 줍는 횡재를 했다
석존(釋尊)이 영취산에서 법화경을 설하실 때
땅속에서 솟아나 찬탄했다는 다보탑을

두 발 닿은 여기가 영취산 어디인가
어깨 치고 지나간 행인 중에 석존이 계셨는가
고개를 떨구면 세상은 아무데나 불국정토 되는가

정신차려 다시 보면 빠알간 구리동전
꺾어진 목고개로 주저앉고 싶은 때는
쓸모 있는 듯 별 쓸모없는 10원짜리
그렇게 살아왔다는가 그렇게 살아가라는가.

— 「다보탑을 줍다」 전문

"다보탑(多寶塔)", "국보 20호", "석존(釋尊)", "법화경", "불국정토"들과 다보탑이 새겨진 "구리동전 […] 10원짜리"가 양립하고 있다. "고개 떨구고 가다가 다보탑(多寶塔)을 주웠다"고 한 것은 10원짜리 구리동전을 주웠다고 한 것이다. 다보탑과 10원짜리 구리동전의 변증이라고 할 수 있다. 다름 아닌 聖과 俗의 변증이라고 할 수 있다. 권위적 다보탑과 권위 없는(?) 10원짜리 구리동전의 변증이므로 모던과 포스트모던의 변증이라고 할 수 있다. 문제는 권위적 다보탑이 내려가고, 권위 없는 10원짜리 구리동전이 올라가는 것이다. 포스트모던에 호의를 표시한 것이다. 二項을 설정하고 한 쪽 項에 우위를 부여한 것이다. 10원짜리 구리동전, 즉 俗에 우위를 부여한 것이다. 순서대로 얘기해보자. "두 발 닿은 여기가 영취산 어디인가"라고 한 것은 여기가 불국정토와 가까운 곳이라고 한 것과 같다. "어깨 치고 지나간 행인 중에 석존이 계셨는가"라고 한 것은 석존은, 불국정토는(혹은 낙원은), 멀리 있는 것이 아니라, '지금 여기', 누군가 어깨 치고 지나간, 지금 여기에 있다고 한 것과 같다. "쓸모 있는 듯 별 쓸모없는 10원짜리/ 그렇게 살아왔다는가 그렇게 살아가라는가"라고 한 것도 俗을 강조한 것이다. 쓸모 있는 듯하지만 별 쓸모없는 '10원짜리'를(혹은 10원짜리 삶을) 강조한 것이기 때문이다. 그렇게 살아왔고, 그렇게 살아갈 것이라고 조심스럽게 말한 것으로 간주되기 때문이다.

또 하나의 문제는 "고개를 떨구면 세상은 아무데나 불국정토 되는가"라고 반문한 것이다. 고개를 떨구고 본 여기가 '불국정토'가 아니라고 한 것이다. 불국정토를 갈망하고 있는 것이다. 불국정토를 갈망하는 것은 聖을 갈망하는 것이다. 聖과 俗의 二項에서 聖에 우위를 부여하는 것이다. 俗에 우위를 부여하였다가 聖에 우위를 부여하는 것도 二項을 설정하고 한쪽에 우위를 부여하는 것이므로 이항대립체계에는 변화가 없다. 聖과 俗의 변증, 俗과 聖의 변증이라는 점에서 같다. 현대성(혹은 근대성)의 가장 큰 특징이 분열이라는 점에서 볼 때 매우 현대적(혹은 근대적)인 시이다. 셋째 연 셋째 행에서 "쓸모 있는 듯 별 쓸모없는 10원짜리"라고 한 것도 이점에서 다시 주목된다. 여기에도 변증이 있다. 用과 不用의 변증이다. 시인은 어디에 우위를 두고 있는가. 쓸모 있는 듯 보이지만 별로 쓸모없다고 한 것이므로 不用에 우위를 두었다고 할 수 있다. 그 다음 행 "그렇게 살아왔다는가 그렇게 살아가라는가"에 주목해서 해석하면 앞으로도 계속 쓸모없는 生을 살라고 스스로에게 주문한 것으로 볼 수 있다.

쓸모없는 생, 不用의 생은 不用의 예술과 대체의 관계에 있다. 不用의 詩와 대체의 관계에 있다. 不用의 예술가와(혹은 不用의 시인과) 대체의 관계에 있다. 여기서 不用의 예술, 不用의 詩, 不用의 예술가, 不用의 시인이라고 한 것은 예술을 절대적 소비행위로 보는 바타이유의 견해에 동의해서 말하는 것이다. 부연하면 돈을 벌려고 예술을 하는 것은 아니라는 것이다. 생산행위로서의 예술을 부인하는 것이다.[6]

역시 『다보탑을 줍다』에 실렸던 「삐까소 전을 보고」가 분열의 백미를 보여주었다.

> 내 얼굴을 만져도 남의 얼굴 같다
> 남의 얼굴에 내 얼굴이 덤으로 얹혀
> 내 생색 위장하며 흉내내어왔는가
> 누군가가 내 얼굴에 제 얼굴을 포갠다, 밀어내도 어느새 반토막이 남의 얼굴이다, 진열장에 비춰보니, 나는 없고 낯선 남자 얼굴에 내 입과 코가 덧붙어 있다
>
> —「삐까소 전을 보고」 부분

"내 얼굴"이 "남의 얼굴 같다"고 한 것이 분열을 반영한 것이다. "위장"과 "흉내" 또한 분열과 대체의 관계에 있다.

시적 주체는 '남의 얼굴'이 표상하는 분열에서 벗어나려고 하나 '남의 얼굴'은 완강하다. "낯 선 남자 얼굴에 내 입과 코가 덧붙어 있다"고 하였다. 시인은 「아비뇽의 처녀들」을 보고 온 것일까. 「아비뇽의 처녀들」들에는 입체적 시선에 의한 분열된 처녀들의 모습이 나타난다. 보는 곳이 다르면 보이는 것도 다르다. 외면의 분열도 분열이고 내면의 분열도 분열이다. 여기에서는 외면의 분열이 내면의 분열을 초래하였다고 할 수 있다. 「아비뇽의 처녀들」에 나타난 외면의 분열을 내면의 분열의 알레고리라고 볼 수 있다. 더 정확히 말하면 시적 주체가 「아비뇽의 처녀들」에 나타난 외면의 분

---

6 예술의 목적을 '유익함과 즐거움prodesse et delectare'을 주는 것으로 보는 것은 영향미학적 입장이다. 절대적 소비행위라고 하는 것은 생산미학적 입장에서 그렇다는 것이다.

열을 내면의 분열의 알레고리로 사용하였다고 할 수 있다.

같은 시집에 실린 「내가 나의 감옥이다」도 수작이었다.

한눈팔고 사는 줄은 진즉 알았지만
두 눈 다 팔고 살아온 줄은 까맣게 몰랐다

언제 어디에서 한눈을 팔았는지
무엇에다 두 눈 다 팔아먹었는지
나는 못 보고 타인들만 보였지
내 안은 안 보이고 내 바깥만 보였지

눈 없는 나를 바라보는 남의 눈을 피하느라
나를 내 속으로 가두곤 했지

가시껍데기로 가두고도
떫은 속껍질에 또 갇힌 밤송이
마음이 바라면 피곤체질이 거절하고
몸이 갈망하면 바늘편견이 시큰둥해져
겹겹으로 가두어져 여기까지 왔어라.

— 「내가 나의 감옥이다」 전문

"나는 못보고 타인들만 보"았다는 것은 나를 타인으로부터 소외시켰다는 것이다. 더 정확히 말하면 나를 나로부터 소외시켰다는 것이다. "내 바깥만 보"이고 "내 안은 안 보"였다고 한 것도 마찬가지이다. 나는 바깥만 보았다고 한 것이다. 내 안은 보지 않았다고 한 것이다. 우선, 나와 타인들의 분열, 특히 나 자신의 분열을 얘기하고 있는 시라고 할 수 있다. '소외'는 분열과 대체의 관계에 있다. 다음, 나를 꺼내놓아야 하는데 그러질 못하고 살아왔다고 한 것이다. 셋째 연에서 "남의 눈을 피하느라/ 나를 내 속으로 가두곤 했지"라고 했기 때문이다. 여기서도 분열을 말할 수 있다. 남의 눈에 의한, 즉 남의 시선에 의한, 분열이다. 남의 시선을 의식하는 자는 진정한 자기 자신과 대면하지 못한다. 자신을 당당하게 꺼내놓지 못한다. "가시껍데기로 가"둔 나, "떫은 속껍질에 […] 갇"혀 있는 나, 혹은 "피곤체질"에 사로잡혀 있는 나, "바늘편견"에 사로잡혀 있는 나로부터 빠져나오지 못한다. "나의 감옥"으로부터 빠져나오지 못한다. 시선의식(혹은 시선공포) 또한 '미적 현대(혹은 미적 근대)'의 특징적인 양상이라고 할 수 있다.

> 바다가 또 한 번
> 새앙쥐 같은 눈을 뜨고 있었다.
> 뚝, 뚝, 뚝, 阡의 사과알이
> 하늘로 깊숙히 떨어지고 있었다.
> 가을이 가고 또 밤이 와서
> 잠자는 내 어깨 위
> 그 해의 새 눈이 내리고 있었다.
> 어둠의 한쪽이 조금 열리고
> 개동백의 붉은 열매가 익고 있었다.
> 잠을 자면서도 나는
> 내리는 그
> 희디흰 눈발을 보고 있었다.

— 김춘수, <處容斷章> 부분

"새앙쥐 같은 눈"을 시선이라고 할 수 있다. '응시의 시선'이라고 할 수 있다. "잠을 자면서도 나는/ 내리는 그/ 희디흰 눈발을 보고 있었다"라고 한 것도 응시의 시선을 의식한 표현이다. 응시의 시선을 넘어 '응시의 시선에 대한 공포'를 말한 것이라고 할 수 있다. 잠을 자면서도 느끼는 누군가의(혹은 어떤 것의) 응시의 시선이라니! 미적 현대(혹은 미적 근대)의 특징적인 양상이라고 한 것은 현대(혹은 근대)는 무수한 시선(혹은 응시의 시선)에 노출되어 있는 '대도시의 시대'이기 때문이다.

4. 나가며

선달, 모과나무에 모과 두 알이 달려있다

정월, 플라타너스는 잎새 몇 장을 붙잡고 안 놓는다

2월, 응달진 산자락에 殘雪이 희끗희끗하다

3월, 남녘은 매화꽃 핀다는데 중부지방 날씨는 진눈깨비 예보이다

4·19 묘역 하늘에 깃털구름 머뭇거린다

어버이날 다다음날도 지하철역 출구마다 카네이션꽃을 팔고 있다

국립묘지 뒷동네 주민들은 소쩍새 울음을 자주 듣는다

7월, 열이레 둥근달이 구름 속으로 몸 숨기는 별들을 불러낸다

광복절이 지난 뒤에도 임대아파트 깃대에선 태극기가 안 내려온다

9월, 고추잠자리 한 떼가 며칠째 마당을 둘러보고 있다

10월, 영어 불어 이태리어 간판들 틈에 한글 간판 하나 한사코 끼어들었다

동짓달, 일주일이 멀다하고 손톱 발톱은 키가 큰다.

— 「할 말이 남아있다고」 전문

이 시는 서두 '들어가며'에서 인용한 후기모더니즘 유형의 시 「포스트모던한 이별식」을 떠올리게 한다. 「포스트모던한 이별식」에서는 세로줄의 첫 글자를 이어 읽으면 '가나다라마바사아자차카타파하'로 읽을 수 있게 되어있었다. '비슷하게' 여기에서는 1월부터 12월까지의 '내용'이 한 행 씩을 차지하고 있다. 정확하게 얘기하면 "섣달"부터 시작해서 "동짓달"로 끝나고 있다. 마찬가지로 펀이 작용했다고 말할 수밖에 없다. 시적 유희가 작용했다고 말할 수밖에 없다. 시적 유희, 펀은, 다시 말하지만, 후기모더니즘의 주요 항목들이다. 「포스트모던한 이별식」에서와 마찬가지로 '모던과 포스트모던의 변증'을 말할 수 있는 것은 정월부터 섣달까지를 얘기하고 있기 때문이다. 전체를 지향하고 있기 때문이다. '전체 지향'은 모더니즘의 주요 특성이기 때문이다.

다음 시도 포스트모던 사유와 관계있다.

빈 종이컵과 가고있는 손목시계와 반쯤 빈 담배갑과 라이터가 벽돌 위에 모여 앉아 비를 맞고 있다

시멘트벽을 치솟은 철근 한 끝에 누런 타월이 젖은 깃발처럼 늘어져 있다
간이 사무실에는 뿔테안경 혼자 긴 나무책상 위에 누워 낮잠에 빠졌다

작업모 하나가 외벽에 매달린 채 빗줄기 사이로 공사장을 내려다본다

자갈더미에 개다리로 주차된 트럭문짝에 열쇠 한 꾸러미가 매달려 찬비를 맞고 있다

입구의 가로수 발치에는 설해용 모래주머니들이 비속에서도 서로 기대어 누워있다

3.1절 오후, 건망증이 놓아준 다가구주택 공사장이다.

— 「건망증, 놓아주다」(『웹진』, 2007, 가을)

전문이다. 압권이다. 건망증? 이것이 인생이다! 보다 중요한 것은 형식이다. 상호연결성의 시학을 보여주고 있지 않기 때문이다. 파편적 시학을 보여주고 있기 때문이다. 달리 말하면, 종적연결의 시학이 아닌, 횡적연결의 시학을 보여주고 있기 때문이다. 간단히 말하면, 상호 긴밀한 내적 긴장관계에 의한 시가 아니라, 병렬양식에 의한 시이기 때문이다.

첫행의 명사(구)들인 "빈 종이컵", "가고있는 손목시계", "반쯤 빈 담배갑"들이 상호연결적으로 존재하는 것이 아니라, 병렬적으로 존재한다. 과장해서 말하면 '상호고립적'(?)으로 존재한다. 빈 종이컵, 가고있는 손목시계, 반쯤 빈 담배갑들의 첫째 행과 "누런 타월"의 둘째 행의 관계 또한 병렬적이다. 나머지 행들과의 관계들, 나머지 행들 사이의 관계들도 마찬가지이다. 병렬적 관계이다. 병렬적 관계라는 것은 행 배열의 순서를 바꾸어도 상관없다는 것이다. '우연성의 원리Aleatorik'가 지배하고 있다는 것이다.

물론 제목에 있는 "건망증"이 詩 전체를 포괄하고 있다는 점을 강조할 수 있다. 하나의 행 안에 있는 품목(들)과 행과 행들을 '건망증'이 묶어주고

있다는 것이다.[7] 중심을 설정하고 있으므로 '모던'과 관계있다. 이 글의 제목을 빌리자면 '모던과 포스트모던의 변증'이다.

5. 보론

모더니스트는 멜랑콜리커이다. 잃어버린 것을 인정 안 하고 잃어버린 것을 가슴에 품으려고 하는 점에서 멜랑콜리커이다. 2.장에서 인용했던 루카치의 아름다운 문장은 모더니스트의 문장이다. '별이 빛나는 창공을 보고, 갈 수가 있고, 또 가야만 하는 길의 지도를 읽을 수 있던 시대는 얼마나 행복했던가?' 그리고 멜랑콜리커의 문장이다. 유안진의 시를 '모던과 포스트모던의 변증'이라고 하지만 엄격하게 말하면 모던과 모던의 변증이다. 포스트모던해야 모던이 된다. 포스트모던이 모던이 되기 때문이다. 이것은 사실 리오타르의 관점이다.

> 어느 작품도 먼저 포스트모던해야 모던이 될 수 있다. 이 지점에서 포스트모더니즘은 곤경에 빠진 모더니즘이 아니라, 발생 중에 있는 모더니즘이고, 이런 상태는 불변하게 될 것이다.(『포스트모더니즘의 조건』)

모던에서 포스트모던으로 가는 길이 있고 포스트모던에서 모던으로 가는 길이 있다. 리얼리즘에서 모더니즘으로 가는 길이 있다. 모두 상실을 전제한다. 상실은 멜랑콜리의 준거이다.

---

7 그렇다 하더라도 이것은 우연성의 원리가 지배하는 병렬양식과 상호배제의 관계에 있다. 이 詩의 우연성의 원리가 지배하는 병렬양식을 설명해주지 못한다. 이 詩의 행과 행 사이의 '횡적연결'을 설명해주지 못한다.

이승훈論: 소멸의 알레고리

1. 들어가며

현실사회주의의 몰락, 자본주의적 생활양식의 전경화, 승자 독식의 사회, 양극화 현상들이 심화에 '욕망하는 인간의 발견' 및 '욕망하는 인간에 대한 용인'들이 기여한 것으로 보인다. 니체의 힘에의 의지, 프로이트의 리비도, 라캉의 타자론, 들뢰즈의 잠재태론, 지라르의 욕망의 삼각형론들이 '욕망하는 인간의 발견' 및 '욕망하는 인간에 대한 용인'들에 기여한 것으로 보인다. 후기모더니즘(포스트모더니즘?)은 '욕망하는 인간의 발견' 및 '욕망하는 인간에 대한 용인'들이라고 요약할 수 있다. 간단히 말해 용납되지 못할 것이 없다는 것이다. 사회생물학의 이기적유전자론에 근거한 결정주의적 인간관 역시 '욕망하는 인간의 발견' 및 '욕망하는 인간에 대한 용인'들을 추인하는데 기여하였다. 악덕의 '대유행pandemic'! 현대를 이렇게 규정할 수 있을까.[1]

> 이 낭비가 좋아 지금 내리는 여름 햇살이 좋아 펑펑 쏟아지는 햇살이 좋아 화려한 당신이 좋아 이 사치가 좋아 이 시도 낭비 사랑도 낭비 종이 낭비 연필 낭비 시간 낭비 그러나 낭비가 구원이야 생산은 지겨워 낭비는 나비가 아니야 인간은 낭비하려고 태어났다 아낌없이 버리자 내 것은 없으므로
>
> 저 햇살이 좋아 아낌없이 버리는 햇살이 좋아 화려한 당신이 좋아 이 사치가 좋아 인내는 지겨워 낭비의 희열 낭비의 쾌락 낭비의 외설 신성한 낭비 오오

---

1 박찬일, 「현실주의적 한계상황·존재론적 한계상황」; 이귀영, 『그린마일』, 한국문연, 125-126.

언어 너머 언어 너머 낭비가 있다 황홀이 있다 당신의 살이 있다 녹는 물고기가 있다 마침내 나는 당신이 된다 아낌없이 버리자 나는 없으므로

— 이승훈, 「화려한 당신이 좋아」 전문

두 가지가 있다. 덕과 악덕이 있다. 덕의 예찬은 이를테면 삼강오륜의 예찬이다. 악덕의 예찬은 이를테면 몰락, 살의, 지배욕, 이기심들의 예찬이다. 악덕 예찬은 또 있다. "사치" 예찬, "낭비" 예찬이다. 시인은 "낭비의 희열", "낭비의 쾌락"이라고 하고 있다. "신성한 낭비"라고 하고 있다.

낭비, 사치 예찬은 에로티즘 예찬·예술 예찬이다. '에로티즘'과 예술은 낭비 활동이지, 생산 활동이 아니기 때문이다. 돈 벌려고 섹스하지 않는다, 돈 벌려고 詩를 쓰지 않는다, 일반적으로 그렇다는 말이다. 시인도 첫째 연에서 "시"를 "낭비"라고 하였다. 둘째 연에서 "황홀"("당신의 살"의 황홀=섹스의 황홀)을 "낭비"의 환유로 사용하였다.

악덕을 예찬하는 것은 "내 것은 없"기 때문이다. "나는 없"기 때문이다.[2] 無가 악덕을 낳기 때문이다. 有는 악덕을 낳지 않기 때문이다. '다음 세상'이 있다고 믿으면 악덕을 낳지 않고, 다음 세상이 없다고 믿으면 악덕을 낳기 때문이다. 물론 다음 세상이 있으면 얼마나 좋은가, '저 세상에서 다시 만나자'고 한 사람(들)의 소원이 이루어지면, "당신"을 다음 세상에서도 만나면, "녹"은 "물고기"를 다음 세상에서도 녹이면, '덕'을 베풀며 살면, 原因이면. '내가 없다'는 '주체부정'은 최근의 시편들에서도 직정적으로 언급되었다.

문학은 원래 잡스러운 거야. 내가 없으므로 서정도 없고 무슨 의도도 없고 메

2 이 시의 傳言이다. 첫째 연이 "내 것은 없으므로"라고 끝나고 있고, 둘째 연이 "나는 없으므로"라고 끝나고 있다.

시지도 없고

— 「버스정류소」 부분 ①

내가 죽었다고 생각하면 되지. 오늘도 죽고 내일도 죽고 죽은 내가 모자 쓰고 떠돈다고 그래도 돼. 그래도 돼. 끝없이 잊어버리자. 죽은 내가 죽음에 대해 생각하다고 생각하며 강의실 복도를 걷는나

— 「나는 지금 내가 없는 곳에 있다」 부분 ②

하하 이런 시는 내가 아니라 밤이 쓴다. 킥킥 웃으며 곰이 쓰고 고양이가 쓰는 시. 흐흐 고양이가 쓰면 이제 난 시를 쓸 필요가 없지.

— 「여름밤」 부분 ③

① "서정도 없고 무슨 의도도 없고 메시지도 없고"는 거꾸로 말하면 모든 것을 인정하겠다는 것이다. 악덕을 인정하겠다는 것이다.

② 주체부정의 절정이다. "나는 생각한다. 그러므로 나는 존재한다"(Cogito)는 주체중심주의의 절정이었고, "나는 내가 아닌 곳에서 생각한다. 그러므로 나는 내가 생각하지 않는 곳에 존재한다"(라캉)은 주체부정의 절정이었다.

③ 내가 아니라, "밤", "곰", "고양이"가 시를 쓴다고 하였다. "난 시를 쓸 필요가 없"다고 하였다. '내가 없다'고 갈등과 분열이 없는 것이 아니다. 문제는 갈등과 분열을 치유하는 것이 아니라, 갈등과 분열을 즐기는 것.

2. 갈등과 분열을 즐기는 이승훈

갈등과 분열의 인간, 갈등과 분열의 사회를 거부하고 조화·화해에 도달한 인간, 조화·화해에 도달한 사회를 보여준 것은 고전주의였다. 괴테의

『빌헬름 마이스터의 수업시대』의 "아름다운 영혼"은 순수성, 독립성, 조화로운 감정의 구체화였다. 쉴러는 그의「우아와 존엄에 대해서」에서

> 아름다운 영혼 속에서는 관능과 이성, 의무와 嗜好들이 조화를 이룬다

고 하였다. 조화를 강조하였다. 樣式的으로 고전주의는 "고귀한 단순성과 고요한 위대"를 지향하였다. 빙켈만은 극한의 고통 속에서도 자제력을 잃지 않는 모습을 보여주는 그리스의 조각「라오콘」을 '고귀한 단순성과 고요한 위대'라고 명명하였다.

합리주의·효율주의·최대 이윤의 법칙만을 지향하는 인간, 합리주의·효율주의·최대 이윤의 법칙만을 지향하는 사회를 거부하고, 환타지도 인간과 사회의 주요 항목 중의 하나라는 것을 보여준 것이 낭만주의였다. 낭만주의의 '그때 거기'에 대한 관심은 '지금 여기'에 대한 외면이었다. 역사적 낭만주의는 당시 흥기하고 있던 부르주아 자본주의 사회에 대한 간접적 비판이었다.

부르주아사회의 위선과 오만, 부르주아 사회의 효율주의·최대 이윤의 법칙들에 '직접적' 메스를 들이댄 것은 발작으로 대변되는 프랑스의 비판적 사실주의였다. 낭만주의와 사실주의의 차이는 '간접적 비판과 직접적 비판의 차이'다.

다르게 말할 수 있다. 사실주의와 '고전주의·낭만주의'의 차이는 '제1의 세계'와 '제2의 세계'의 차이이다. 사실주의가 '제1의 세계'의 不正性에 주목하고 그것을 '제1의 세계'로 그려내었다면, 낭만주의·고전주의는 '제1의 세계'의 부정성에 주목하였지만 그것을 '제2의 세계'로 그려내었다. '제2의 세계'로 그려내었다는 이유 때문에 고전주의·낭만주의는 나중에 '현실로부터의 도피'라는 말을 듣는다.

1930년대의 '사회주의적 사실주의'도 '현실로부터의 도피'와 관계있다.

사회주의적 사실주의는 아직 오지 않은, 부르주아사회의 자유경쟁주의·최대이윤의 법칙들이 극복된, 조화·화해의 세계를 보여주려고 하였다. 사회주의적 사실주의는 고전주의와 마찬가지로 조화·화해의 세계에 도달하려고 하였다. 공산 사회는 조화·화해의 세계였다. 사회주의적 사실주의는 제2의 세계에 대한 강한 확신이 있었다. 제2의 세계는 제1의 세계를 끌고가는 원동력이었다. 중요한 것은 제2의 세계였다.

문제는 '조화·화해의 세계'이다. 갈등과 분열에서 벗어나 조화·화해의 세계에 도달하려는 '노력'이다. 역사적으로 갈등과 분열에서 벗어나려는 노력이 있어왔다는 사실이다. 18세기의 고전주의가 그랬고, 20세기의 사회주의적 사실주의가 그랬다.

고전주의와 사회주의적 사실주의는 모더니즘의 세목들이다. 크게 보아 모더니즘은 '잃어버린 총체성'이라는 전제 하에, 그 잃어버린 총체성을 다시 회복하려는 노력이기 때문이다. '잃어버린 총체성'은 다른 말로 하면 조화·화해의 세계이기 때문이다. 쉴러의 말을 '이용'하면 모더니즘은 관능과 이성의 조화, 의무와 嗜好의 조화에 도달하려는 노력이었다. 비록 도달할 수 없으리라는 것을 강하게 느끼고 있었을시라노.

20세기 후반과 21세기 초엽의 '정신의 지형학'을 염두에 둘 때 후기모더니즘을 말하지 않을 수 없다. 후기모더니즘은 갈등과 분열을 즐기려고 한다. 갈등과 분열은 다양성의 다른 말이다. 하나보다는 둘이, 둘보다는 셋이, 셋보다는 넷이 좋다고 한다. 모더니즘이 둘의 분열, 셋의 분열, 넷의 분열을 두려워했다면, 후기모더니즘은 둘의 분열, 셋의 분열, 넷의 분열을 즐기려고 한다.

노무현 前 대통령(혹은 이승훈 시인)은 후기모더니즘의 '구체화'인 것으로 보인다. 조화·화해보다는 갈등과 분열에 전념하는 듯, 갈등과 분열을 즐기는 듯, 보이기 때문이다. '갈등과 분열이 없으면 노무현 대통령(혹은 이승훈 시인)도 없다.' 갈등과 분열에 매진하지 않은 노무현 대통령(혹은 이승훈 시인)을 떠올려 보라, 무력한 노무현 대통령(혹은 이승훈 시인)으로 비춰질 것이다. '후기모더니즘의 구체화'를 맛본 국민들은 이제 갈등과 분열이 없는 사회를 심심해할 것이다. 앞으로도 갈등과 분열을 조장하는 대통령들이(혹은 시인들이) 나오기를 기대할 것이다. 바야흐로 갈등과 분열의 사회이다.[3] 후기모더니즘이 구체화된 사회이다. '출구 없는 상황'을 즐기는 것이 '갈등과 분열을 즐기는 것'과 같다.

3. 출구 없는 상황을 즐기는 이승훈

두 개의 나무 사이에 내가 걸려 있도다 한 개의 나무는 두통 한 개의 나무는 불안

> 두 개의 나무 사이에 내가 걸려 있도다 햇살만 내리도다 두통은 비 내리는 가을 내 방에 켜진 커다란 촛대요 커다란 우산이요 커다란 콩이요 커다란 단추이니 내가 커다란 단추 속에 빠지도다
>
> — 이승훈,「두 개의 나무」전문

앙스트 Angst, 푸르히트 Furcht는 불안, 혹은 공포를 뜻하는 말들이다. 그러나 푸르히트는 특정한 어떤 대상으로부터의 푸르히트라는 점에서 앙스트와 구별된다. 예를 들어 발각, 들통에 대한 두려움, 체포에 대한 두려움이 푸르히트다. 이에 반해 앙스트는 특정한 어떤 대상으로부터 느끼는 두려움이 아니다. 그냥 두려움이다. 그냥 불안이다. 막연한 불안감이다. 존재론적 불안이다.

이승훈의 많은 시에 등장하는 불안은 앙스트로서의 불안이다. 어디에

---

3 박찬일,「갈등과 분열을 즐기는 사회」,『시민문학』, 2005, 2-4.

서 오는지 모르는 불안이다. 굳이 말한다면, 죽음에 의해, 혹은 어떤 알 수 없는 힘에 의해, 질질 끌려가고 있다는 것을 명확히, 너무나 명확하게, 그러나 의식이 아닌 무의식 속에서, 느끼고 있는 자의 불안이다. 세계외적존재는 결코 될 수 없고, '세계내적존재'에 영원히 머물 수밖에 없다는 것을 인식한 자가 숙명적으로 가질 수밖에 없는 불안이다. 그것의 끝은 죽음이다. 죽음 이외에는 그 어떤 것으로도 끝장낼 수 없는 불안이다. 그러므로 죽음에 이르는 병이다. 암세포와 같다. 이승훈 시에 있어서 불안은 또한 두통이다. 이 둘의 관계는 동전의 양면의 관계와 같다. 불안이 엄습하면 동시에 두통이 엄습한다.

첫 행의 "두 개의 나무 사이에 내가 걸려 있도다"라는 표현은 십자가형에 처해진 모습을 떠올리게 한다. "한 개의 나무는 두통" 또 "한 개의 나무는 불안"이니 두통과 불안에 의해 십자가형에 처해져 있는 것이다. 두통과 불안에 의해 처형되어 '있는' 것이다. 두 번째 연의 始作은 이러한 모습을 다시 한 번 강조하고 있다.

그런데, 불안과 두통에 처형되어 있는데, 불안과 두통에 시달리고 있는데, "햇살"이라니? 햇살이 내리다니? 이것이 세상이기 때문? 인생이기 때문? 불안이라는 지옥, 두통이라는 지옥에 관계없이 햇살은 내리쬔다. 햇살은 퍼붓는다. 그래서 부조리다. "비 내리는 가을"과 불 "켜진 커다란 촛대"의 관계도 부조리다. 물과 불의 관계이기 때문이다. 물과 불이 양립하고 있기 때문이다. 그러나 시인의 두통은 완강하기만 하다. 시인은 두통을 보호(?)하기 위해 우산까지 펴든다. 아니 두통이 살아서 우산까지 펴든다. 우산은 세상으로부터의 절연이다. 햇살로부터의 절연이고, 비 내리는 가을로부터의 절연이다.

이후의 이미지는 점층의 이미지다(혹은 동일한 이미지의 연쇄다). 두통은 시인과 세상을 점점 더 극심하게 단절시킨다. 두통은 점점 심해져 "커다란 콩"이 된다. 바늘로 찔러도 피 한 방울 나지 않는 단단한 콩! 두통에 대한 탁월한 은유다. 그리고 "커다란 단추"가 된다. 단추는 세상으로 나가는 통로, 혹은 출구를 상징하는 것. 그러나 시인에게 두통으로부터(혹은 불안으로부터) 빠져나갈 출구는 여전히 존재하지 않는다. 시인은 출구에서 추락한다. 커다란 단추에 빠진다. '출구 없는 상황', 아니, 출구 없는 두통이다.

혹은, 시인은 출구 없는 상황을 즐기는 것이 아닐까. 햇살 내리는 곳, 비 내리는 가을 바깥으로 나갈 생각이 없는 게 아닐까. '커다란'이라는 형용사를 그래서 반복해서 사용한 것이 아닐까. '커다란'은 '아늑한 커다란'이 아닐까.

이승훈 시인은 갈등과 분열을 즐기는 사람이기만 할까. '고통스러운 이승훈'은 존재하지 않는가? 무서워하는 얼굴의 이승훈은 존재하지 않는가?

4. 소멸의 알레고리 – 멜랑콜리커 – 이승훈

사진은 모두 죽음의 흔적이다

— 롤랑 바르트

궁금하다. 아니, 이승훈 투로 말하면 '궁금하다, 아니, 궁금하지 않다.' 이승훈은 소멸의 인간사, 소멸의 인류사를 어떻게 넘어갈 것인가. '소멸'을 넘어간다고? 소멸(의식)을 어떻게 넘어가는가. 스님들처럼 용맹정진하던가(용맹정진했어도 넘어갔을까), 글쟁이들처럼 글로 넘어가던가(글쟁이들이 넘어갔는가, 김현이 넘어갔는가)? 결핍을 채우는 것이 예술이라고 하지 않는가? 예술가들이 결핍을 채우려는 욕망이 유난히 강하다고 하지 않는가. 결핍 중 으뜸이 죽음에 의한 결핍이 아닌가. 결핍을 예술로 채울 수 있다고? 결핍을 예술로 채우려는 시도가 있는 것만이 아니고?

먹으면 죽을지도 모르지

—「닭」 부분 ①

오늘밤에도 선생님 찾아가 꾸벅 인사드리면 "이군이가? 훈이가? 와? 무슨 일이고?" 그러실 것만 같다.

—「모두가 예술이다」 부분 ②

기차는 […] 해골이고 바가지다

—「좋아」 부분 ③

창가 작은 탁자 위에 깡통이 있고 깡통 속엔 여러 종류의 담배가 들어 있다

—「어느 봄날」 부분 ④

① '죽음에 대한 우려'라고 하지 않을 수 있을까.

② "선생님"은 '돌아가신 박목월 선생님'이다. 박목월 선생님에 대한 관심이 아니라, 박목월 선생님의 소멸에 대한 관심이 아닐까.

③ "해골"은 빈 해골이고, "바가지"는 빈 바가지다. 원효와 의상이 본 '빈' 해골이다.

④ "깡통"도 해골과 바가지와 마찬가지로 '빈' 깡통. 주목되는 것은 "깡통 속엔 여러 종류의 담배가 들어 있다"고 한 것. 흔적을 얘기한 것. 소멸에 대한 알레고리. '여러 종류의 담배가 들어 있다'고 한 것이 압권이다. 여러 가지의 소멸, 아니, 여러 사람의 소멸을 얘기한 것이다. 소멸의 인류사를 얘기한 것이다.

소멸의 알레고리를 계속 만들어보자. 알레고리적 독서는(혹은 알레고리적 비평은) 알레고리를 만드는 것이다. 이 알레고리가 덧없는 것은 '일회성' 때문이다. 다른 날, 알레고리적 독서를 하면 다른 구절이 눈에 띈다. 문제는 '소멸'이 눈에 자꾸 밟히는 것. 전체적으로 볼 때 소멸을 얘기한 것으

로 보이지 않아도 소멸을 얘기한 '부분'에 자꾸 눈이 가는 것. '또' 부기해야 할 것은 **알레고리 자체가 덧없는 알레고리라는 점이다. 소멸을 얘기하기에 '알레고리'만큼 적합한 것이 없다는 것. 상징은 '변하지 않는', 혹은 '오래 가는' 상징이므로 적합하지 않다는 것.** 소멸(의식)을 멜랑콜리로 대체할 수 있다. 알레고리를 멜랑콜리커의 알레고리로 보는 것이다. '깡통 속에 여러 종류의 담배가 들어 있다'고 쓴 자는 멜랑콜리를 느낀 자, 다름 아닌 멜랑콜리커다. 이 글을 쓰는 자도 멜랑콜리커다.

> 추운 밤엔 긴 나무가 나를 먹으려고 달려오겠지. 나처럼 늙은 나무가 목에 긴 목도리를 하고!
>
> — 「젠장 아아」 부분 ①

> 무슨 글을 쓸 때도 또 메시지가 오네. 핸드폰을 방구석 가방에 넣는다. 그러나 메시지 오는 소리가 신경에 거슬려 핸드폰을 가방에서 꺼내 이번엔 벽장에 넣고 이 글을 쓴다. 지금은 저녁 일곱시. 그러나 메시지 오는 소리가, 작은 소리가, 신음 소리가 다시 신경에 거슬려 이번엔 입고 있던 스웨터를 벗어 핸드폰에 씌운다.
>
> — 「약국」 부분 ②

> 뱀이 여우에게 가서 돈 "좀 주시오!" 했더니 여우는 "돈 줄 수 없소." 말하고 산딸기와 병아리와 꿀이 가득한 계곡으로 달아났지만 계곡엔 벌써 뱀이 웃으며 여우를 기다린다고 했지.
>
> — 「나의 능력은 좋은 편이다」 부분 ③

> 옷 때문에 책을 못 읽고 아무 생각도 할 수 없다. 저녁 무렵 낡은 스웨터 입고 소파에 앉아 책을 읽으려고 했지만 아무 취미도 없는 나는 저녁이면 책상 옆

에 있는 낡은 소파에 앉지만 책상에 스탠드를 켜고 책상은 소파 왼쪽에 있고
소파 뒤는 벽이고 소파 바른 쪽엔 고물 선풍기가 있지.

—「이것도 병이다」 부분 ④

① 필자에게 「젠장 아아」의 다른 구절은 안 읽히고, 이 구절만 읽힌다. "나를 먹으려고 날려오겠지"라고 했기 때문? 그보다도 "긴 나무"라고 했기 때문이다. "긴 목도리"한 "늙은 나무"라고 했기 때문이다. '십자가 나무'가 길고, 그리고 십자가 나무가 오래 되었다. 십자가 나무가 소멸에 대한 알레고리다, 영생에 대한 상징이 아니라.

② 메시지 내용은 '그만 살고 오라'는 건 아닌지. 집요한 메시지이기 때문이다. 소멸만큼 집요한 것이 있을까. 소멸의식만큼 집요한 것이 있을까. "스웨터를 벗어 핸드폰에 씌"워도 소멸의 메시지를 '안' 들을 수 없다. 속삭이는 '소멸의 문자메시지'를 안 들을 수 없다. 피할 수 없는 문자메시지는 '현대'에도 여전히 유효한, 아니, 항구적으로 유효한, 바니타스vanitas의 목소리다.

③ '세상의 중심에 돈이 있다'는 사실을, 돈이 중심이라는 사실을, 모르는 사람이 없다. 돈으로 안 되는 것이 하나 있는데 그것이 소멸(의식)이라는 것을 모르는 사람이 없다. 중요한 돈을 중요한 소멸(의식)의 은유로 보는 것이다. 역시 이 구절을 소멸의 알레고리로 보는 것이다. 돈에서 벗어날 수 없듯이 소멸에서 벗어날 수 없다고 한 것이다. "뱀"이 소멸의식과 관계 있는 것은 뱀의 유혹을 피하기 어렵기 때문이다. '소멸의 유혹' 피하기 어렵기 때문이다.

④ 소멸의 알레고리의 절정이다. 누가 "낡은 스웨터"에 주목했는가. 누가 "낡은 소파"에 주목했는가. 누가 "고물 선풍기"에 주목했는가. 모두 이승훈이다. 이승훈이 멜랑콜리커가 아닐 리 없다. 멜랑콜리가 반영된 시다. 낡은 스웨터, 낡은 소파, 고물 선풍기 모두 소멸의 알레고리들이다. 낡은 스

웨터, 낡은 소파, 고물 선풍기가 소멸의 알레고리가 아니다. 낡은 스웨터를 입은 화자가 소멸의 알레고리이고, 낡은 소파에 앉았던, 화자를 포함한, 많은 사람들이 소멸의 알레고리이고, 고물 선풍기 앞에 앉았던 많은 사람들이 소멸의 알레고리다. 화자를 포함해서 '그 많은 사람들'이 사라졌거나 사라질 것이다.

기억에 대한 멜랑콜리도 있을 것이다. 기억은 사라지고 없는 것을 전제하기 때문이다.

> 어린 시절 고향에선 꽁치를 먹었다.
>
> —「정어리」부분

기억도 소멸에 대한 알레고리이긴 마찬가지다. 기억도 소멸한다. 기억한다면 그나마 다행이다. 시 「정어리」는 "난 정어리 먹은 기억이 없다"로 시작해서 "어린 시절 고향에선 꽁치를 먹었다"로 끝난다. 사실 기억복원 작업은 많은 경우 실패할 확률이 높다. 기억은 많은 경우 변조된 기억이기 쉽다. 기억에 의한 기록, 많은 경우 변조된 기록이기 쉽다. 기억하지 않으려는 힘 또한 만만치 않다. '정어리 먹은 기억이 없다'고 한 것은 '참'이 아니기 쉽다. '억압'에 의한 기억 장애 말고 간단히 '어떻게 다 기억할 수 있다는 말인가'라고 응대할 수 있다. 멜랑콜리커처럼. 망각 또한 소멸의 알레고리의 주요 항목이다.

「시」에서 "나는 더 이상 시를 쓰지 않는다. 시를 만들지 않는다. 상상하지 않는다. 내가 시이고 나는 없기 때문에 모두가 시고 시가 아니다. 오오 극락이여. 진지한 건 질색이다"라고 말한 것은 과장이기 쉽다. '과장' 또한 멜랑콜리커들의 주요 '수법'이다. 과장하지 않으면 견딜 수 없기 때문이다. 그렇다, "나는 없"다. 그러나 '나는 없다'는 인식이 멜랑콜리를 지우지 못한다, 일시적으로 지울 수 있을지 몰라도. 멜랑콜리는 다시 엄습한다. '진지한

건 질색이다'고 말해도 멜랑콜리가 엄습한다. "극락"이 진지한 것이 아니라, 멜랑콜리가 진지하다.

5. 나가며: 한국시단의 이단아

이승훈은 한국시단의 이단아다. 이단아가 이타적 존재일 수 있다. 돌연변이로서의 이승훈이 자연적으로 선택되어, 우수한 형질로 판명되어, 새로운 종으로의 진화에 '큰 역할'을 할지 모른다. '전통적' 서정시가 오래되었다. '큰 진화'가 요구되는 때에 돌연변이 이승훈이 큰 역할을 할지 모른다. 돌연변이가 주류가 될지 모른다.

2009년은『종의 기원』발간 150년이 되는 해다. 또한 애덤 스미스의『도덕감정론』발간 250주년이 되는 해다. '이기적 행위에 이타적 행위가 내포되어 있다'는 것이『도덕감정론』이 전하는 주요 메시지다.

강조하자. 이승훈이라는 존재가 이타적 존재일 수 있는 것은 한국시단이라는 '종'을 풍성하게 해줌으로써, 내포와 외연의 폭을 넓힘으로써, 한국시단이 보다 나은 형질로 진화할 가능성을 높혔기 때문이다. 이기적 행위에 이타적 행위가 내포되어 있다. '섞일수록 건강하다', 진화생물학이 전하는 차분한 메시지다.

이승훈의 큰 特長은 '미적 자의식에 의한 시쓰기'라는 점이다.[4] 전통적 '시적 충동', 혹은 '미메시스적 충동'에 의해 시를 쓰지 않는다는 점이다. 전통적 서정시와 내용적으로, 그리고 형식적으로 결별하였다는 점이다. 내용적으로 결별한 모범적 예로 메타시를 들 수 있다. 최근의 시편들에서도 메타시가 주류를 형성한다. 2008-2009년에 걸쳐『현대시』에 12회 연재한「이

---

4 미적 자의식에 의한 시쓰기는 이를테면 "코가 이런 시를 쓰는 나를 보고 "집어 쳐!" 말하네"(이승훈,「코」부분)라고 하는 것처럼 '시를 쓰는 나를 들여다보면서 시를 쓰는' 시쓰기다.

승훈의 실험시 - 화두」는 처음부터 '메타시'의 화염을 뿜는다.

> "그러니까 내가 뭐랬어? 비가 그치고 해가 난다고 세상이 달라진 건 없어!" 중얼대며 돌아온다.
>
> —「자업자득」 부분 ①

> 세상엔 운이 나쁜 사람도 있고 성공하지 못한 사람도 있고 밥을 먹는 사람 버스 타는 사람 발을 다친 사람도 있고 성공한 사람 개를 끌고 가는 사람 목욕하는 사람도 있고 자면서 헛소리하는 사람 자다 말고 벌떡 일어나는 사람도 있다. 유명하지 않은 사람도 있고 키가 큰 사람도 있고 하루종일 문자 메시지 보내는 사람 불평하는 사람 오리 고기 먹는 사람 조그만 방에서 외롭게 지내는 사람 화를 내는 사람 화약을 먹는 사람 구두 신는 사람 당근 먹는 사람 할 말이 없는 사람 지붕에 서 있는 사람 지팡이 짚고 가는 나 같은 사람도 있다. 오! 아냐 무당도 있고 은퇴한 교수도 있고 피아노 같은 사람 전깃줄 같은 사람 플라스틱 같은 사람 하루종일 멍멍 짖는 사람도 있다.
>
> —「오, 아냐」 전문 ②

> 최근에 내가 쓰는 시는 꽁트시 1인극시 편지시 일기시 수필시 대화시 평론시야.
>
> —「버스 정류소」 부분 ③

① "해가 난다고 세상이 달라진 건 없어"가 주목된다. '해 아래 새로운 것이 없다'는 솔로몬의 말은 후기모더니즘의 금과옥조다. 창조자로서의 詩人을 부정하고, 나아가 주체를 부정한다. 확대하면 모든 텍스트는 상호텍스트라는 것이다. 대화성 Dialogizität 관계에 있다는 것이다.

② 하나가 아니라는 것, '다양한 목소리 Heteroglossia'에 대해 얘기하고 있다. 이런 시가 있고 저런 시가 있다고 한 것이다. 제목을 「오, 아냐」라고

한 것은 반어.

③ **"꽁트시 1인극시 편지시 일기시 수필시 대화시 평론시"는 전통적 서정시에 대한 의도적 否認일 것이다.**

시 제목만 더듬어보아도 「시가 이제 제 정신이 아니다」, 「시는 없다」, 「난 몰상식한 시가 좋다」, 「예술은 짧고 인생도 짧다」, 「한 편의 시」 등 메타시 혐의의 시가 끝없이 이어진다.

전통적 서정시와 형식적으로 결별하였다는 것은 '완성도'와 결별하였다는 것, 혹은 '상호 긴밀한 내적 긴장관계'와 결별하였다는 것이다. 적극적으로 말하면, '파편적 글쓰기'를 지향한다는 것이다.[5] '파편적 글'이 아니라, 파편적 글쓰기라고 한 것은 여기에도 '메타성이 들어갔다'는 것. 파편적 글쓰기는 유기체적 글쓰기에 대한 반대이다. 하부구조와 상부구조의 긴밀한 연관관계에 대한 반대일 뿐만 아니라, 이상주의철학에 대한 반대이다. 유물론, 관념론 모두에 대한 반대이다. 헤겔 용어로 말할 때, 객관적 유머가 아닌 주관적 유머의 시대에 들어섰다는 것이다.

시를 포기하고 쓰니까 시도 고맙다

— 이승훈, 「혼자 돌아다니는 팔」 부분

---

5 파편적 글쓰기를 지향하는 이유? '총체적 파악'에 대한 포기가 후기모더니즘을 낳았으므로……. 아도르노가 조화·화해의 글쓰기는 불의를 은폐하는 것이라고 하였지만……. Theodor Adorno, Ästhetische Theorie, gesammelte Schriften, Frankfurt/M. Bd. 7, [1970-1981], 35 참조.

제3부

문덕수-임병용-김미정

'디시 멜랑콜리' — 문덕수의 장시 『우체부』

항진명제와 모순명제의 변증, 멜랑콜리, 웅얼거림 — 임병용의 글쓰기

시의 존재론 — 멜랑콜리커, 멜랑콜리 — 김미정의 글쓰기

'다시 멜랑콜리' – 문덕수의 장시 『우체부』

멜랑콜리는 모든 것들에서, 모든 곳들에서, 빛을 뿜는다, 오래된 잉크병, 서랍 속에 넣어둔 지우개, 길모퉁이의 지린내, 보도블럭 사이에 핀 야생화, 수북이 쌓인 나뭇잎, 계단 위의 커피 쏟은 자국 등 도처에 그 자체로 존재한다. 부재한 시간들이 멜랑콜리를 뿜어낸다.[1]

멜랑콜리 요인이 도처에 존재한다는 말이다. 멜랑콜리 요인이 遍在한다는 말이다. 이를테면 문덕수의 다음 구절에서도 나온다는 말이다. 혹은, '구절'이라는 기표에서도 나온다는 말이다. 멜랑콜리는 기의와 기표 '모든 것에서' 빛을 뿜는다. 그런데, '기표의 기의'에 한정시켜 말하자. 화자의 意識에 주목하는 것은 현상학적 고찰. 화자의 意識에 주목하는 것은 문덕수의 意識에 주목하는 것.

> 끌려온 간음한 여자
> 곁에서 몸 굽혀 뭔가를 쓰실 때에 손가락에 묻은 그 흙가루
> 탁발 다니실 때 맨발 발가락 새에 끼이는 그 흙먼지
>
> — 「무종」 부분

이것을 읊은 자는 문덕수이므로 문덕수의 멜랑콜리를 말할 수 있다. 문덕수의 멜랑콜리가 [예수의] "손가락에 묻은 그 흙가루"를 포착하게 하였고, [붓다의] "발가락 사이에 끼이는 그 흙먼지"를 포착하게 하였다. 그 '흙가루'는 어디에 갔을까.[2] 그 '흙먼지'는 어디에 갔을까. 멜랑콜리는 부재, 더 정확히 말하면 '상실'과 밀접한 관련이 있다. 프로이트에게 멜랑콜리는 무

---

1 박찬일, 「일회성·소멸·멜랑콜리」, 『수리문학 9』, 서울(토담미디어) 2009.

2 물론 필자의 멜랑콜리와 무관하다고 할 수 없다. 필자의 멜랑콜리가 이 구절을 보게 하였다. 생산미학과 영향미학의 행복한 일치?

엇보다도 자아 상실과 관계있는 것으로 파악되었다.[3]

멜랑콜리를 포착하는 자는 이미 자아를 상실한 자다, 이렇게 말하고 싶다. '상실이 상실을 본다', 혹은 '상실이 상실을 보게 한다', 이렇게 말하고 싶다.

「무존」이 序詩로 쓰인 문덕수의 장시 『우체부』의 거의 끝부분에 다음과 같은 구절이 있다. "가방"이 우체부의 가방이다.

지금 네 빈 가방에는 무엇이 울고 있느냐
파편이냐 보석이냐 두개골이냐 더그럭 덜그럭
메멘토 모리 메멘토 모리[4]

우체부의 가방이 비었다. 그들이 사라졌기 때문이다. 쓴 자가 사라지고, 받을 자가 사라졌기 때문이다. 봉투가 사라지고, 그 안의 문자들이 사라졌기 때문이다("편지와 엽서는 모두 불탔네", 40). 우체부가 사라졌기 때문이다. 이 '사라짐'에는 물론 순서가 없다. '순서'가 있으면 아무 것도 없다. 樂愛老喜가 없다. 멜랑콜리가 없다. 무의 세계에 순서가 없다.

가방이 본래 '없는 것'이었다. 앞에서 "네가 멘 그 우체부 가방의 불룩한 無의 브랜드"(47)라고 노래되었다.

꼭 '한국전쟁'을 배경으로 서 있는 우체부가 떠올리지 않는다. 빈 가방이 遍在하기 때문이다. 멜랑콜리가 遍在하기 때문이다. '우체부의 빈 가방'은 알레고리였다.

---

3 프로이트는 우울증 환자에게는 "자애심의 급격한 저하, 말하자면 상당한 정도 자아의 빈곤"이 나타난다고 하였다. 프로이트, 「슬픔과 우울증」, 『정신분석학의 근본 개념』, 서울(열린책들) 2004 참조.

4 문덕수, 『우체부』, 서울(시문학사) 2009, 70(이하 본문에서 '면수' 표시).

어디쯤일까 내가 연기처럼 더듬더듬 피어올랐던
이제는 침묵의 목책 속에 갇힌 먼 땅
다시 돌아갈 수 없으리, 흘러간다
[…]
나는 일찍이 어느 곳에 나를 묻어두고
이다지 어지러운 이파리로만 날고 있는가

— 기형도,「植木祭」[5]

"다시 돌아갈 수 없으리", 혹은 '그대 다시 돌아가지 못하리'. 모든 곳에서 할 수 있는 말이다. "버스 […] 기사"(71)는 돌아갔을까. "택시"(71)는 차고지로 돌아갔을까. "스촨"("지진" 54)에서, "수마트라"("지진해일" 54)에서, 돌아가지 못했으리. "에베레스트 정상"(51)에서 돌아가지 못한 적도 있으리. '특히 딱한' 돌아가지 못한 者도 있으리.

『우체부』가 '죽음의 便紙', 혹은 '죽음의 遍在'에 대한 알레고리인 것은 이미 앞부분에서 강력하게 예고되었다.

죽음에는 남과 북의 구별이 없네(35)

죽음에는 남과 북의 구별이 없네(36)

죽음들이 고지를 덮고 널렸네
해골 바가지들이 공처럼 두굴두굴 굴러가다가
발 끝에 채여 시커멓게 불탄 돌무더기에 걸리네(37)

5 기형도,『입속의 검은 잎』, 서울(문학과지성사) 1989, 71-72면.

무엇보다도『우체부』를 '인류사적 차원'에서의 멜랑콜리에 대한 기록이라고 간주하게 하는 것은 "오이디푸스는 들고 있던 막대기로 그를 쳐죽였네 아버지를 죽였네/ 어린 조카의 울부짖는 눈에서 首陽은 불의 칼을 보았을까/ 어린 아들 사도의 눈에서 영조는 불의 왕관을 보았을까"(26)라는 구절들 때문이다. 오이디푸스 콤플렉스는 - 아들이 아버지를 죽이든, 아버지가 아들을 죽이든(40 참조) - 보편적 서사 구도 중의 하나다. 오이디푸스 서사 구도 역시 멜랑콜리의 그물을 빠져나가지 못할 것이다. 상실의 운명에 처하게 될 것이다.

우체부 '가방'은 坪村에도 갔지(28) ①

탄약도 충분히 준비해(30) ②

남북이 갈린 숨막히는 포격전도 겪었지(31) ③

인용한 문장에 모두 '도'라는 조사가 들이있다. ① 이를테면 "철의 삼각지"(53)에도 갔고 "坪村에도 갔"다고 한 것으로 보는 것이다. ② 이를테면 식량도 충분히 준비하고 "탄약도 충분히 준비"하라고 한 것으로 보는 것이다. '이것'만이 아닌 '저것'도 강조했다고 보는 것이다. 보편성을 강조한 것으로 보는 것이다. 물론 멜랑콜리의 보편성이다. 정확히 말하면 '멜랑콜리를 생산하는 대상'의 보편성이다. 물론 멜랑콜리 기제의 보편성을 말할 수 있다. ③ "포격전도 겪었지"에서 1차 세계대전의 저 유명한 참호전도 떠올리는 것이다.

주목되는 것은 "죽음에는 남과 북의 구별이 없네"처럼 두 번 반복된 구절 "세상에는 모르는 일이 너무 많네".

神을 보지 못했다고 함부로 입 열지 말라

세상에는 모르는 일이 너무 많네(60, 강조는 필자)

닭도 울지 않는 달구벌에 내려졌네

전선에서 몰려든 부상병들이 누더기처럼 광장을 다 덮었네

하늘의 은하수처럼 빽빽하게 쏟아부었네

만발한 한겨울의 꽃밭이네

그때 네 印章은 저 별이 간직하고 있었을까

세상에는 모르는 일이 너무 많네(61, 강조는 필자)

아름다운 '지성'과 '감성'들이다. "神을 보지 못했다고 함부로 입 열지 말라"라고 한 것이 지성이고 "그때 네 印章은 저 별이 간직하고 있었을까"라고 한 것이 감성이다. "세상에는 모르는 일이 너무 많네"는 아이러니로 보인다. 곧 이어 "죽은 자는 고지에서 여기 오지도 못했네"(63)라고 읊었기 때문이다. '죽은 자'를 보았으면 다 본 것, '죽은 자'를 알았으면 '모르는 일'이 없는 것, 이렇게 말하고 싶네. 문덕수는 지성과 감성을 넘어서는 것을 보았네, 이렇게 말하고 싶네.

항진명제와 모순명제의 변증, 멜랑콜리, 웅얼거림
– 임병용의 글쓰기

항진명제tautology. 인간은 실천이성적 동물이거나, 인간은 실천이성적 동물이 아니다, 이등변삼각형의 두 빗금의 길이는 같다, 피라미드에 이등변삼각형이 4개 있다, 모두 항진명제이다. 항진명제가 있으면 모순명제contradiction가 있다. 명령에 따르지 마라! 모순명제이다. '명령에 거역하라'가 하나이고, '명령에 따르지 마라'가 명령문이므로 '명령에 순종하라'가 또 하나이다. 하나와 또 하나가, '명령에 거역하라'와 '명령에 순종하라'가, 모순관계이다. '명령에 거역하라'와 '명령에 순종하라'가 모순명제이다. 현대적 실험시와 전통적 서정시를 구분하는 조건으로 모순명제와 항진명제를 말할 수 있다. 현대적 실험시가 모순명제를 반영하고, 전통적 서정시가 항진명제를 반영한다. 모순명제를 반영했다는 것은 분열을 반영했다는 것이고, 항진명제를 반영했다는 것은 분열을 반영하지 않았다는 것이다. 병렬관계와 '상호 긴밀한 내적 긴장관계', 다양한 목소리와 단일한 목소리(바흐친), 열린 형식과 닫힌 형식(폴커 클로츠), 무의미시와 유의미시(김춘수), 서사극과 환상극(브레히트) 등의 대립쌍 또한 모순명제와 항진명제의 대립쌍과 관계있다. 병렬관계, 다양한 목소리, 열린 형식, 무의미시, 서사극 등이 모순명제로서 현대적 실험시와 관계있고, '상호 긴밀한 내적 긴장관계', 단일한 목소리, 닫힌 형식, 유의미시, 환상극 등이 항진명제로서 전통적 서정시와 관계있다.

항진명제와 모순명제를 '부정의 변증법 구조'에서 살피면, 혹은 역사철학적 관점에서 살피면, 항진명제에 대한 부정이 모순명제이고, 모순명제에 대한 부정이 항진명제이다. '상호 긴밀한 내적 긴장관계', 단일한 목소리, 닫힌 형식, 유의미시, 환상극들에 대한 '부정의 구체화'로서 병렬관계, 다양한 목소리, 열린 형식, 무의미시, 서사극들을 부인할 수 없다. 간단하지 않은 것은, 병렬관계, 다양한 목소리, 열린 형식, 무의미시, 서사극들에 대한 부정의 구체화로서 '상호 긴밀한 내적 긴장관계', 단일한 목소리, 닫힌 형식, 유의미시, 환상극들을 말할 수 있다는 점이다. '전통적 서정시'의 자기 주장인 '상호 긴밀한 내적 긴장관계', 단일한 목소리, 닫힌 형식, 유의미시, 환상극들을 일종의 '역사적 낭만주의'의 유비로서, 일종의 규범적·초역사적 '유토피아'에 대한 '동경'으로 보는 것이다. 모순명제를 초래한 '분열의 세계상'에 대한 간접적 비판으로 보는 것이다. 분열의 세계상에 대해 총체적 세계상으로 대응하는 것이므로, 잃어버린 총체적 세계상에 대한 상실을 전제하므로, 그 바탕에는 상실에 대한 멜랑콜리의 정조가 깔리게 된다. 이 점에서 주목되는 시가 「삶, 끊임없는 재귀대명사」와 「10데시빌」이다.

° 청년 예수는 시적 지평을 확장하기위해 골고다에 오른 건 아니었다 (그에게 실험정신은 어설픈 사치였을 거니까)
° 60세까지 세파와 함께 뒹글었던 어쩌면 세파에 찌들대로 찌들었던 극심한 안질眼疾의 석가 역시 최종목표가 서방정토의 확장은 아니었을 것이다 (누구나 깨닫는 세상이니까)

물총새 당신은 경쾌하오
사람들이 당신을 翡翠라 부르는 것을 알기는 하오
옥색도포 정갈하게 차려입은 숙종조 때의 한 선비
맑은 심성이 뚝뚝 떨어질 것 같은 가을하늘을 맑은 눈길로 바라보다 발견한 새 그 새가 당신이라고 하오
당신은 물총처럼 날카로운 부리로 강물을 쪼개고 쪼개진 강물 틈새로 청자빛 하늘을 꾸역꾸역 스며들게 한 것을 알기나 하오
세상은 온통 자가당착이오
자기에게 묻고 자기가 답변하는

자신이 불어넣은 바람으로 애매하게 커지는 풍선처럼
허무맹랑이 배가되며 쓸쓸해지는
그러면서도 자꾸 불어대다 터뜨리고
먼 하늘만 바라보는……,

—「삶, 끊임없는 재귀 대명사」 전문 ①

배가 어둠속에서 닻을 내릴 때
전철이 쇠발을 끌어안고 멈출 때
항공기가 纏足 같은 두 발을 모아 땅을 디딜 때
우리는 조바심으로 미뤄왔던
그들의 오르가즘 같은
휴지부를 안다

소리 없는 아픔조차 드러내지 않으려는
10데시빌의*
과묵을 지향하는
쉼표와 마침표의 엄숙함을

* 10데시빌 : 낙엽이 지상에 떨어질 때 내는 소리의 크기

— 「10데시빌」 전문 ②

①「삶, 끊임없는 재귀 대명사」가 항진명제의 구체화이다, 모순명제의 구체화이다. 항진명제와 모순명제가 변증한다. 항진명제의 다른 말이 '재귀대명사 구조'이다. 인용된 시 둘째 연을 '전반부/후반부 구조'로 나눌 수 있다. 전반부에서 '상호 긴밀한 내적 긴장관계'에 의해 조성된, 분열되기 이전의 총체적 세계상의 모습이 제시된다. "맑은 심성이 뚝뚝 떨어질 것 같은 가을하늘을 맑은 눈길로 바라보다 발견한 새 그 새가 당신이라고 하오/

당신은 물총처럼 날카로운 부리로 강물을 쪼개고 쪼개진 강물 틈새로 청자빛 하늘을 꾸역꾸역 스며들게 한 것을 알기나 하오"라고 한 부분이 그렇다. 항진명제이다, 욕망하는 대상과 욕망하는 주체의 행복한 합일이다. '가을하늘을 […] 바라보다 발견한 새'가 욕망하는 대상이고, '청자빛 하늘'이 '스며'든 '강물 틈새'가 욕망하는 대상이고, 이에 부응해 두 번 반복되는 '당신'이 욕망하는 주체이다. 둘째 연 후반부에 '욕망하는 대상과 욕망하는 주체의 행복한 합일'에 대한 자기성찰, 혹은 멜랑콜리가 있다. "세상은 온통 자가당착이오/ 자기에게 묻고 자기가 답변하는"에 항진명제에 대한 '(비판적) 거리두기'[생소화효과]가 있으며, "자신이 불어넣은 바람으로 애매하게 커지는 풍선처럼/ 허무맹랑이 배가되며 쓸쓸해지는/ 그러면서도 자꾸 불어대다 터뜨리고/ 먼 하늘만 바라보는......,"에 항진명제에 대한 비판적 거리두기의 결과로서 멜랑콜리의 정조가 짙게 깔려 있다. '먼 하늘만 바라보는' 것은 욕망하는 주체와 욕망하는 대상의 행복한 합일이 말 그대로 유토피아, 도달할 수 없는 에리원erehewon이라는 것을 느끼는 자의 게스투스이다. 그렇다고 '욕망하는 주체와 욕망하는 대상의 행복한 합일'을 멈출 수 없다. "풍선"이 "터"져도 풍선을 "자꾸 불어대"는 행위를 멈출 수 없다. '자기에게 묻고 자기가 답변하는' '자가당착' 행위를 멈출 수 없다. 간과할 수 없는 것이 첫째 연이다.

> ° 청년 예수는 시적 지평을 확장하기 위해 골고다에 오른 건 아니었다 (그에게 실험정신은 어설픈 사치였을 거니까)
> ° 60세까지 세파와 함께 뒹굴었던 어쩌면 세파에 찌들대로 찌들었던 극심한 眼疾의 석가 역시 최종목표가 서방정토의 확장은 아니었을 것이다 (누구나 깨닫는 세상이니까)

"예수" 역시 '욕망하는 주체와 욕망하는 대상의 행복한 합일'이 불가능하다는 것을 알고 있었지만 "골고다에 오"르는 행위를 멈출 수 없었다는 함의를 담는다. 유토피아에 대한 열망은 치명적이다. '욕망하는 주체와 욕망하는 대상의 행복한 합일'에 대한 욕구는 치명적이다. '완전한 사랑'에 대한 욕구는 치명적이다. 나르시시즘으로서의 사랑이 완전한 사랑이다. "석가" 역시 말해져야 한다. 석가 역시 '욕망하는 주체와 욕망하는 대상의 행복한 합일', 즉 "서방정토의 확장"이 "누구나 깨닫는" 일로서, 깨달음의 수준에서만 가능하다는 것을 알고 있으면서도, "극심한 안질"을 앓고 있으면서도, '서방정토의 확장'에 대한 노력을 멈출 수 없었다는 함의를 담는다. 같은 말을 되풀이한다; 유토피아에 대한 열망은 치명적이다. '욕망하는 주체와 욕망하는 대상의 행복한 합일'에 대한 욕구는 치명적이다. '완전한 사랑'에 대한 욕구는 치명적이다. 나르시시즘으로서의 사랑이 완전한 사랑이다.

「삶, 끊임없는 재귀 대명사」는 항진명제와 항진명제의 변증법적 부정으로서 모순명제(2.연), 그러니까 항진명제와 모순명제의 변증, 그리고 이에 대한 변증법적 환유로서 모순명제와 항진명제의 병존(1.연의 1.2.행), '모순명제와 항진명제의 병존'의 환유(1.연의 3.4.행)라는 구조를 갖는다.

② 무엇보다도 '항진명제의 구세화'가 「10데시빌」이다. 첫 행, "배가 어둠속에서 닻을 내릴 때", 둘째 행, "전철이 쇠발을 끌어안고 멈출 때", 셋째 행, "항공기가 纏足 같은 두 발을 모아 땅을 디딜 때"들이 병렬관계·환유관계에 있다. 중요한 것은 이들 3개 행이 주부로서, "오르가즘"(5.행), "휴지부"(6.행), "10데시빌의/ 과묵을 지향하는/ 쉼표와 마침표의 엄숙함"(2,연)이라는 술부를 거느리는 점이다. 항진명제이다, 주부와 술부의 행복한 일치, 욕망하는 대상과 욕망하는 주체의 행복한 일치이다. 주부와 술부의 일치는 얼마나 어려운 일이고, 얼마나 행복한 일인가. 욕망하는 대상과 욕망하는 주체의 일치는 얼마나 어려운 일이고, 얼마나 행복한 일인가. '별이 빛나는 창공을 보고, 갈 수가 있고, 또 가야만 하는 길의 지도를 읽을 수 있던 시대가 얼마나 행복했던가?' 주목되는 것은, 그리고 압권은, "우리는 조바

심으로 미뤄왔던"(4.행)이라고 한 부분이다. 주부와 술부의 행복한 일치, 욕망하는 대상과 욕망하는 주체의 행복한 일치를 열망하는 화자의 심중을 고스란히 드러낸다. '무엇을 열망하다'는 것은 '열망해야 할 상황'을 전제한다. '무엇을 열망해야 할 상황'에 대한 간접적 비판으로서 '열망'을 얘기한 것으로 보는 것이다. 주부와 술부의 행복한 일치가 아니라, 주부와 술부의 불행한 분열을, 욕망하는 대상과 욕망하는 주체의 행복한 일치가 아니라, 욕망하는 대상과 욕망하는 주체의 불행한 분열을, 얘기한 것으로 보는 것이다. 총체적 세계상의 상실을 얘기한 것으로 보는 것이다. 모순명제를 항진명제로 드러내려고 한 것으로 보는 것이다. 역시 멜랑콜리의 정조가 깔린다. "소리 없는 아픔"(2.연 1.행)이 '총체적 세계상의 상실'의 반영이고, 자기 상실의 반영이다. '소리 없는 아픔'이 멜랑콜리(자기상실)의 구체화라면 "소리 없는 아픔조차 드러내지 않으려는" 것은 멜랑콜리의 멜랑콜리이다. 멜랑콜리의 극대화이다. 자기 자신을 두 번 죽인다. '소리 없는 아픔'으로 한 번 죽이고, '소리 없는 아픔조차 드러내지 않으려는' 것으로 또 한 번 죽인다. 멜랑콜리에 중독이 있을까. 자기상실·자기파괴에 중독이 있을까. 「새와 스트레스에 대한 보고서」가 '그렇다'라고 말한다.

> 0.001밀리미터도 안 되는 우울의 회로가 내 척수를 휘감기 시작하면
> 한 발자국도 내딛지 못하고 꼬꾸라지고 말지
> 버드 스트라이크*였어
> 전신이 빨려들어 수만 개의 회전칼날이 잘근잘근
> 내 육신을 분쇄해가는 걸 보고 있었지 차라리 시원했어
> […]

* 버드 스트라이크bird strike: 조류가 비행기 유리창에 부딪히거나 엔진 속에 빨려들어 항공사고를 일으키는 현상.

「10데시빌」의 이해지평이 간단하지 않다. '오르가즘', '휴지부', '과묵', '쉼표와 마침표'를 죽음과 같은 상태로 보는 것이다. '오르가즘', '휴지부', '과묵', '쉼표와 마침표'들을 1.연의 3개 행, "배가 어둠속에서 닻을 내릴 때/ 전철이 쇠발을 끌어안고 멈출 때/ 항공기가 纏足같은 두 발을 모아 땅을 디딜 때"와 연결시켜, 「10데시빌」을 "죽음까지 파고드는 삶"(바타이유, 『에로티즘』)의 도정으로 보는 것이다. 앞의 3개 행이 에로티즘으로서의 '삶'이고, '오르가즘', '휴지부', '과묵', '쉼표와 마침표'를 에로티즘으로서의 '죽음'으로 보는 것이다. '배'로서의 삶, '전철'로서의 삶, '비행기'로서의 삶은 극대의 삶이다. 극대의 삶이 극대의 죽음을 낳는다. 극대의 삶이 극대의 과묵[죽음]을 지향한다. 극대의 삶을 산 자가 죽음을 자청한다, 자발적으로 몰락하려고 한다. 극대의 삶을 산 자의 죽음이 완전한 죽음이다. 「10데시빌」은 한편으로 '완전한 죽음'에 대한 헌사였다.

주인님의 우아한 무도를 위해
백조의 발바닥은
물과 뭍을 가리지 않고
하늘에서 호수에서 천리만리 겅중겅중
뛰고 닿고 씩씩댔다
빈사에 이르러서도 소리 내지 않는
저
발끝으로만 다가서는
때 절은 충정

도요토미 히데요시가 고개를 절레절레 흔들고 가는......,

— 「토 슈즈」 전문 ①

지렁이의 移動은 온몸의 일기다
하루종일 맨땅에 써가는
맨살의 학습

— 「歌女」 부분 ②

화석처럼 굳어가던 자신을 더는
바라볼 수 없었던
몸부림이었을까
어느 날
혁명의 전조처럼 타오르기 시작한
들불
들불
들불

外傷이 전혀 없이 이뤄진
완벽한
內出血이었다.

— 「봄, 애끓는……,」 부분 ③

거울은 깨질 때, 깨졌을 때
소란한 파열음으로
술렁이는 얘깃거리를 만든다

— 「거울」 부분 ④

① "주인님의 우아한 무도를 위해/ 백조의 발바닥은/ 물과 뭍을 가리지 않고/ 하늘에서 호수에서 천리만리 겅중겅중/ 뛰고 닿고 씩씩댔다"가 '극대

의 삶'을 표상한다. '주인님의 우아한 무도'가 '완전한 죽음'을 표상한다. 극대의 삶을 산 자, 이제 떠날 수 있다. "도요토미 히데요시가 고개를 절레절레 흔들고" 가는 삶을 산 자, 이제 떠날 준비가 되었다.

② "하루종일 맨땅에 써가는/ 맨살의 학습"! "지렁이"도 죽음연습을 한다? 플라톤에게 죽음연습은 '육체라는 사슬로부터 영혼이 벗어나서 가능한 한 영혼이 그 자체로 살아가게끔 버릇을 들이는 것'을 의미한다. 영혼을 육체로부터 차근차근 떼어내는 삶, 식욕·정욕·소유욕 등에서 차츰차츰 해방시키는 삶이 죽음연습이었다.

③ 역시 완전한 죽음을 내용으로 하고 있는 것으로 보인다. 완전한 죽음은 내부와 외부의 완벽한 소통이다, 이승과 저승의 완벽한 소통이다. "外傷이 전혀 없이 이뤄진 완벽한 內出血"이라는 구절이 돋보인다. '外傷'이 고통을 표상한다. '완벽한' 죽음은 고통 없는 죽음이다. 그러므로 완벽한 죽음은 '자발적 죽음'이다. '완벽한 內出血'이 완벽한 죽음을 표상한다, 완벽한 죽음에 대한 동경을 표상한다.

④ '완벽한 죽음'에 포함되지 않는다고 볼 수 없다. "소란한 파열음"은 고통의 절정을 표상한다. '소란한 파열음'은 죽음을 앞에 둔 자가 내는, 혹은 죽음을 경험하는 자가 내는, 고통의 절정에서 내는, '비명'을 표상한다. 누가 고통 없이 떠나려 하는가. 고통이 '완벽한 죽음'의 내재적 상황인지 모른다. 말이 그렇다는 것이다. '고통 없는 죽음에 대한 동경' 역시 내재적 상황이다. 죽음 앞에서의 고통은 '자기상실'의 완벽한 표본이다. 죽음 앞에서의 고통은 멜랑콜리의 완벽한 표본이다.

'항진명제의 구체화'를 「강심을 꿰뚠 물총새」에서도 말할 수 있다. 「강심을 꿰뚠 물총새」 전문이다.

연꽃잎은 자신의 몸으로 투항해오는 물을

파괴하지 않는다

그저 둥근 웃음으로 말아 올려 어우렁더우렁
그의 체적을 그의 사유를 자유롭게 한다

세상의 모든 성숙
이처럼
여유롭게 받아들이는 데서 시작되는 것 아닐까

江心이 물총새를 받아들이고
물총새의 부리에 꿴 물고기가 목어의 눈을 바라보며
허허롭게 웃는……,

"연꽃잎은 자신의 몸으로 투항해오는 물을/ 파괴하지 않는다"가 항진명제의 구체화이다. '연꽃잎'과 '자신의 몸으로 투항해오는 물'의 행복한 합일을 말하고 있다. 욕망하는 대상과 욕망하는 주체의 행복한 합일을 말하고 있다. 끝 연에서 "江心이 물총새를 받아들이고"도 욕망하는 대상과 욕망하는 주체의 행복한 합일이다. "물총새의 부리에 꿴 물고기가 목어의 눈을 바라보며"도 욕망하는 대상과 욕망하는 주체의 행복한 합일이다. '물총새의 부리에 꿴 물고기가 목어의 눈을 바라본다'고 한 것은 나르시시즘의 상황의 재연이다. '물총새의 부리에 꿴 물고기'라는 주부와 '목어의 눈'이라는 술부의 행복한 합일이다. 끝 행 "허허롭게 웃는……,"은 '주부와 술부의 행복한 일치'에 대한 비평적 거리두기이다. 멜랑콜리의 정조를 말하지 않을 수 없다. '주부와 술부의 행복한 일치'가 가능하기나 한 것인가. 「강심을 꿰뚫 물총새」에서 또한 얘기해야 할 것은 둘째 연,

세상의 모든 성숙
이처럼

여유롭게 받아들이는 데서 시작되는 것 아닐까

이다. 주부와 술부의 일치, 욕망하는 대상과 욕망하는 주체의 일치를 염원한다. 그 조건으로서 "성숙"을 들고, "여유"를 든다. 주목되는 것은 화자의 직접 개입이다. '화자의 직접 개입'으로써 시에 '하나의 목소리'가 추가된다. 단일한 목소리가 아닌, '다양한 목소리'의 시가 되므로 모순명제이다. 「강심을 꿰뚠 물총새」에서도 항진명제와 모순명제의 변증이 확인된다.

인간이 걸음을 내디딜 때마다
엄청난 정보가 다리근육에 전달되고 이 정보는 척수를 통해
뇌에서 생기와 재미를 찾아 뛴다는 거지
새소리 물소리 바람소리를 훔치는 일
나무사이에 숨어있다 푸드득 소리를 내며 신부처럼 달아나는
풍만한 가슴을 셜록홈즈처럼 바라보는 일 등이 모두
지적쾌감으로 이어진다는 얘기였어

얘기가 좀 길어졌군 지적받아야 할 일이야
시인은 서술보다 묘사라 그랬는데
지적으로 좀 떨어지는 예비시인인가 봐

— 「知的 쾌감」 부분

'항진명제와 모순명제의 변증'은 「知的 쾌감」에서 되풀이된다. "걸음을 내"딛는 일, "새소리 물소리 바람소리를 훔치는 일", "풍만한 가슴을 셜록홈즈처럼 바라보는 일"이 주부라면 "知的 쾌감"이 술부이다. 항진명제이다. '주부와 술부의 행복한 일치, 욕망하는 대상과 욕망하는 주체의 행복한 일치'를 깨뜨리는 것이 끝의 3개 행이다. 의식활동 그 자체로서의 의식활동

이 있고, 의식활동을 의식활동하는 또 하나의 의식활동이 있다. "얘기가 좀 길어졌군 지적받아야 할 일이야/ 시인은 서술보다 묘사라 그랬는데/ 지적으로 좀 떨어지는 예비시인인가 봐"가 앞 연에서의 의식활동을 의식활동하는 또 하나의 의식활동이다. 역시 비평적 거리두기로서 또 하나의 목소리를 얘기할 수 있다. 또 하나의 목소리가 추가된 다양한 목소리의 시는 모순명제이다.

'의식활동 그 자체로서의 의식활동'이 욕망하는 대상과 욕망하는 주체의 행복한 일치를 내포한다면 '의식활동을 의식활동하는 또 하나의 의식활동'은 욕망하는 대상과 욕망하는 주체의 불행한 분열을 내포한다. 앞의 연만을 고려하면 항진명제이고 앞의 연과 뒤의 연을 함께 고려하면 모순명제이다. 항진명제와 모순명제의 변증이다.

> 내가 왜 여기 서 있고 눈앞의 구름 나뭇가지 먼 시선의 공사장 크레인이
> 왜 보이는 거지
> 렌즈의 프레임을 되돌리면 수백 년 전에도 보였을 풍경들
> 프레임 앞에 정지된 나
> 프레임을 빨리 감기 하면 수백 년 후에도 똑같이 보일 공사장 크레인 나뭇가
> 지 구름 내 코끝
> 실상은 허상이었고 허상은 실상을 찾아가지
>
> 깨달음을 좇다 깨달음을 놓치고 사는……,
> 그 이전의 痛覺
>
> — 「누가 나를 보았는가」 부분

시간이 멈추는 순간이 있다. 심층의식에서 올라오는 몇 마디의 단어들, 그 단어들을 받아 적고 싶을 때가 있다. "痛覺"의 순간이라고 해도 좋겠다.

개인적 자아에서 우주적 자아로 전환되는 순간이라고 해도 좋겠다. 오늘이 먼 옛날부터 무한반복되었고, 오늘이 앞으로 무한반복될 거라는 생각에 휩싸일 때가 있다. 오늘 의지한 것이 먼 옛날 의지한 것의 반복이라면 먼 옛날의 그 의지가 얼마나 소중한 것인가. 오늘 의지한 것이 앞으로 무한반복된다면 오늘의 의지가 얼마나 소중한 것인가. '먼 옛날의 의지'가 잘못 되었나면 '오늘' 그 의지를 수정해야 한다. '오늘' 새롭게 의지한 것이 앞으로 무한반복되도록 오늘을 의지해야 한다. "깨달음을 좇다 깨달음을 놓치고 사는……,"(끝 연, 1.행)이 자기상실의 표현이다. '멜랑콜리'에 대한 표현이다.

항진명제와 모순명제의 변증을 종합명제에 대한 의지라고 할 수 있다. '미적 모더니즘'을 종합명제에 대한 의지라고 할 수 있다. 콜라주, 몽타주, 병렬양식, 자동기술법, 시간확대경기술들이 종합명제에 대한 의지의 구체화로서 미적 모더니즘의 주요기법들이다. 다음의 「스크랩」을 미적 모더니즘에 대한 자기의식의 구체화라고 볼 수 있을까. 「스크랩」을 메타시로 보는 것이다.

내 책상과 서랍 욕실 주변엔 병장기로 가득하다
칼도 서너 자루 장도부터 단도까지
여기에 쌍날 도검에 세 날 여섯 날 도검, 시퍼런 작두까지

세상을 향해 단정히 혁명을 꿈꾸는
시들어가는 영혼을 향해 항상 전복을 꿈꾸는
MBTI*에서 사회적 비판수치가 높게 나타나는 선비의식의
퍼스낼리티 속에서 무르익어가는
세상을 스크랩해가고
자신을 스크랩해가며
눈물 젖은 정보 피 뚝 뚝 지는 살점만을 골라

면적 넓은 심장에 모자이크해나가는

오늘, 그는 쇠 부스러기나 파쇠, 고철을 모아
예리한 병장기 만들기에 부산하다

* MBTI: 성격 분석 프로그램, 성격성향 분석 도구로 쓰임

— 「스크랩」 전문

끝 연 "쇠 부스러기나 파쇠, 고철을 모아/ 예리한 병장기 만들기에 부산하다"를 미적 모더니즘의 글쓰기, 혹은 '역사적 아방가르드'의 글쓰기의 '모습'으로 보는 것이다. 주목되는 구절이 있다. 「反芻」의 다음 구절이다.

얼마나 더 되돌아봐야 나를 발견할 수 있을까
얼마나 더 어둠 속에 있어야 내 뒷모습을 알아볼 수 있을까

— 「反芻」 부분

'진정한 "나" '에 대한 갈구이다. 진정한 나는 "내 뒷모습"에 있을지 모른다. '뒷모습'은 지금까지 보지 못했던 나이다. 베일에 싸인 '나'이다. 진정한 나를 알려면 베일을 걷어내야 한다. '진정한 나', '내 뒷모습'이 무엇인가. 다음의 시편들에서 임병용은 '내 뒷모습'을 말하고 있는 것으로 보인다. 임병용 시인은 '내 뒷모습'을 본 것으로 보인다. 미리 얘기하면, 임병용은 규칙 규율 규범들이 덮어둔 '자유 그 자체'를 본 것으로 보인다.

지구를 점령한 자만이 걷는다
걷는다는 것은 살아있다는 것이다
영혼이 일정한 리듬으로 춤을 추고 있는 것이다

가식이 배제된 제 모습만의 흐느낌, 속에서
걷고 있는 사람을 보아라
제 멋에 겨워 제풀에 지쳐 장단이 없어도
노래를 하고 춤을 추고 돌멩이를 걷어차고 아내를 걷어차고
제 발등에 주저앉고
가부좌를 한 채 공중으로 떠오르고
곤두박질의 꿈을 꾸고 선 채 사정을 기도하고
물속으로 뛰어들고 물고기처럼 지느러미를 놀리고

동사가 할 수 있는 거의 모든
활용어미를 갖고 태어난, 너

— 「오늘도 걷는다마는」 전문 ①

우주도 가끔, 궤적을 벗어나
산책도 하고 휴가도 가야
다른 궤적의 자연현상을 일으키지

사장이 휴가 떠난 사무실은
언제나 넓고 편안하다
(사장이 나타날까 봐 얼른 문을 닫았지만)

아버지가 집을 비워도 외출했다 돌아와도 아무렇지도 않은 세상에서

— 「대들보의 외출」 부분 ②

무당이냐구?
모르겠어 심청이 뛰어든 인당수보다 더 시퍼런

작두에서 펄 펄 춤추고 싶을 때도 있으니까
日月臺*를 부여잡고 온몸의 피를
원심분리해내고 싶어
피는 대지에
혼은 종달새에 주고
표표히 길을 나서고 싶어
나뭇잎 사이에서 일렁이는 바람 결으로
눈부신 하늘 올려다보며 간혹, 울 수 있는 그곳으로……,

*일월대 : 무당이 쓰는 巫具중 하나, 降神도구

— 「그리운 그곳」 부분 ③

조물주는 애초부터 전략적 思考에 출중했거나 전통적인 영국인보다 더 유머 감각이 넘쳤는지 몰라 아니면 체질적인 장난기가 대단하셨거나 '꺽지' 말일세 그 늙 아가미 조금 아래쪽 배를 한번 보게 파르스름한 광채의 가짜 눈이 버젓이 하나씩 더 붙어있을 테니까 결국 그 늙은 눈이 4개인 셈이지 그 짝퉁의 눈으로 꺽지는 유일하게 포식자 어류대열에 올라있더군(誘引과 防禦 시스템을 완벽히 구축한 점을 인정받아) 형사들에게도 좀 붙여주면 어떨까싶어 또 막다른 13번 째 골목에 선 李箱이나 언어유희에 바쁜 시인에게도

* 블루벨벳 : 데이비드 린치감독의 영화, 삶의 기괴스런 면을 독특하게 재연

— 「블루벨벳」 부분 ④

조물주가 나무라는 생명체를 지상에 내려보내기 직전, 작은 사건이 하나 발생했다 옆의 초록 페인트통을 차버렸던 것이다 지구상의 모든 나무가 녹색을 뒤집어쓰고 있는 것도 당시의 사건이 종결되지 않은 채 기소유예로 묶여있기

때문이다

— 「초록, 미필적 고의에 의한」⑤

①「知的 쾌감」과 간-텍스트의 관계에 있다. "걷는다는 것은 살아있다는 것이다"라고 하였다. 그러나 이 글은 그 이상이다. 시인이 강조하는 것은 "살아있"음이다. '살아있음'의 구체화가 "리듬", "춤", "흐느낌", "소리" 들이다. "돌멩이를 걷어차고 아내를 걷어차고/ 제 발등에 주저앉고"라고 한 것이 살아있음의 구체화이다. 공중부양("가부좌를 한 채 공중으로 떠오르고"), "곤두박질의 꿈", "선 채 사정을 기도하"는 것, "물속으로 뛰어들고 물고기처럼 지느러미를 놀리"는 것 모두 살아있음의 구체화이다. "너"는 "동사가 할 수 있는 거의 모든/ 활용어미를 갖고 태어"났기 때문이다. 시인은, 시인은, 원심력의 시인이다.

② 모순명제가 원심력의 구체화이다. 규칙 규율 규범들을 위반하는 것, 요컨대 대타자 '언어'를 위반하게 하는 것이 원심력이다. 가끔, 웅얼거리고 싶다, 가끔, 웅얼거리고 싶을 때 웅얼거리는 詩가 나온다. '웅얼거림의 시학'의 한 예로 '해체적 사고에 의한 언어유희'가 있다. 중요한 예가 이항대립체계의 해체이다. "궤적을 벗"어난 "우주", "사장이 휴가 떠난 사무실"이 '이항대립체계의 해체'의 반영이다. 이항대립체계의 해체는 중심의 해체이다. 압권은 마지막 행 "아버지가 집을 비워도 외출했다 돌아와도 아무렇지도 않은 세상에서"이다. '아버지가 집을 비워도 외출했다 돌아와도 아무렇지도 않은 세상'은 '아버지'로 상징되는 대타자가 무시되는 세상, 대타자로부터 자유로운 세상, 대타자의 눈치를 보지 않는 '자유 그 자체'의 세상이다.

③ 역시 원심력에 대한 갈망이다. "작두에서 펄 펄 춤추"는 것이 원심력의 구체화이다. "온몸의 피를/ 원심분리해내고 싶"다고 한 것은 '피를 흐트러뜨리고 싶다'고 한 것이다. 그동안 피는 안전한 궤도로만 돌았다. "혼은 종달새에 주고/ 표표히 길을 나서고 싶"다고 한 것은 '육체' 그대로 살고 싶

다고 한 것이다. '육체의 울렁거림' 그대로 살고 싶다고 한 것이다. '육체'에는 멜랑콜리가 없다. 육체노동에는 멜랑콜리가 없다. '길', "바람", "눈부신 하늘"들이 표상하는 것이 '자유 그 자체'이다. 그동안 "울 수"도 없었다. 규칙 규율 규범들이 울지 말라고 했기 때문이다. 울음을 억압했기 때문이다. 다시 말하지만 육체에는 멜랑콜리가 없다. 울음·웃음은 육체의 주요 항목이다. 웅얼거림에는 웃음이 포함되고 무엇보다 울음이 포함된다. 웅얼대는 삶에 대한 갈망은 웅얼대는 문학예술에 대한 갈망에 다름 아니다. 웅얼거림의 시학은 모순명제와 관계있다. '웅얼거림의 시학'의 본보기는 무엇보다도 반복=리듬이다. "원심분리해내고 싶어/ 피는 대지에/ 혼은 종달새에 주고/ 표표히 길을 나서고 싶어"가 반복=리듬의 예이다.

④ 웅얼거리는 시인은 삶을 그 기초에서 파악하는 자이다. 눈이 좋을 수밖에 없다. "눈이 4개"이니까 눈이 더 좋을 수밖에 없다. 시인은 그래서 "포식자"이다. 이것 아니면 저것을 먹는 것이 아니라, '이것 저것 모든 것'을 먹어치운다. 가리지 않고 먹은 포식자에게는 질서가 없다; 본능[기초]에 충실한, 역시 '웅얼거리는 삶'에 대한 갈망이고, '웅얼거림의 시학'에 대한 갈망이다. "막다른 13번 째 골목에 선" 시인은 무슨 짓을 해도 괜찮다. "모순이 증가하는 사회"(뷔르거, 『아방가르드의 이론』)가 아니라, 모순이 증가한 사회에 사는 시인은 무슨 짓을 해도 괜찮다. "언어유희" 쯤은 아무 것도 아니다. 모순명제가 어느덧 질서가 된다.

⑤ '그게그거인詩들'이라는 말이 들린다. 임병용 시인에게는 '그게그거인나무들'로 들린 모양이다. 그게 그거인 나무들인 것은 "조물주가 나무라는 생명체를 지상에 내려 보내기 직전, […] 초록 페인트통을 차버렸"기 때문이다. 시인은 이것을 범죄행위로 보았다. 이어서 이 "사건이 종결되지 않은 채 기소유예로 묶여있"다고 했기 때문이다. 동일자 사유에 대한 알레고리이다. 시인은 동일자 사유에서 벗어나려고 한다. 말씀[로고스]의 질서인 언어질서에서 벗어나고자 한다. 동일자 사유에 유죄판결을 내리려고 한다.

'신은 유죄이다guilty'라고 선고하려고 한다. '동일자 사유는 유죄이다'라고 선포하려고 한다. 그 이후 각각의 방식으로 웅얼거리는 詩人들이 많아졌다. 다음은 이 글의 결론이다.

숨죽여 우는 것도 이젠 지쳤어

이 광활한 자연 속에서
숲의 품을 빠져 나온 것도 아닌데
숨이 막히잖아
거대한 폐활량으로 숲을 안고 살고 싶어
피톤치드 그녀 품에 안겨
여름날 양털구름이나 새털구름이나 뭉게구름처럼
뭉게 뭉게 피어오르다
곤두박질치는 소나기로 뿌려지고 싶어

내 무덤 위를 소란스럽게 적시는……,

— 「늑대」 부분

시의 존재론—멜랑콜리커, 멜랑콜리 — 김미정의 글쓰기

1. 들어가며

“단단한 모든 것은 대기 속에 녹아 사라진다All That Is Solid Melts into Air”라고 말한 사람, 그는 멜랑콜리의 기분에서 그런 말을 했을 거다. “계급적인 모든 것, 정지해있는 모든 것은 증발한다, 신성한 모든 것은 세속화된다Alles Ständische und Stehende verdampft, alles Heilige wird entweiht”라고 말한 사람, 그도 멜랑콜리의 기분에 휩싸였을까. ‘모든 가치의 전도Umwertung aller Werte’를 야기한 사람, 그는 멜랑콜리커였다. 이들이 전통적 가치의 소멸을 넘어 최고 가치의 소멸을 말한 것은 분명하다. 소멸의 자연사, 소멸의 인간사를 말하고, 알레고리커에서 멜랑콜리를 읽어낸 사람도 본인이 멜랑콜리커였을 것이다.

2. 역사적 멜랑콜리, 역사적 멜랑콜리커

> 일곱 개의 문을 가진 테베를 누가 지었는가?
> 책에는 왕들의 이름이 적혀 있다.
> 왕들이 돌덩이들을 날랐을까?
> 그리고 저 여러 번 파괴되었던 바빌론 –
> 누가 계속 바빌론을 건설했는가? 건축노동자들은
> 황금빛 도시 리마의 어떤 집에서 살았던가?
> 만리장성이 다 만들어진 날 저녁 벽돌공들은
> 어디로 갔던가? 위대한 로마는
> 개선문으로 가득 차 있다. 누가 개선문을 세웠는가? 로마의 황제가
> 정복한 것은 누구였는가? 인구에 계속 회자되는

비잔틴에는 시민들의 궁전들밖에 없었는가? 저 전설적인
아틀란티스에서는
바다가 덮친 날 밤 물에 빠진 자들이
노예를 찾으며 울부짖었다고 한다.

젊은 알렉산더는 인도를 정복했다.
혼자서 했을까?
시저는 갈리아를 무찔렀다.
그가 적어도 요리사 하나쯤은 데리고 있지 않았을까?
스페인의 필립 왕은 그의 함대가 몰락했을 때
울었다. 필립 왕만 울었을까?
프리드리히 대왕은 7년 전쟁에서 승리했다. 그 말고
승리한 자는 없었을까?

책의 모든 페이지마다 승리가 나온다.
승리의 향연은 누가 차렸는가?
십 년마다 위대한 자가 나온다.
거기에 드는 비용은 누가 대었는가?

— 브레히트, 「책 읽는 노동자의 의문」(1939) 부분

이 글에 대해 다음과 같은 토를 단 적이 있다: "책 읽는 노동자"가 "의문"을 제기하고 있다. 한 마디로, 책에 노동자가 등장하지 않는 것에 의문을 제기하고 있다. "일곱 개의 문을 가진 테베"를 노동자들이 지었을 텐데 노동자들의 "이름"이 없다고 시를 시작하고 있다. "돌덩이들"을 나른 노동자들의 이름이 없다고 시를 시작하고 있다. 이 시를 지을 때, 브레히트는 마르크스주의자였다. 1929년 '카를 코르쉬Karl Korsch'를 접하고 브레히트

는 니체주의자에서 마르크시스트로 전향하였다. 이 시가 쓰여진 1939년은 제2차 세계대전이 발발한 때였다. 문제는 이때까지의 역사책이 주로 제1계급, 제2계급, 제3계급에 주목하여 써졌다는 것이다. 성직자계급, 귀족계급, 부르주아계급 중심으로 써졌다는 것이다. 브레히트의 의견은 이제 역사책이 노동자계급에 주목하여 노동자계급 중심으로 써져야 한다는 것이다. 물론 목표는 프롤레타리아혁명에 의한 '노동자 농민의 나라'이다. 브레히트는 종전 후 '노동자 농민의 나라' 독일민주공화국[동독]에서 살다가 1956년 심장마비로 사망하였다. 노동자 농민의 나라 독일민주공화국[동독]은 1989년 붕괴하였다. 1789년의 프랑스혁명과 정확히 200년의 시차가 있다. 세계사적 대사건이다. 역도미노 현상이 일어났다. 현실사회주의국가들이 붕괴하기 시작하였다. 물론 지금의 역사책들이 더 이상 제1계급, 제2계급, 제3계급에만 주목하거나, 제4계급에만 주목하여 써지지 않는다. 사회사적 관점에서 써지는 역사책이 있고, 풍속사적 관점에서 써지는 역사책이 있다. 지역사 중심으로 써지는 역사책이 있다. 「책 읽는 노동자의 의문」은 한편으로 역사의 무상함을 일깨워준다. 인간의 무상함을 일깨워준다.

'토'의 맨 끝 '「책 읽는 노동자의 의문」은 한편으로 역사의 무상함을 일깨워준다. 인간의 무상함을 일깨워준다'에 주목해서 읽으면 벤야민 식의 독법이 가능해진다. "일곱 개의 문을 가진 테베를 누가 지었는가?", "누가 계속 바빌론을 건설했는가?", "누가 개선문을 세웠는가?", "책의 모든 페이지마다 승리가 나온다./ 승리의 향연은 누가 차렸는가?" 역사에 '소리도 없이 빛도 없이' 사라진 자들이 있다. 역사책은 "건축노동자들", "벽돌공들", "노예", "요리사"들에 대해서 얘기하지 않는다. 벤야민은 아무도 기억해주지 않고 아무도 말해주지 않은 자들, 그들의 소멸을 기억해주고 말해주려고 한다, 소멸을 되살려내는 일이 그의 일이었다, 그들을 그의 몸속에 안치하는 일이 그의 일이었다.

저기 소멸이 있었다. 그들을 일일이 호명해서 그들을 일일이 되살려낸다. 비평은 '저기 소멸이 있었다', '저기에도 소멸이 있었다'고 말하는 것이다. 비평가는 그 소멸을 몸속에 품고 스스로 멜랑콜리커가 된다. 정태적 멜랑콜리가 아닌, 동태적 멜랑콜리, 이것이 역사적 멜랑콜리이고, 정태적 멜랑콜리커가 아닌, 동태적 멜랑콜리커, 이것이 역사적 멜랑콜리커이다. 뒤러의 동판화「멜랑콜리아 I」은 정태적 멜랑콜리와 동태적 멜랑콜리의 양가성, 혹은 멜랑콜리의 내재적 모순을 보여준다. 이에 반해 로댕의「생각하는 사람」은 정태적 멜랑콜리, 정태적 멜랑콜리커에 머무른다.「멜랑콜리 I」에서 천사의 턱을 괸 자세는 멜랑콜리커의 고유한 자세로서 비애, 잉여감정 등을 표상한다, 정태적 멜랑콜리커이다. 천사가 눈을 부릅뜨고 먼 데를 바라보는 것은 고양된 감정에 의한 능동적 고뇌를 표상하는 것으로서 동태적 멜랑콜리커의 모습을 보여준다. 이른바 멜랑콜리의 양가성Ambivalenz이다. 멜랑콜리커가 눈을 부릅뜨고 먼 데를 바라보는 것이 동태적 멜랑콜리커의 다른 모습인 역사적 멜랑콜리커의 모습이다. '정태적 멜랑콜리커/동태적 멜랑콜리커'를 '공시적 멜랑콜리커/통시적 멜랑콜리커'로 바꾸어 말하면, 통시적 멜랑콜리커의 시선은 과거로 향하고, 또 미래로 향한다. 소멸의 자연사는 과거·미래를 포함한다.

3. 멜랑콜리, 멜랑콜리커—김미정의 글쓰기

그는 내 손을 잡지 않고 손가락 하나만 잡는다
늘 그런 식이다
작은 것에 몰두하는 날들이다

김미정의 '제3회 시와세계작품상' 수상작,「하드와 아이스크림」은 이렇게 시작한다. "늘 그런 식이다"가 주목된다. '늘 그런 식이다'가 '늘 그런 식'인 소멸의 보편성을 말하는 것으로 보인다.「하드와 아이스크림」은 다음과 같이 끝난다.

> 손가락 사이로 빠져나가는 것을 바라본다
> 작은 것에 집착하는 날
> 흩어지는 모래알이 전부인

"손가락 사이로 빠져나가는 것"은 다시 돌아오지 않는다. 애도의 대상이다. 손가락으로 빠져나간 것이 '모래알'이었다. "흩어지는 모래알"이 소멸을 극대적으로 표상한다. 하나의 모래알이 소멸의 알레고리이고, 수많은 모래알이 소멸의 알레고리이다. 모래알 하나가, 혹은 수많은 모래알이, 하나의 '형세Konstellation'를 만든다. 형세의 알레고리가 소멸이다.

> 모래알 하나에서 우주를 본다.
> 들꽃 한 송이에서 천국을 본다.
> 그대 손바닥에 무한을 쥐라.
> 한순간에서 영원을 보라.
>
> — 블레이크, 「순수의 전조」 부분

"모래알 하나에서 우주를 본다." '모래알 하나'가 형세이고, '모래알 하나'가 소멸의 알레고리이다. 우주가 소멸의 알레고리이다. 수많은 모래알이 형세이고, 수많은 모래알이 소멸의 알레고리이다. 수많은 우주가 소멸의 알레고리이다. 우주 전체가 소멸의 알레고리이다. 김미정은 "작은 것에 집착하는 날"을 詩의 앞부분에서 "작은 것에 몰두하는 날들이다"로 변주시킨다. 작은 것이 모래알이므로 작은 것에 집착하는 것은 소멸에 집착[몰두]하는 것이다. 주목되는 것은 "날들"이라고 한 것이다, 복수형을 쓴 것은 소멸에 복수형을 부여한 것이다. 소멸이 전방위적으로 발생한다. '날들'!,

멜랑콜리커의 어조다. 압권은 "흩어지는 모래알이 전부인"이다. 첼란의 시였던가, 바흐만의 시였던가, 아니면? 이와 비슷한 구절이 있었다. 분명 멜랑콜리커의 어조였다. '흩어지는 모래알이 전부인'은 소멸의 자연사, 소멸의 인류사, 소멸의 우주사에 대한 흔쾌한 동의이다. 전부인의 '인'은 혹시 계사가 아니라, 원인의 '인因'이 아닐까. '흩어지는 것이 전부'가 자연과 인간과 우주를 관장하는 대법칙이라고 한 것이 아닐까. 「하드와 아이스크림」에는 멜랑콜리에 합류하는 구절이 많다.

> 냉동실에 넣어 둔 하드가 물컹거린다
> 하드는 딱딱한 것이 본질인데
> 언제나 현상은 본질을 앞지르곤 한다
> […]
> 바람은 본질과 현상은 하나라고 말한다
> 그래도 하드는
> 아이스크림이 아니지 않는가

"딱딱"해야 "하드"인 하드가 자신을 상실하여 "물컹거"리는 "아이스크림"이 되었다. 상실은 애도의 대상이다. "본질"을 상실한 것은 애도의 대상이다. 문제는, 딱딱한 하드가 본질을 상실하였지만 흔적을 남겼다는 점이다. '물컹거리는 아이스크림'이 하드의 흔적이다. 흔적으로 남아있는 "냉동실"의 아이스크림은 마치 화장해서 납골당에 안치한 유골함 같다. 냉동실이 몸이라면 몸속에 안치한 유골함과 같다. 유골함을 몸 안에 안치한 자를 '산 자'라고 볼 수 있을까. 죽음을 품고 있는 자이므로 멜랑콜리커이다. 시선을 끄는 것은 "현상은 본질을 앞지르곤 한다"라고 한 부분. 현상 뒤에 있는 본질은 더 이상 본질이 아니라, 현상이고, 본질 앞에 있는 현상은 더 이상 현상이 아니라, 본질이다. 본질은 본질을 상실하였고, 현상은 현상을 상실하였다. "바람은 본질과 현상은 하나라고 말한다"? 본질이 현상이고 현상이 본질이라고 말하는 것은 마찬가지로 본질이 본질을 상실한 것을 말하는 것이고, 현상이 현상을 상실한 것을 말하는 것이다. 다시, 소멸의 자연사가 생각나는 부분이다.

태양은 나를 낯선 곳으로 데려가려 한다
그래도 안심을 한다
그가 잡았던 손가락을 만지며
뜨거운 모래밭으로 걸어간다

"뜨거운 모래밭으로 걸어간다"? "뜨거운 모래밭"은 뜨거운 "태양"을 전제한다. 뜨거운 모래밭·뜨거운 태양은 뫼르소를 생각하게 한다. 뜨거운 모래밭·뜨거운 태양이 소멸과 관계있다. 아랍인의 소멸과 관계있고, 뫼르소의 소멸과 관계있다. "태양은 나를 낯선 곳으로 데려가려 한다"는 것을 태양이 나를 '소멸로 데려가려 한다'고 보는 것이다. 그런데 왜 "안심"일까. "그가 만졌던 손가락"이 있기 때문? 그와 같이 가기 때문? 동반소멸은 소멸의 오랜 범주이다.

소멸의 자연사, 소멸의 인류사, 소멸의 우주사의 다른 말은 멜랑콜리의 자연사, 멜랑콜리의 인류사, 멜랑콜리의 우주사이다, 멜랑콜리커의 자연사, 멜랑콜리커의 인류사, 멜랑콜리커의 우주사이다. 소멸을 구제하는 것은 멜랑콜리로 구제하는 것이다, 소멸을 구제하는 것은 멜랑콜리커로 구제하는 것이다. 소멸의 눈에 소멸이 보인다. 소멸을 수집하는 것이 멜랑콜리의 행위이고 멜랑콜리커의 행위이다. 소멸의 자연사, 소멸의 인류사, 소멸의 우주사이므로 소멸을 수집하는 것이 어렵지 않다.

어항이 꿈틀거린다

투명한 울림, 소리의 본적이다
입술을 떠나 어디론가 사라지는
[…]
소리가 움직인다 아래; 위
잎사귀들이 함께 넘친다
이제 귀는 떠난 소리를 그물로 떠올리고 있다
물고기들이 강을 따라 흘러간다

— 김미정, 「투명한 대화」

"소리의 본적이다"는 '양행걸치기enjambement'이다. "투명한 울림"에도 걸리고 "입술을 떠나 어디론가 사라지는"에도 걸린다. 1.행의 "꿈틀거린다"도 양행걸치기이다. "어항이"에도 걸리고 "투명한 울림"에도 걸린다. '꿈틀거리는 어항'과 '꿈틀거리는 울림'을 동시에 말하고 있다. 마찬가지로 '소리의 본적인 투명한 울림'과 '소리의 본적인 어디론가 사라짐'을 동시에 말하고 있다. 어항이 꿈틀거리는 것은 물고기의 입놀림, 물고기의 소리 때문이다. '어디론가 사라지는, 다시 돌아오지 않는, 물고기의 소리'를 불러낸 것으로 보는 것이다. 물고기의 소리를, 물고기를, 애도하는 것으로 보는 것이다. 어항 안의 물고기는 말 그대로 어항 안의 물고기로서, 애도의 대상이다. 어항이 그대로 물고기의 유골함이 되는 경우가 대부분이다. 인간은 어떤가. 어항과 유골함의 관계가 집과 유골함의 관계이다. 집이 유골함이 되는 경우가 많다. 뒷부분을 보자. "소리가 움직"이고, ("잎사")"귀"가 "넘친다". "떠난 소리를 그물로 떠올리고 있다"는 것은 소멸을 수집하는 행위이다, 소멸에 대한 멜랑콜리를 수집해서 멜랑콜리커가 되는 행위이다. "물고기들이 강을 따라 흘러간다"가 압권이다. 어항에, 아니, 유골함에 있는 물고기들이 유골함에서 벗어나서 강을 따라 흘러간다. 유골함에 있는 물고기를 호명해서 원래 있었던 강으로 흘려보낸다, 원래 있었던 바다로 흘려보낸다. 강이 물론 거대한 납골당이다. 바다가 물론 거대한 납골당이다, 소멸과 소멸이 어우러져 사는 곳이다. 강이 멜랑콜리이고 바다가 멜랑콜리이다. 강이 멜랑콜리커이고 바다가 멜랑콜리커이다. 물고기를 거대한 납골당으로, 강으로, 바다로, 가게 하는 것은 소멸의 보편성에 동참시키는 행위를 넘어, '소멸의 보편성'을 구제하는 행위이다. 물고기를 거대한 납골당으로, 강으로, 바다로, 가게 하는 것이 역사적 멜랑콜리·역사적 멜랑콜리커의 자세이다.

소멸을 준비하는 것도 소멸을 구제하려는 시도가 아닐까, 당당하게 멜랑콜리를 받아들이려는 자세가 아닐까. 당당하게 멜랑콜리커가 되려는 시도가 아닐까.

이것은 나선형 미로,
스프링의 환상에 대한 기록이며 움츠렸다
펴지기를 반복하는 스프링을 향한
당신의 무심한 시선이기도 하다

삐걱대는 스프링의 신음은 탄성을 반증하는 소리
아마 그것은 당신 아래 찌그러져 잠든
녹슨 스프링의 노래일지 모른다

또한, 점점 증폭되는 스프링의 몸짓에
모르는 척 등 돌리는 우리들의 이야기가 아닐까

스프링이 스프링이기를 포기할 때까지 그녀는 달린다 우리를 자동 반복시킨다 온몸을 돌리고 돌리며 회전시킨다 안에서 밖으로 휘어지게 한다 그의 몸에서 떠나지 못하게 한다 바깥을 휘어감아 안으로 넣는다 속으로 깊어진다

앞뒤로 흔들린다 이것은

말하지 않는 약속을 지키는 것이다
세상 바깥으로 튕겨나가지 않는 것이다
스프링이 스프링이기를 포기할 때까지

— 김미정, 「스프링」 전문

1. 연 "이것은 나선형 미로,/ 스프링의 환상에 대한 기록이며 움츠렸다/ 펴지기를 반복하는 스프링을 향한/ 당신의 무심한 시선이기도 하다"가 주목된다. "당신의 무심한 시선"을 멜랑콜리커의 시선으로, 혹은 멜랑콜리커로서의 화자의 음조로 읽는 것이다. '스프링의 환상에 대한 기록'도 만만치 않다. 스프링은 '움츠렸다 펴지기를 반복'한다. '스프링의 환상'이라고 한 것은 스프링의 이 행위가 영원히 지속되지 않을 것이라는 예견을 포함한다. 화자의 멜랑콜리가 반영된 것이다. 이 시의 알레고리는 '영원히 지속되지 않는다'이다, '곧 끝나게 되어 있다'이다. 알레고리는 멜랑콜리이다. 화자는 멜랑콜리를 연습해서 멜랑콜리에 쉽게 들어가려고 한다. 2. 연 "삐걱대는 스프링의 신음은 탄성을 반증하는 소리/ 아마 그것은 당신 아래 찌그러져 잠든/ 녹슨 스프링의 노래일지 모른다"는 어떤가. '스프링의 환상에 대한 기록'에 이어 '녹슨 스프링의 노래'라고 하고 있다. '삐걱대는 스프링의 신음'이 '탄성을 반증하는 소리'라고 했지만 이것은 아이러니이다. '녹슨 스프링의 노래'로 연을 끝내고 있기 때문이다. 녹슨 스프링의 노래는 멜랑콜리의 노래이다. 멜랑콜리커의 노래이다. 스프링이 멜랑콜리커이고 화자가 멜랑콜리커이다. 3.연 "또한, 점점 증폭되는 스프링의 몸짓에/ 모르는 척 등 돌리는 우리들의 이야기가 아닐까"에서 「스프링」의 해석 지평이 확대된다. 스프링의 멜랑콜리를 넘어, 화자의 멜랑콜리를 넘어, 사랑의 멜랑콜리로 올라간다. '점점 증폭되는 스프링'은 물론 '점점 증폭되는 멜랑콜리커'이

다.「스프링」을 사랑의 詩로 보는 것이다. '모르는 척 등 돌리는 우리들의 이야기가 아닐까'라고 한 것은 패러독스이다. '녹슨 스프링의 노래'는 '우리들의 이야기'이다. 우리들의 사랑이 녹슨다. 우리들이 사라진다. 모르는 척 등 돌려도 사랑은 끝나게 되어있다. 소멸의 자연사, 소멸의 인류사에 포섭되지 않는 것이 없다. 4.연, 5연에서 주목되는 것은 "우리를 자동 반복시킨다 온몸을 돌리고 돌리며 회전시킨다 안에서 밖으로 휘어지게 한다 그의 몸에서 떠나지 못하게 한다 바깥을 휘어감아 안으로 넣는다 속으로 깊어진다 앞뒤로 흔들린다 이것은/ 말하지 않는 약속을 지키는 것이다"라고 한 것이다.「스프링」을 에로티즘의 詩로 분명하게 각인시키는 장면이다. 사랑의 종말을 사랑으로 연습시킨다? 죽음을 삶으로 연습시킨다? 열심히 산 자 떠나도 된다? '말하지 않는 약속을 지키는 것이다'를 고려하는 것이다. '말하지 않는 약속'은 묵인된 약속으로서, 소멸에 대한 예감이다. 소멸에 대한 예감은 분명히 이루어지는 예감이다. 4.연, 5연에서 "스프링이 스프링이기를 포기할 때까지"가 두 번 반복된다. '스프링이 스프링이기를 포기할 때까지'라고 한 것은 사랑의 종말에 대한 명시적 예감을 넘어 명시적 표현이다. 사랑의 종말, 사랑의 소멸, 삶의 소멸을 미리 애도하는 詩이다. 멜랑콜리를 선취해서 멜랑콜리로써 미리 멜랑콜리커가 되려고 한다. 미래의 소멸을 몸속에 담아 미리 소멸을 구제하려고 한다. 역사적 멜랑콜리커의 모습이다. "통과한 시간들은 언제나 썩은 내를 풍기며 지연된다"(김미정,「퀴즈쇼」부분)는 역사적 멜랑콜리의 전형적 구체화이다. '통과한 시간'은 과거이고, 과거는 썩은 내를 풍긴다. '썩은 내'는 미래로 계속 '지연된다'. 김미정은 역사적 멜랑콜리커이다, 통시적 멜랑콜리커이다.

블레이크는 "모래알 하나에서 우주를 본다"고 하고 이어서 "들꽃 한 송이에서 천국을 본다"고 하였다. '들꽃 한 송이에서 천국을 본다'고 한 것은 뒤러의「멜랑콜리 1」에서처럼 고양된 감정의 표현으로 보인다. 과거의 소멸을 몸속에 담아 소멸을 구제하고, 미래의 소멸을 몸 속에 담아 소멸을 구제한다. 역사적 멜랑콜리는 '고양된 감정'을 전제한다. "그대 손바닥에 무한을 쥐라./ 한순간에서 영원을 보라"에도 고양된 감정에 의한 역사적 멜랑콜리의 모습이 보인다. '무한'과 '영원'은 소멸의 자연사, 소멸의 인류사에 대한 은유이다.

여러 갈래의 시간을 타고 돌고 도는
춤추는 붉은 맨발
오래전부터
구름의 목소리를 지닌
부서진 달의 운석이
날아가요 찢어진 풍선과
함께 불온한 해변을 거닐던
종이 물고기 한 마리

내일은 너무 낡아서 부스러기가 나와
깊은 웅덩이 혹은, 그 속에 가라앉는
바람의 검은 모자
그래 나야, 나

— 김미정, 「후아유」 부분

똑같은 말을 해야 한다면, 똑같은 말을 해야 한다. "여러 갈래의 시간을 타고 돌고 도는"은 역사적 멜랑콜리커의 모습이다. "구름의 목소리"는 소멸을 부르는 목소리이다, "육체와 허공이 한몸인 구름"(유하, 「구름의 운명」)이기 때문이다. 구름은 날 때부터 허공을 가지고 태어났다. '허공'을 가지고 태어나지, 않은 것이 없고, 않을 것이 없다.

부서진 달의 운석이
날아가요 찢어진 풍선과
함께 불온한 해변을 거닐던
종이 물고기 한 마리

는 멜랑콜리 그 자체이다. "부서진 달의 운석", "찢어진 풍선", "불온한 해변"(여름의 해변을 보라. 形骸 투성이이다)들이 소멸의 알레고리이다. "종이 물고기 한 마리"는 '육체와 허공이 한몸인 구름'이라고 한 것과 같다. "내일은 너무 낡아서 부스러기가 나와/ 깊은 웅덩이 혹은, 그 속에 가라앉는/ 바람의 검은 모자/ 그래 나야, 나"는「스프링」을 상기하게 한다. '낡은 내일'를 미리 선취해서 "깊은 웅덩이에 가라앉"은, "바람의 검은 모자"를 쓴, 자가 누구인가. 바로 '나야, 나', 김미정이다. 멜랑콜리를 선취해서 멜랑콜리로써 미리 멜랑콜리커가 되었다. 미래의 소멸을 미리 몸속에 담아 소멸을 구제하였다.

4. 나가며

앞에서 여러 번 나누어 인용한 김미정의「하드와 아이스크림」중에서 "작은 것에 집착하는 날들"의 '날들'이 떠나려고 하지 않는다. 떠나지 않으니 붙들 수밖에. 라킨Philip Larkin의「날들Days」전문이다.

날들이 무슨 소용인가?
날들이 우리가 사는 곳.
그들이 와서는 그들이 자꾸자꾸
우리를 깨운다.
행복할 장소이다:

날들 말고 우리가 어디서 살 수 있냐?

아, 이 문제를 가지고,
풀려고, 사제와 의사가
긴 코트를 입고
들판을 달려오누나.

"날들이 무슨 소용인가?"가 표상하는 것은 '그저 그런 날들이 계속된다는 것'이다. '날들'은 모래알들과 같다. 날들이 소멸을 표상한다. 날이 소멸을 표상하고, 날들이 소멸을 표상한다. "날들이 우리가 사는 곳"이므로, 우리가 날들에 들어 있으므로, '우리' 또한 소멸을 표상한다. 날들은 소멸의 자연사를 표상하고, 우리는 소멸의 인간사를 표상한다. 날들이 "우리를 깨운다"고 한 것은 소멸의 자연사가 우리를 깨운다고 한 것이다. 소멸의 자연사가 소멸의 인간사에 들어온 것으로 보는 것이 낫겠다. 소멸의 자연사를 품고 있는 소멸의 인간사. 인간은 모두 멜랑콜리커이다, 멜랑콜리커에서 벗어날 길이 없다. "행복할 장소"? 아이러니이다. '행복과 멜랑콜리의 모순' 문제를 "풀려고" "사제와 의사가 […] 들판을 달려오누나"? 역시 아이러니이다. 사제와 의사는 인간이 아닌가, 소멸의 인간사에서 제외되어 있는가. 사제와 의사는 이미 준비된 멜랑콜리커이다. 사제와 의사가 "입"은 "긴 코트"는 수의를 떠올리게 한다. 사제가 '소멸'을 대하는 것이 일이고, 의사가 '소멸'을 대하는 것이 일이다. 사제와 의사가 수많은 소멸자들을 몸속에 안치한 자이다. 그들이 달려오는 것은 멜랑콜리커들에게 합세하려는 것이다. 멜랑콜리커의 수량을 늘리려는 것이다. 이래도 멜랑콜리, 저래도 멜랑콜리. 거기 멜랑콜리커, 저기 멜랑콜리커. 김미정이 멜랑콜리커이다, 역사적 멜랑콜리커이다.

제4부

어머니-리토피아-니체

어머니의 말씀 — 어머니

망각-물질-멜랑콜리 — 리토피아

긍정으로서 멜랑콜리 — 니체와 표현주의

어머니의 말씀 — 어머니

내가/ 간 자가 남기고 간 그림자가 아닌가

— 김충규

1.

멜랑콜리는 모든 것들에서, 모든 곳들에서, 빛을 뿜는다, 오래된 잉크병, 서랍 속에 넣어둔 지우개, 길모퉁이의 지린내, 보도블럭 사이에 핀 야생화, 수북이 쌓인 나뭇잎, 계단 위의 커피 쏟은 자국 등 도처에 그 자체로 존재한다. 부재한 시간들이 멜랑콜리를 뿜어낸다.[1]

> 누가 내다 버렸을까. 저 유모차, 엉덩이에 흙탕물이 튄 채 말라붙었다. 공원으로 마트로 때로는 차를 타고 먼 바닷가, 텃밭, 고추밭, 마을회관으로 돌아다니던 짧은 다리를 허공에 걸쳐놓고
>
> — 신덕룡, 「낡은 유모차」

유모차를 끌던 여자, 혹은 남자; 유모차 안에 있던 아이, 혹은 돌멩이, 다 어디로 갔을까요. '지구'가 어디로 갔을까요. 어머니가 어디로 갔을까요.

어머니는 증발이었고, 나는 準증발이었다. 어머니는 최초의 불행한 자들에 합류했고, 나는 그 다음 불행한 자들에 합류했다. 어머니는 멜랑콜리의 정점을 향해 갔고, 멜랑콜리의 정점에 섰고, 멜랑콜리의 파국을 맞이하였다. 나는 어머니의 멜랑콜리를 따라갔다. 멜랑콜리의 정점에 올라섰다. 정점에서 미끄러져 내려가는 어머니와 눈이 마주쳤다.

어머니의 눈에 대해서 최초로 생각했다. 어머니에게는 영혼이 없었다.

---

1 박찬일, 「일회성·소멸·멜랑콜리 — 수리샘」, 『수리문학』, 2009, 81면.

'어머니에게는 아들을 내줄 영혼이 없다.' 어머니는 정신을 경멸하였다. 어머니는 육체의 화신이었다. 의식주의 화신이었다. 아버지의 육체였고, 아들의 육체였다. 시장과 집이 우상이었다.

멜랑콜리의 정점에서 어머니는 무엇을 생각했을까요. 멜랑콜리의 정점에서 미끄러지며 무엇을 생각했을까요. 아버지의 육체를 생각했고, 아들들의 육체를 생각했을까요.

비극적 상황의 구체화가 당신인 지점에서도 정신을 경멸했을까요. 당신이 모신 육체가 당신을 버리는데도 육체를 고집하셨을까요.

2.

다시 기회가 주어진다면 육체로 살지 않으리다. 아들의 육체, 지아비의 육체를 버리리라. 집과 시장을 버리리라. 봉의산에 올라가보리라. 삼악산에 올라가보리라. 죽은 자와 대화해 보리라. 가끔은 집에 돌아오지 않으리라. 콘도를 빌려놓고 한 달쯤 두문불출해보리라. 라면의 원조 삼양라면 한 박스로 한 달을 견뎌보리라.

햇볕이 쬐지 않는 곳
그러므로 파멸하지 않는 곳

그러므로 햇볕을 쬐러 나가려고 한다
몰락해서
그러므로 살았던 자의 임무를
다하려고 한다

—「내 집」 전문

박찬일보다 내가 먼저 이렇게 쓰리라. 콘도에서, 지리산에서, 점봉산에서, 남교리에서, "살았던 자의 임무를/ 다하"리라. 그리고 다음과 같이 쓰리라. 박찬일보다 먼저 쓰리라. 그리고 행동하리라. "영혼 없는 몸이 죽은 것 같이 행함이 없는 믿음은 죽은 것이니라."

내 속에 있는 그가
세 가지를 하지 말라고 말했다
첫째, 이를 닦지 말라
둘째, 세수를 하지 말라
세째, 학교에 가지 말라
나는 그의 말을 들었다
이를 닦지 않았으며 세수를 안했으며
학교에 가지 않았다
세상을 바꾸는데 많은 것이 필요치 않다고
그가 말했다
나는 끄덕였다 세상을 바꾸는 것은 쉬운 일이었다

내가 바뀌니까 세상이 바뀌었다
내가 바뀌지 않으면 세상이 바뀌지 않는다
고 그는 말했다

그런데, 세상을 왜 바꾸려는 거요?
하고 내가 물었을 때
그는 "나는 왜냐고 물어도 되는 족속이 아니다"
라고 대답했다

—「그가 나에게」 전문

“나는 왜냐고 물어도 되는 족속이 아니다”라고 대답하리라. “이를” 왜 안 “닦”느냐고 물으면, “세수를” 왜 “하지” 않느냐고 물으면, “학교에” 왜 안 “가”느냐고 물으면.

“내가 바뀌”면 “세상이 바뀌”리라 말하리라. “내가 바뀌지 않으면 세상이 바뀌지 않는다” 말하리라. 내가 세상의 가장 안쪽을 붙들고 있는 자라 선포하리라. 나를 중심으로 우주가 펼쳐져 있다 말하리라. ‘나는 그대들을 버리노라, 그대들은 그대들을 위해 살아라, 나는 나를 위해 살리라, 이렇게 선언하리라. 실행하리라.

“그가 나에게”에서 ‘그’가 바로 데몬이다. 내가 억눌렀던 ‘태초의 자아’다. ‘바로 나’다. 나는 규칙 규율 규범을 버린다. 상식 상궤를 버린다. **나의 근거는 나다. 내가 원인이다. 나의 최종적 원인이 나다. 너희들은 나의 원인이 아니다. 아들이 나의 원인이 아니다. 아들아, 너는 너의 원인이 되거라. ‘나에게는 아들을 버릴 영혼이 존재한다.’**

망각, 물질, 멜랑콜리 — 리토피아

가는실잠자리가 멸종되어도 인류가 완전 멸종되지 않을 확률이 높다. 인류가 멸종되어도 가는실잠자리가 완전 멸종되지 않을 확률이 높다. '대멸종'이 다시 닥친다 해도 인류 전부가 멸종되지는 않을 것이다. 인류들의 DNA에 차이가 있으니까 말이다. 인류들 간의 0.1% DNA 차이를 우습게 보지 말라는 것이다. 최승호의 다음 시를 '멸종'에 대한 알레고리로 보아도 무방하리라.

> 가는실잠자리, 노란실잠자리, 연분홍실잠자리, 큰청실잠자리, 왕실잠자리, 북방아시아실잠자리-----------이 잠자리들은 잘 끊어지지 않는 질긴 실처럼 몇십년 만을 이어져왔다. 그것이 지금 거대한 오물덩어리인 나로 인해 끊어지는 중이다.
>
> — 「실잠자리」 전문, 『현대문학』, 2011. 10.

"가는실잠자리, 노란실잠자리, 연분홍실잠자리, 큰청실잠자리, 왕실잠자리, 북방아시아실잠자리"를 멸종시키는 것이 인류 중의 하나인 "나"라고 밝힌다. 더 정확히 말하면 이 시는 인류중심주의에 대한 알레고리이다. 다시 말해보자. 가는실잠자리가 멸종되어도 인류가 완전 멸종되지 않을 확률이 높다. 인류가 멸종되면 다른 '류'들은 의미가 없을 테니까. 인류가 있어야 다른 류들에 의미를 부여할 테니까. 12개 이상의 [유사]종들 중에서 유일하게 살아남은 현생인류 호모 사피엔스는 - 비록 소수라 할지라도 - 최악의 순간에도 살아남을 확률이 높다. 지나간 모든 생명체에 역사성을 부여하기 위해서 말이다.

천제연에 갔다. MB 4년 3월 24일

입장료를 내고 들어간 천제연
폭포는 간 데 없고 벼랑 아래 웅덩이만 푸르렀다
어떤 미친 놈이 저 폭포를 바리바리 거두어 가져갔나,
후루룩 마셔버렸나.

폭포소리가 들린다
주야장천 열린 창문으로 폭포소리가 들린다
껍질을 벗기지 않은 털복숭이 폭포소리가
물 없는 천제연 폭포소리가, 강변북로
시속 백 킬로의 아스팔트에 밤낮으로 깔려있다.

— 강인한, 「폭포」 전문, 『시와표현』, 2011. 가을.

"폭포"를 다 "마"시는 것보다 "폭포소리"를 "들"어주는 것이 쉽다, 그리고 쓸만하다. 그리고, 없는 폭포의 폭포소리를 들어주는 것이 더 쉽다, 그리고 더 쓸만하다. 청각적 이미지의 손을 들어준 것은 들뢰즈였다. 시각적 이미지(미각적 이미지가 아니라)보다 청각적 이미지가 '훨씬 더 잘' 심층의식을 건드린다고 하였다. 그런데 칸트의 숭고미를 참조하면 반드시 그렇지만은 않아 보인다. 이구아수 폭포의 시각적 이미지가 이구아수 폭포의 청각적 이미지보다 효과면에서 더 떨어진다고 볼 수 없다. 강인한의 「폭포」가 의미 있는 것은 폭포가 끊긴 곳에서 폭포소리, 즉 청각적 이미지를 부여했기 때문이다. '개별적인 것과 보편적인 것의 균형'이라는 목소리가 들린다. '얼굴은 가물가물하지만 목소리는 그렇지 않다.' 그 인류의 얼굴은 잊었지만 그 인류의 목소리가 기억나는 경우가 많다.

조하혜의 「떨림 0시 59초」도 청각적 이미지를 강조한 경우다.

목련이 지는 것을 본 적이 있다

목련은 잎을 천천히 떨어내거나 벚꽃처럼 흩날리는 게
아니라 뭉텅뭉텅 온몸으로 저를 밀어내고 있었다

텅텅텅 소리를 내지 않는 것은 목련이 온몸으로
떨어지기 때문이다.

— 「떨림 0시 59초」 부분, 『시와세계』, 2011. 가을.

절창이다. 단순한 시각적 이미지 속에 엄청난 소리가 숨겨져 있다는 전언. "목련이 온몸으로/ 떨어지기 때문"에 소리가 나지 않는다는 것이다. 너무 큰 소리, "온몸으로 소리를 비우는" 소리는 들리지 않는다. 죽는 소리는 너무 큰 소리이기 때문에 들리지 않는다.

망각의 중요성을 발설했던 자는 니체. 망각을 하나의 감각으로 올려놓은(?) 자는 이승훈. 망각의 이미지라고 할 수 있을까.

시인들은 쉴 새 없이 취해야 한다. 감각에 취하고, 황소 머리에 취하고, 비에 취하고, 오전에 내리는 눈에 취하고, 흐린 바람에 취하고, 괭이갈매기 칼새 애기풀 딱따구리 강아지풀 물총새에 취하고, 이미지에 취하고, 환상에 취하고, 병에 취해야 한다. 시인들은 예나 지금이나 처량한 존재, 이런 측은지심 애이불상이 시를 낳는다. 물론 취생몽사도 좋지만 감각의 망각이 아니라 망각의 감각이 중요하다. 망각이 초월이고 도취가 각성이다. 취하라!

— 이승훈, 「취하라!」 전문, 『시현실』, 2011. 가을.

이승훈의 詩가 또 중요한 것은 '웅얼거림' 때문이다. 웅얼거림의 시학을 온몸으로 나타내기 때문이다. "취해야 한다"고 여러 번 강조해 놓고, 끝을 "취하라!"라고 끝내놓고선, 끝 바로 앞에서 "망각이 초월이고 도취가 각성이다"이라고 해놓고선(도취를 예찬해놓고선), 그 바로 앞에서는 "취생몽

사도 좋지만 감각의 망각이 아니라 망각의 감각이 중요하다"고 했다. '감각의 망각'이 중요한 것이 아니라, '망각의 감각'이 중요하다고 한 것이다. 감각의 망각은 통사론적으로 볼 때 감각을 망각한다는 것이고(취했다는 것이고), 망각의 감각은 망각 자체에 의미를 두는 것이다. 망각을 삶의 한 자세로 이해하는 것이다.

다음 詩도 망각과 관계있다. 송명진 시인의 유고시십 『착한 비소』(2011. 9. 9)에 실렸다. 서시이다.

> 섬유질 앙상한 상처만 남은 저더러 어찌 세월의 앙금을 지우라고만 하는지요
> 상처난 얼굴로 야위어 가는 저더러 왜 자꾸만 부서지라고만 하는지요 부서진
> 한쪽마저 버리고 조용히 떠나라고만 하는지요
> 그렇잖아도 혼자 바람 든 아픈 속을 다독이며
> 여기 나는 생전에 바람, 햇살에게 빌어먹다 비참하게 죽었다고
> 오늘, 딘 힌 번 정직한 묘비명을 썼는데
>
> — 송명진, 「부엽腐葉」 전문

"세월의 앙금을 지"우지 못하면, "부"수지 못하면 평생 '낙타 신세'로만 살아야 한다. "떠나"야 할 때 떠나지 못하면 평생 낙타 신세로만 살아야 한다. "나는 생전에 바람, 햇살에게 빌어먹다 비참하게 죽었다"는 묘비명을 미리 써두었다가 정말 비참하게 죽어주어야 '사자 신세'로 산 것이 된다. 문제는 그 다음이다. '어린이 신세'가 있다. 비참하게 죽는 것도 잊어주는 단계다. 과거를 잊어버리고, 미래를 잊어버리는 단계다. 삼가 고인의 명복을 빈다.

망각 후에는 무엇이 남을까. 어린이 단계, '어린이 도사'까지 올라갔는데, 더 올라갈 데가 없는데. 이 질문에 허만하 시인이 답했다. 망각 후에 오는 것은 '물질'이라고 하였다.

> 물질은 흰 빙하처럼 직설적으로 순수한 것만이 아니다. 사막의 깊이가 저장하고 있는 검은 석유처럼 복합적으로 순수할 수도 있다. 물질은 이유를 초월한다. 일시에 쓰러진 초록색 양치류 숲과 매머드 무리의 마지막 은빛 울음소리가 범벅이 되어, 시간의 초원 안에서 석유가 되는 황홀한 물질의 변신을 보라.
>
> — 허만하, 「물질은 이유를 초월한다」 부분, 『시인수첩』, 2011. 가을.

"물질"도 그냥 물질이 아니라, "복합적으로 순수"한 물질이라고 하였다. 물질은 순수하다, 그런데 순수에도 격이 있다는 것이다. 총체적 순수가 전통적 서정시의 가락이라면, 복합적 순수가 현대적 실험시의 가락이다. 현대적 실험시의 가락에는 "초록색 양치류 숲"이라는 식물계와 "매머드 무리"라는 동물계가 섞여 있다. 순수는 존재하지 않는다? '섞여야 오래 간다.' 요즘 사회생물학계의 차분한 전언.

망각할 수 없는 것 중에 '소멸 사건'이 으뜸일 것이다. 자기 자신의 소멸 의식이 으뜸일 것이다. 망각과 멜랑콜리는 대각선의 관계에 있다. 소멸의 멜랑콜리는 숱자연사, 숱인류사에 산재한다. 다시 강조하면, 멜랑콜리는 최종적으로 자기 자신의 소멸과 관계있다.

> 초여름, 폭풍이 지나간 샛골목을 간다.
> 안팎을 잃어버린 문짝 하나, 누가 죽었는가?
> 사진은 없고 풀 자국만 선연한 앨범 한 장, 누가 죽었는가?
> 덧양말이 고스란히 끼어있는 운동화 한 짝, 누가 죽었는가?
> 알 없이 비틀려버린 갈색 안경테, 또 누가 죽었는가?
> 표지만 뜯긴 누런 시집 한 권,
> 누군가, 기어이 찬란한 죽음의 도열堵列에 뛰어든 그는?
>
> — 백인덕, 「사랑이 온다면」 부분, 『리토피아』, 2011. 가을.

백인덕의 내공이 돋보이는 부분이다. 멜랑콜리가 존재자 모두에게 해당된다는 것에 대한 알레고리다. 알레고리는 멜랑콜리다. 알레고리가 역사적 알레고리이기 때문이다. 일회성의 알레고리, 덧없는 알레고리이기 때문이다. “안팎을 잃어버린 문짝 하나”, “사진은 없고 풀 자국만 선연한 앨범 한 장”, “덧양말이 고스란히 끼어있는 운동화 한 짝”, “알 없이 비틀려버린 갈색 안경테”, “표지만 뜯긴 누런 시집 한 권”에서 웅대한 멜랑콜리, 웅대한 알레고리가 빛을 뿜어낸다. “누가 죽었는가?” 많이 죽었다. 많이많이 죽었다. “누군가, 기어이 찬란한 죽음의 도열堵列에 뛰어든 그는?” 아마도 화자의 소멸일 것이다. 궁극적으로는 화자 자신의 소멸에 대한 알레고리, 그리고 멜랑콜리.

강원도 원성군 지정면 월송리
본적本籍
원주시 우산동 어느 점방
흔적痕迹
흰 빨래가 널린 원주 쌍다리 아래
출생出生
다리 아래서 주어왔다는
그 곳에는 쓸쓸한 내 부모가
말 안 듣는 어린 나를 아직 기다린다는
미국으로 이민 간 이모가 실실 웃으며 들려주던 이야기
겨울밤,
아라비아 사막 같은 꿈을 꾸던
그 때 사정을
대답해 줄 아무도 없는
이제는

외롭게 늙어가는

고아孤兒

— 우대식, 「고아」 전문, 『리토피아』, 2011. 가을.

고아 의식은 고향 상실 의식과 대체의 관계에 있다. 하이데거 용어를 빌려 말하면 존재자의 존재 상실 의식과 대체의 관계에 있다. 출구 없는 상황 의식과 대체의 관계에 있다. 우대식은 잃어버려도 많이 잃어 버렸다. "본적"을 잃어버렸고, 잠시 살았던 "원주시 우산동 어느 점방"의 "흔적"을 잃어버렸고 무엇 보다 "흰 빨래가 널린 원주 쌍다리 아래"의 "출생"지를 잃어버렸다. 출생의 비밀을 알려주던 "이모"는 "미국"으로 "이민" 가버렸다. "고아"라고 해도 살지 말라는 법이 없다. 정체성을 상실한 고아라고 해도 살지 말라는 법이 없다. 정체성 상실의식과 자아 소멸의식이 만나면 말이 달라진다. 자기 소멸의식이 멜랑콜리를 집행한다. "외롭게 늙어가"도록 내버려두지도 않는다.

긍정으로서 멜랑콜리 — 니체와 표현주의

1. 분열의 시대: 새로운 인간학의 탄생

니체에게 영혼, 혹은 정신이라는 것은 몸에 붙어있는 "어떤 것etwas을 위한 한 단어"(『치라투스트라』 1.부)에 불과하다. 죽을 수밖에 없는 운명을 포함한 몸에 대한 전면적 긍정, 이것이 차라투스트라 철학의 핵심 중 하나이다.

15세기·16세기·17세기를 거치면서 콜럼부스, 루터, 갈릴레이들에 의해 심하게 균열되었던 중세는 17세기 데카르트의 '명제'를 거쳐, 17세기·18세기 계몽주의 시대에 와서 가시적으로 극복되었다. 18세기에 근대가 '본격적으로' 시작되었다고 할 수 있다. 그러나 근대는 '내적 분열'로 시작되었다. 근대는 근대적 자아, 곧 '주체'를 성립시켰지만 주체는 '분열된 주체'였다. [근대는 분열된 주체와 함께 시작되었다] 기독교적 세계상이 붕괴되고 있었다 하더라도 '신 중심'에서 '인간 중심'으로 갑자기 갈 수는 없었기 때문이다. 갑자기, 정치·경제·사회·문화 전부가, 인간의 의식이 통째로, '인간 중심'으로 바뀔 수는 없었기 때문이다. 요컨대 근대는 '신 중심과 인간 중심의 병존'으로 시작되었다. 또 하나의 '내적 분열'이 19세기 말·20세기 초에 있었다. 기독교적 세계관의 붕괴로 인한 내적 분열이 수습된 이래 세계는 다시 단일한 것으로 파악되었다. 문학예술에서는 세계를(혹은 현실을) 총체적으로 반영하려고 하는 '재현의 논리'가 자리를 잡았다. 19세기는 리얼리즘의 시대였다. 그러나 세계가 비대해지고 복잡해지면서 — 대도시가 이의 구체화이다 — 세계는 더 이상 '단일하게'[단일한 것으로] 파악될 수 없게 되었다. '동일하게'[동일한 것으로] 파악할 수 없게 되었다. 현실은 분열되었다. 의식은 분열되었다. 분업화가 '세계'의 특징이었다. 분열·분업은 양식다원주의 현상을 낳았다. 19세기 말·20세기 초에는 자연주의, 인상주의, 청춘양식, 상징주의, 신낭만주의, 신고전주의, 고향예술, 유미주의, 표현주의들이 병존·혼존·(상호) 대립하였다. 마르크스에 대한 열광과 니체에 대한 열광이 얽혀있었다. 자연주의와 '자연주의의 극복'(헤르만 바르)이 동시에 강조되었다. 두 개의 '내적 분열'을 간단히 요약하면, 근대가 시작될 무렵의 내적 분열은 기독교의 쇠퇴로 인한 과도기로서의 분열이었고, 다시 말하면 근대적 자아가 성립되기 위한 분열이었고, 19세기 말·20세기 초의 내적 분열은 산업화·도시화에 의한 분열이었다. 이때 시작된 주체 분열은 지금까지 현재형이다. 현대는 '주체 분열'을 넘어 '주체 부재'까지 말하고 있다.[1]

다음은 기독교에 대한 포이어바흐의 간단명료한 비판이다.

> 기독교, 특히 영원한 삶을 약속해서 현세적 삶을 포기하게 하고, 하느님의 도움에 대한 신뢰를 강조함으로써 자기 자신의 힘에 대한 신뢰를 포기하게 했으며, 천국에서의 보다 훌륭한 삶에 대한 믿음으로 인해 지상에서의 보다 개선된 삶에 대한 믿음과 이러한 삶을 구현하려는 노력을 희생시켰다.

봉건제 사회에서 인간은 미성년[자]Unmündigkeit, 기독교는 후견[인]Bevormundung이었다는 칸트의 지적을 상기시킨다. 그러나 '죽음'("천국")이라는 것도 그렇게 호락호락하지 않다. 죽음은 니힐리즘 사전의 첫째 항목이다. 그 뒤로 애도, 우울증 등이 이어진다. 프로이트는 그의 「슬픔과 우울증」[애도와 멜랑콜리]에서 애도와 멜랑콜리는 둘 다 '상실'과 관계있다고 하면서 애도는 타자의 상실에서 연유하는 것이며, 혹은 "대상과 관련된 상

---

1 박찬일, 「서로 다른 것의 공존, 혹은 분열」, 인문과학연구 제19집(강원대학교 인문과학연구소), 2-5 참조.

실감"에서 연유하는 것이며, 이를테면 "사랑하는 사람의 상실, 혹은 사랑하는 사람의 자리에 들어선 어떤 추상적인 것, 즉 조국, 희망, 어떤 이상 등의 상실"에서 연유하는 것이며, 이에 반해 우울증은 "자아와 관련된 상실감"에서 연유한다고 하였다. 우울증 환자에게는 "자애심의 급격한 저하, 말하자면 상당한 정도 자아의 빈곤"이 나타난다고 하였다.[2]

자아의 상실은 자아의 소멸과 무관하지 않다. 자아의 소멸(의식)에 가장 크게 기여하는 것은 신의 부재, 혹은 신의 죽음에 대한 자각이다. 신의 죽음은 인간의 영원한 죽음을 초래하였다.

신의 죽음을 얘기하는데 니체를 빼놓을 수 없다. 아래는 니체의 차라투스트라 철학에 대한 논의이다. 니체의 『차라투스트라』(1885)는 격정적인 문체로 쓰여졌다. 물론 읽는 자도 격정적으로 읽을 수 있다.

누가 견딜 수 있는가. 신이 없다면, '이 땅'이 끝이라면, 누가 견딜 수 있는가. '사망의 음침한 골짜기'가 사망의 음침한 골짜기일 뿐이라면. 인생이 功勞가 아니라 그것 자체로 끝나는 비극이라면.

'저 땅'이 있다고 믿을 수 있던 때가 좋지 않았는가. 행복하지 않았는가. '서서 죽기보다는 무릎 꿇고 살기'가 좋지 않은가, 않았는가. 신에게 모든 걸 맡기고 신이 우리를 보호해준다고 믿었을 때가 행복하지 않았는가. "별이 빛나는 창공을 보고, 갈 수가 있고, 또 가야만 하는 길의 지도를 읽을 수 있던 시대는 얼마나 행복했던가?"(루카치, 『소설의 이론』)

그러나 니체는 神(?)이 덮어둔 페이지를 펼쳤다. 하늘은 "텅 비어"(브레히트, 『갈릴레이의 생애』) 있었다. 사람들은 그 텅 비어있는 하늘을 보았다. 본 것을 안본 것으로 할 수 있을까. 그럴 수 있을까. 그럴 수 있다면!

그럴까. 견딜 수 없을까. 소멸이면 어떤가. '이 땅'이 끝이라면 어떤가.

---

2 Sigmund Freud, 「슬픔과 우울증」, 『정신분석학의 근본 개념』, 서울, 2004(열린책들).

받아들이면 되지 않는가. 죽으면 되지 않는가. 기꺼이 죽어주면 되지 않는가? '저 땅'이 텅 비어있다니 얼마나 다행인가. 불안해할 필요가 없으니까. 천당이니 지옥이니 떠들 필요가 없으니까.

'이 땅'(대지)을 전면적으로 긍정하자, 그리고 즐겁게 몰락해주자, 이것 말고 행로가 있는가. 하늘이 비어있는 것을 인식한 자의 정해진 수순, 바로 니체의 행로, 니힐리즘의 행로 말고.

『차라투스트라[는 이렇게 말했다]』는 하늘이 비어있는 것을 인식한 자의 설교집이다. 차라투스트라가 그다. 그가 위버멘쉬를 설교한다. 위버멘쉬 Übermensch는 인간Mensch을 넘어서는über(=over) 자이므로 '넘어선 인간'(초인간)으로 번역할 수 있다. 이 때의 시제는 완료형이다. 그러나 또한 '넘어서는 인간' 혹은 '건너가는 인간'으로 번역할 수 있다. 이 때의 시제는 현재진행형이다. 매 순간 자기 자신을 넘어선다는 뜻이다. 그러나 누가 위버멘쉬인가. 누가 위버멘쉬가 되는가?

파우스트는 위버멘쉬가 아니다. 의학, 천문학, 법학, 신학 등 모든 학문에 통달했지만 '세상의 가장 안쪽을 붙들고 있는 것은 무엇인지' 그 궁금증을 풀길 없어 자기 자신의 영혼을 악마 메피스토에게 저당 잡힌 파우스트는 아니다. '세상의 가장 안쪽을 붙들고 있는 것은 무엇인지' 묻지 않는 자, 그가 위버멘쉬이다. 그가 위버멘쉬가 된다. 그는 눈에 보이는 것, 핥을 수 있는 것, 만질 수 있는 것, 들을 수 있는 것, 이것 말고 또 무엇이 있겠는가, 라고 반문하는 자이다. '신'이 없다면 그것을 견딜 수 있는 자이다. 본질이 다른 곳에 있다고 생각하지 않는 자이다. 이 대지가 본질이다, 이 대지 위에 홀로 서 있는 내가 본질이라고 생각하는 자이다.[3]

그러므로 위버멘쉬는 강한 자이다. 강한 자이어야만 된다. 누가 죽음

---

3 마르티니는 '파우스트'의 문제가 『차라투스트라는 이렇게 말했다』에서 형태가 변하여, 새로운 시대의 언어에 의해 갱신되고, 패러디로 된점을 지적한 바 있다. 마르티니Fritz Martini, 『독일문학사』, 서울 1989, 165 참조.

다음의 삶(피안의 삶) 없이 여기의 삶을 견딜 수 있는가. 누가 낙화를 두려워하지 않고 꽃을 활짝 피울 수 있는가? 누가 기꺼이 몰락하려는가. 위버멘쉬는 그러므로 - 기꺼이 몰락해주는 자이므로 - 악에서도 대범하다. 삶의, 광기, 자발적 죽음, 격정, 그리고 우울을 칭송한다. 삶을 칭송한다. 삶을 받아들이자고 한다.

위버멘쉬는 또한 모든 것이 '한 번뿐'이라는 것을 아는 자이다. 그러므로 '한 번뿐'에 자기 자신의 전부와 결부시키려는 자이다. 매 순간이 그에게는 끝이요, 시작이다. 위버멘쉬는 그리고 그 '한 번'이 영원히 되풀이한다고 인식한 자이다. '한 번'을 살아낸 그 순간이 영원히 반복해서 회귀하게 된다면 한 번을 살아내는 그때그때마다의 순간은 얼마나 소중한 것인가. 첫날밤 의식을 치르는 데 실패한 대가로 그 후 또 첫날밤 의식을 치르는 데 실패한다면, 그리고 이것이 영원히 반복해서 되풀이된다면 얼마나 끔찍한 일인가. '영원회귀'의 핵심은 그러므로 똑같은 것이 영원히 되풀이된다는 데에 있지 않다. 똑같은 것이 그후 영원히 다시 되풀이되므로 순간순간을 최대한도로 살아내야 한다는 것이다. 순간에 영겁의 무게를 느끼고 살아가는 삶이다. 영원회귀에 대한 다른 관점은 '동일한 것[생로병사의 진혹성]이 영원히 되풀이되어도 똑같이 살아주리라', 그 결연한 의지의 표현으로 보는 것이다—사실 전면적 긍정의 철학자, 니체를 고려할 때, 더 훨씬 설득력있는 관점이다.

차라투스트라 사상의 핵심을 말하면 서양의 이원론적 사고 형태에 대한 사망 선고일 것이다. "만약 신들이 존재한다면 나는 내가 신이 아니라는 것을 어떻게 견딜 수 있다는 말인가. 그러므로 신들은 존재하지 않는다"(『차라투스트라』 2.부); 니체는 조건절에서 신이라고 하지 않고 '신들'이라는 복수형을 썼다. 하이데거에 의하면 니체에게 있어서 신이라는 말은 '초감각적 세계', '이념', 혹은 '이상'의 영역을 포괄하는 것이다. 초감각적 세계는 서양에서 플라톤 이후(후기 그리스 이후), 그리고 플라톤 철학의 기독교적 해석 이후 진정하고 본질적인 세계로 간주되어온 것. 감각적 세계는 이에 반해 현세의 가변적인 세상, 가상의 실제적이지 않은 세계를 의미하였다. 칸트도 육체적 세계 physische Welt(→감각적 세계)와 형이상학적 세계 metaphysische Welt(→초감각적 세계)를 구분하였다. 니체의 '신이 죽었다'는 선언은 플라톤주의로 대변되는 서양 형이상학에 대한 종말의 선언이었다.[4]

구체적으로 말하면, 니체의 '신들'에 대한 사망선고는 따로 존재하는 신의 세계(내세), 따로 존재하는 본질적 세계(예를 들면 플라톤의 이데아)에 대한 사망선고였다. 내세가 따로 없고 본질이 따로 없다, 자기 자신이 자기 자신의 근거가 되는 삶이 있을 뿐이다, 라고 말하는 것이다. 왜냐고 묻지 않는 그 삶 말이다. 니체에게 영혼, 혹은 정신이라는 것은 몸에 붙어있는 '어떤 것etwas'에 불과하다. 죽을 수밖에 없는 운명을 포함한 몸에 대한 전면적 긍정, 이것이 차라투스트라 철학의 핵심 중의 하나이다.

니체와 루소를 흔히 비교한다. 둘은 파괴자라는 점에서 같다. 루소의 '자연으로 돌아가라'는 주지하다시피 '계급[제도] 없는 사회로 돌아가라'이다. 봉건적 계급 사회에 대한 반대이다. 루소는 민주주의적-인도주의적 이념의 루소였다. 니체 역시 파괴자로서 니체였다. 니체는 그러나 루소와 달리 민주주의 및 사회주의를 거부했다. 민주주의의 파괴자, 사회주의의 파괴자였다. 권력을 대중에게 넘겨준 민주주의를 비난했으며, 인간의 욕망을 무시한 사회주의를 비난했다. 약자를 위한 기독교도 공격했다. 루소의 민주주의적-인도주의적 이념은 '인간적'이 아니었다. '힘으로 의지'를 갖고 있는 인간의 참된 본성을 호도하고 무시하는 것이다. 니체는 루소를 "이상가와 천민"을 한몸에 지닌 "근대의 입구에 놓인 기형아"라고 했다.[5]

---

4 Martin Heidegger, *Holzweg*, Frankfurt/Main 1957, 199f.

5 뢰비트Karl Löwith, 『헤겔에서 니체로. 19세기 사상의 혁명적 결렬—마르크스와 키르케고어』, 민음사 1985, 302f., 참조.

니체는 노예도덕이 아닌 군주도덕을 요구했다. 민주주의와 사회주의, 기독교는 전부 약자들의 도덕, 약자들을 위한 도덕이었다. 노예의 도덕이었다. 민주주의, 사회주의들에서는 인간이 인간의 주인이 아니었다. 민주주의, 사회주의들이 인간의 주인이었다. 제도가 주인이었다. 인간은 제도 속에 몸을 의탁하고 있는 노예였다. 기독교에서도 인간은 인간의 주인이 아니었다. 인간은 의탁하여야할 존재로서, 약자의 인간이었다. 노예의 인간이었다. 니체는 인간이 인간의 주인인 강자의 도덕을 요구하였다. 군주도덕을 요구하였다. 강자의 도덕, 위버멘쉬 사상은 니힐리즘을 극복하려는 철학적 개념이지만 현실적 개념이기도 하다.

니체의 현실 긍정은 니체의 또 다른 중요한 용어인 '디오니소스적'이라는 말로 설명할 수 있다. '디오니소스적'인 것은 비극적 상황(예를 들어 무신론적 상황)이 가장 인간적인 상황이라는 인식에서 출발한다. 비극적 상황을 운명적으로 받아들이는 태도이다. 유일한 본질인 '현재의 삶' 자체에 취해버리려고 하는 태도이다. '아폴론적'은 이에 반해 본질을 구체적으로, 개별적으로, 제시해내려는 태도. 그래서 니체는 아폴로적인 것의 특징은 (구체적 형상의) '꿈'에서 나타나고 디오니소스적인 것의 특징은 '도취'에서 나타난다고 봤다(『비극의 탄생』).

2. 대지에 대한 전면적 긍정 — 니체의 「우울의 노래」

차라투스트라의 긍정의 자세는 '니힐리즘의 자기 극복'으로 파악된다. 세계 부정의 단초로서의 혐오, 절망, (삶에 대한) 염증, 우울 등은 삶에 대한 전면적 긍정의 내용으로 전환된다. 니체의 대지에 대한 긍정을 '가장 높은 심급의, 대지에 대한 긍정의 생철학'이라고 말할 수 있다. 비극적, 디오니소스적, 무신론적 상황, 자살 욕구까지 받아들이는, 가장 높은 심급의 대지에 대한 긍정!

『차라투스트라』 4.부에 수록된 「우울[멜랑콜리]의 노래」가 대지에 대한 전면적 긍정의 모범적 예를 보여주고 있다. 비록 차라투스트라에 의한 노래가 아닌 '보다 고귀한 자'로서 늙은 마술사에 위한 노래라고 해도, 보다 고귀한 자들이 어느 정도 긍정의 대상이라는 점에서 차라투스트라-니체의 心中을 어느정도 반영한다. 「우울의 노래」는 3개의 절로 구성되어 있다. 다음은 셋째 절 시작 부분이다. 3개의 절 중 셋째 절에서 '행 나눔'이 시도 되었다.

일찍이 그대가 얼마나 갈망했는지를,
하늘의 눈물, 이슬방울을
[햇볕에] 타오르고 지쳐서 얼마나 갈망했는지를
노란 풀밭 오솔길에서
악의적인 저녁 태양의 시선이
눈부신 태양의 작열하는 시선, 불행을 기뻐하는 시선이
검은 나무들 사이로 그대 주위를 달릴 때에.

주목되는 것은 "불행을 기뻐하는schadenfroh" 시선이다. 이것은 『차라투스트라』의 핵심 테제 중의 하나인 '나는 기꺼이 몰락해주리라Ich gehe gern unter'[6]와 상통한다. 둘째 절에서 늙은 마술사가 서술하는 대상은 차라투스트라이다. 늙은 마술사는 차라투스트라를 "우울의 악마der schwermütige Teufel", "우울의 정신Geist der Schwermuth", "저녁 어스름의 악마Abend-Dämmerungs-Teufel"들로 표현한다. 물론 이 말은 니체에 의한 아이러니이다. 우울의 정신에서 도피하지 말라는 것이다. 우울의 정

---

6 Armin Arnold, *Die Literatur des Expressionismus*, Stuttgart 1971, 63; '나는 기꺼이 몰락해주리라'는 '자기 파괴적 경향'의 다른 말이다. 차라투스트라는 '죽음에의 두려움'을 모른다.

신을 받아들이라는 것이다. 늙은 마술사가 이어서 다음과 같이 말하고 있기 때문이다.

> 나는 나의 악한 정신 때문에 - 나는 가끔 이렇게 생각한다 - 차라투스트라를 사랑한다 […] 자 듣고 보아라, 보다 고귀한 인간들이여, 이 저녁의 우울의 정신이, 남자든, 여자든 간에, 어떤 악마인가를!

우울은 "악한 정신[정령]böser Geist"이다. 늙은 마술사가 차라투스트라를 사랑하는 것은 우울의 정신을 사랑하는 것이다. 니체는 늙은 마술사의 입을 빌려 차라투스트라를 예찬하고 있다. 아니, 그의 우울을 예찬하고 있다. 물론 우울은 신의 사망이 야기한 우울이다. 다시 말하지만 신의 죽음은 인간의 영원한 죽음을 또한 초래하였다. 우울하지 않을 수 없다.

> 신의 立像이 되지도 않았고,
> 神殿 앞에 세워져,
> 신의 문지기가 되지도 않았다.
> 아니 이러한 진리의 입상에 적의를 품고
> 어떤 황야에서도 신전 앞에서보다는 마음이 아늑했고

늙은 마술사의 노래는 니체의 노래였다. 차라투스트라의 노래였다. 신의 죽음이 긍정되고 인간의 죽음이 긍정되면 긍정되지 않을 것이 없다.[7] 모든 악덕이 긍정된다(『차라투스트라는 이렇게 말했다』 1.부). 우울이 긍정된다. 늙은 마술사는 계속 노래 부른다.

---

7 신의 죽음과 인간의 죽음을 이미 니체는 그의 『비극의 탄생』에서 "잔혹하고 무서운 세력"이라고 명명했었다.

고양이의 변덕으로 가득 차서
모든 창으로부터
재빨리 온갖 우연 속으로 뛰어들고
모든 원시림의 냄새를 맡으면서,
병적인 동경으로 냄새를 맡으면서, 돌아다니는 것은
그대가 원시림 속에서
알록달록한 반점이 있는 맹수들 사이에서
죄많은 건강을 갖고 알록달록하게 아름답게 달리기 위해서다.
탐이 나는 듯 입술을 내밀고
복에 겨워 조롱하고 복에 겨워 지옥이 되고 복에 겨워 피에 굶주리면서

맨 끝 행에 주목하면 우울을, 혹은 신의 부재를, "복Seligkeit"과 대면시키고 있는 것으로 보인다. 우울을 복으로서 무한히 긍정하고 있는 것으로 보인다. "복에 겨워 지옥이 되"는 것은 복을, 다시 말해 우울을 무한히 긍정하는 것이다(물론 지옥도 무한히 긍정하는 것이다). "죄많은 건강sündlich-gesund"이라는 모순어법도 주목된다. 죄가 건강하다는 것이다. 죄를 긍정하는 것이다. 반기독교적이라고 하지 않을 수 없다. 연이은 다음 구절이 기독교 비판과 직접적으로 관계있다.

[…] 독수리처럼, 오랫동안,
오랫동안 여러 심연을 응시하는,
'자신의' 심연들을 응시하는 독수리처럼[8] ——
오, 이 심연들은 아래로,

---

8 여기서의 "독수리"를 "어린 양"과 대비시켜 기독교적 神이라고 할 수 없는 것은, 차라투스트라로 간주할 수밖에 없는 것은, 神은 자신의 심연을 응시하지 않기 때문이다. 자신의 심연을 응시하는 독수리는 '깨달은 차라투스트라'이다.

밑으로, 안으로
점점 더 깊어지는 심연 속으로 얼마나 맴도는 깊이인가! —
이윽고,
갑자기, 일직선으로,
날개를 펄럭이며,
어린 양을 공격한다.
갑자기 아래로, 심한 굶주림으로써,
어린 양을 탐낸다.
어린 양의 영혼 모두를 미워하면서,
곱슬곱슬한 털을 갖고 양처럼, 어린 양의 눈으로
바라보는 모든 자들을,
회색이고 어린 양과 양의 친절한 마음씨를 가진
모든 자들을 몹시 미워하면서

"어린 양"은 이 운문의 제목「우울[멜랑콜리]의 노래」를 다시 상기해볼 때 우울을 감당할 수 없는 자를 표상한다. 약자 도덕, 다름 아닌 노예도덕을 표상한다. 어린 양을 "탐"내고(먹기 위해서), "미워하"고 "공격"하는 "독수리"는 우울을 감당할 수 있는 자를 표상한다. 다름 아닌 군주도덕을 표상한다. 어린 양은 신의 죽음을 감당할 수 없는 기독교인의 은유이고, 독수리는 신의 죽음을 감당할 수 있는, 역시 니체 式으로 말하면, 위버멘쉬의 은유이다.

「우울의 노래」 끝에서 늙은 마술사는 다시 한 번 격정적으로 차라투스트라의 "하나의 진리"를 강조한다. 다름 아닌 신의 부재 및 이를 전면적으로 긍정하는 우울을, 우울을 전면적으로 긍정하는 도덕을.

하나의 진리 때문에
불태워지고 목말라 하면서

— 그대는 아직도 상기하는가, 그대는 상기하는가, 뜨거운 심장이여,

그때 그대는 얼마나 갈망했던가를?—

'하나의 진리'는 내가 모든 진리로부터 추방되었다는 것이다.

신의 부재를 긍정하고, 이것이 초래하는 우울을 긍정하는 것을 "모든 진리로부터 추방"되는 것이라고 하고 있다. 모든 진리로부터 추방은 하이데거가 그의 『숲길』에서 정언명령的으로 인용했던 '모든 가치의 전도 Umwertung aller Werte'와 인접의 관계에 있다.

차라투스트라의 긍정의 자세는 '니힐리즘의 자기 극복'으로 이어진다. 세계 부정의 단초로서의 혐오, 절망, (삶에 대한) 염증, 우울 등은 삶에 대한 전면적 긍정의 내용으로 전환된다. 니체의 대지에 대한 긍정을 '가장 높은 심급의 대지에 대한 긍정의 생철학'이라고 말할 수 있다.[9] 비극적, 디오니소스적, 무신론적 상황, 자살 욕구까지 받아들이는 가장 높은 심급의 대지에 대한 긍정![10]

니체의 영원회귀를 삶에 대한 전면적 긍정의 최고 형태라고 말할 수 있다. 삶에 대한 전면적 긍정의 최고 형태를 또한 니체가 『차라투스트라』 1.부에서 말한 세 가지 변화에서 찾을 수 있다. '그대는 해야만 한다'(du sollst)는 낙타의 단계와, '나는 바란다'(ich will)는 사자의 단계를 지나간, 어린이의 단계 또한 삶에 대한 전면적 긍정의 최고 형태라고 말할 수 있다.

어린이는 순결이고 망각이고 하나의 새로운 출발, 하나의 유희, 스스로 돌아가는 수레바퀴, 최초의 운동, 신성한 긍정이다.

---

9 Vgl. Ludwig Völker, *Muse Melancholie. Therapeutikum Poesie,* München 1978, 72.

10 유형식도 그의 「니체, 예술의 고뇌, 고뇌의 예술」을 니체의 "쾌락의 미학은 고뇌의 생산물"이라는 비슷한 요지의 말로 끝맺고 있다. 『문학, 그 '사이'의 존재』, 전영운-유형식 엮음, 서울 2003, 240.

차라투스트라의 단언이다. 어린이는 (삶과 죽음을) 분별하지 않는다.

3. 우울증의 양면감정병존

트라클이 밝음과 어둠을 대비시킨 것을 니체가 '잔혹하고 무서운 세력'의 운명[자연]과 '운명애 Amor fati'를 병치시킨 것을 상기하게 한다. 전반부/후반부 구조, 그로테스크 형태들과 이율배반적 구조[형태]는 인접의 관계에 있다. 트라클의 대부분의 시들은 이율배반적 구조를 지니고 있다.

'우울증 환자'들은 자신이 우울증에 걸린 것을 알고 있다. 우울증은 심리적 고통과 '신체적 고통'을 수반한다. 후자에 대해서는 '행동장애 Handlungshemmungen'를 대표적으로 얘기할 수 있으리라. 우울증 환자들은 우울증에서 벗어나려고 한다.

이것은 20세기 초의 표현주의 테마에 대해 많은 문학사가들이 절망과 희망, 낡은 인간과 새로운 인간 등의 상호 변증이라고 지적한 것을 상기하게 한다. 당시의 사회는 위기에 처해 있었으며, 몰락으로 치닫고 있었다. 쇄신이 필요한 시대였다. [몰락과 쇄신, 절망과 희망 등 양면감정병존이 표현주의의 특징적 양상이었다] 퇴락, 몰락, 전쟁, 세계의 종말, 침체 등의 형상이 있었고, 새로운 출발, 혁명, 계시, 행복 등의 형상이 있었다. 핀투스의 유명한 표현주의 사화집 제목 또한 『인류의 황혼과 여명』(1920)이었다. 베허의 산문집 제목은 『몰락과 승리』(1914), 하젠클레버의 시집 제목은 『죽음의 부활』(1917)이었다. 새로운 출발, 혁명, 계시, 행복 등의 형상은 '새로운 인간'이라는 테마의 변주라고 할 수 있다. 아르놀트는 그의 『표현주의 문학』(1971)에서 표현주의자들이 절망/희망 중에서 또한 희망을 얘기한 것을, 낡은 인간/새로운 인간에서 또한 새로운 인간을 얘기한 것을, 니체의 위버멘쉬 사상의 영향에서 찾고 있다. 위버멘쉬가 새로운 인간이라는 것이다.

니체에 의한 표현주의의 영향을 분명히 한 것이다.[11] 니체의『차라투스트라』의 격정적 어조와 표현주의의 격정적 어조 또한 상호 무관하지 않다.

표현주의 시대의 많은 시들에서 멜랑콜리를 찾는 것은 '양면감정'을 찾는 것이라고 할 수 있다. 우울증의 어둠과 밝음을 찾는 것이라고 할 수 있다. 표현주의 시대의 많은 시들이 '전반부/후반부 구조 Vorher/Nachher Struktur'를 가지고 있는 것도 이런 이유에서이다. '전반부/후반부 구조'를 모순 구조, 혹은 그로테스크 구조라고 달리 말할 수 있다. 트라클(1887~1914)의 대표작 중의 하나인「몰락」(1913)은 다음과 같다.

> 저녁... 종소리 평화롭게 울릴 때/ 나는 새들의 멋진 飛翔을 쫓는다./ 긴 무리의 경건한 순례 행렬은/ 가을의 청명함 저 멀리로 사라져간다.
>
> 어스름이 가득한 정원을 서성이며/ 나는 새들의 밝은 운명을 꿈꾼다./ 그리고 시간의 흐름도 느끼지 못한 채/ 그렇게 나는 구름 저 너머 새들의 행로를 좇는다.
>
> 순간 몰락의 숨결이 나를 전율시킨다./ 지빠귀는 앙상한 가지 위에서 지저귀고/ 붉은 포도넝쿨이 녹슨 창살에서 흔들거린다.
>
> 창백한 아이들의 죽음의 윤무처럼/ 황폐한 어두운 우물가에 피어있는/ 푸른 과꽃들이 차가운 바람에 떨며 고개 숙인다.
>
> —「몰락」전문

전반부/후반부 구조의 전형이다. "경건한 순례 행렬"(1. 연), "새들의 밝

11 Vgl. Armin Arnold, 같은곳, 62~69.

은 운명”(2. 연)들과 “몰락의 숨결”(3. 연), “죽음의 윤무”(4. 연)들이 그로테스크하게 병치되어 있다. 셋째 연과 넷째 연을 정상적인 세계와 격리되어 있다는 자의식, 비정상적인 상태에 있다는 자의식이 지배하고 있다. 비정상적인 상태에 있다는 자의식은 멜랑콜리 의식의 다른 말이다.[12] 트라클의 「미라벨의 음악」(1913)에서도 두 개의 세계가 대비되고 있다.

> 샘이 소근거린다. 맑은 하늘을/ 떠도는 희고 고운 구름./ 어둠이 내리는 옛 공원을/ 사람들이 말없이 가만히 거닌다.
>
> 선조들의 석상은 저녁에 물들고/ 멀리 날아드는 철새의 행렬./ 죽은 눈을 하고 목신이/ 어둠 속으로 사라져가는/ 그림자를 응시한다.
>
> 고목을 떠난 나뭇잎이/ 원을 그리며 열린 창으로 들어온다./ 한 줄기 불빛이 방에 켜시네/ 우울하고 불안한 유령의 그림자를 만든다.
>
> 백발의 이방인이 집으로 들어선다./ 썩은 복도를 달리는 개 한 마리./ 하녀가 등불을 끈다./ 밤새워 들리는 소나타 소리들.
>
> — 「미라벨의 음악」 전문

“공원을 […] 말없이” “거”니는 “사람들”(1. 연), “목신”의 “죽은 눈”의 “응시”(2. 연), “고목을 떠난 나뭇잎”과 “우울하고 불안한 유령의 그림자”(3. 연), “백발의 이방인”, “썩은 복도”, “등불”을 끄는 “하녀”(4. 연)는 모두 멜랑콜리의 분위기를 자아낸다. 크리스테바의 특별한 지적을 상기하면 ‘침묵의

---

12 물론 트라클의 전반부/후반부 구조, 그로테스크 형태를 ‘19세기 말 이후’[미적 근대 시대]에 동시적·전면적으로 나타나는 ‘분열’의 관점에서 접근할 수 있다(이 글 각주 1).

목록'들이다. 침묵은 멜랑콜리의 주요 세목이다. 전반부/후반부 구조의 후반부 구조를 대변하는 것은 끝 연 끝 행의 "밤새워 들리는 소나타 소리들"이다. 소나타 소리를 '우울과 침묵의 소나타 소리'로 듣지 않는 것이다. 우울한 자아는 밝은 세상 또한 의식하고 있었다. 밤새워 들리는 소나타 소리를 첫째 연 첫째 행과 둘째 행의 "샘이 소근거린다. 맑은 하늘을/ 떠도는 희고 고운 구름"과 '상호 연결interconnectedness'의 관계에 있다고 볼 수 있다. 트라클이 밝음과 어둠을 대비시킨 것을, 다시 강조하면, 니체가 '잔혹하고 무서운 세력'의 운명[자연]과 '운명애'를 병치시킨 것을 상기하게 한다. 전반부/후반부 구조, 그로테스크 형태들과 이율배반적 구조[형태]는 인접의 관계에 있다. 트라클의 대부분의 詩들이 이율배반적 구조를 지니고 있다. 詩「생명의 영혼」(1913) 또한 주목된다. 시작 부분과 끝 부분이다.

> 살며시 입 언저리에 모인 조락./ 숲은 깊은 침묵에 쌓여 있다.
>
> [⋯]
>
> 파란 냇물이 고요하게 흐르고/ 저녁 하늘의 구름은 한가로이 떠 있는 시간/ 넋마저 천사의 침묵에 잠긴다./ 무너져내린 덧없는 형상.

문제는 '침묵'이다. "깊은 침묵"이고 "천사의 침묵"이다. 천사의 침묵이라고 한 것은 침묵의 강도가 세다는 것이다. 천사 같은 침묵! [천사가 말하는 것을 들어본 적 없다] 천사를 '우울증에 걸린 천사'라고 한 것으로 보인다. "형상"만으로 존재하는 천사, 슬며시 나타나서는 슬며시 사라지는 "덧없는" 천사라고 한 것으로 보인다. 덧없는 천사는 몰락한 천사이다. 제목을 '생명의 영혼'이라고 한 것도 예사롭지 않다. 육체보다 영혼을 강조한 것이다. 육체는 '시끄러운 육체'이고 영혼은 '침묵하는 영혼'이다. 뒤러의 동판화「멜랑콜리 1」의 천사의 턱을 괸 자세가 침묵하는 영혼의 전형이다.[13] 트라클의 많은 시들은 '누구도 대신할 수 없는 혼자만의 고통' 같은 것을 내용으로 담고 있다. '이 세상에서 단 하나뿐인 경우'의 고통의 파노라마라고 할 수 있다. 고통을 널리 알렸을 때 이 고통은 더 이상 누구도 대신할 수 없는 혼자만의 고통, 이 세상에서 단 하나뿐인 경우의 고통이 아니다. 고통이 아우라를 상실하기 때문이다. 아우라를 상실한 고통은 이우라를 상실하기 이전의 고통과 같을 수 없다. 數名이 읽었다면 고통은 數名 分의 一로, 數十 名이 읽었다면 고통은 數十 名 分의 一로 줄어들을 수 있다. 니체 式으로 말하면 우울[고통]을 털어놓음으로써 우울[고통]에서 벗어나려는 것이다. 혹은 우울[고통]을 수용[긍정]함으로써 우울[고통]에서 벗어나려는 것이다.

---

13 Vgl. Erwin Panofsky, Die Kulmination des Kupferstiches: A. Dürers「Melenocolia 1」, in: L. Walter(Hg), Melancholie, Leipzig 1999, S. 100f.

제5부

냄새-박찬일-이방원-아이티-춘천-자연-김정숙

소멸의 알레고리: 냄새

1.

남성이 여성에게서 묘묘한 냄새를 맡을 때 그 여성은 유혹 받을 확률이 높아진다. 프로포즈까지 이어질 가능성도 있다. 逆도 있을까. 여성도 남성에게서 묘묘한 냄새를 느낄까. 유혹할까. 데이트를 신청할까. 프로포즈까지 갈까. 여성이 남성으로부터 묘묘한 냄새를 맡고, 남성이 여성으로부터 묘묘한 냄새를 맡으면 천생연분이라고 해야 하나. 性的 천생연분이라고 해야 하나. 경제적, 계급적, 문화적 천생연분이 왜 없을까. 이들이 性的 천생연분보다 '위계'가 떨어질 리가 없다. '동등한' 아비투스의 위력 또한 대단하다.

묘묘한 냄새에 의한 性的 천생연분이 性的 강도에 있어서 타의 추종을 불허하기도 할 터인데 문제는 있다. 묘묘한 냄새가 사라졌을 때다. 한쪽의 묘묘한 냄새가 사라졌을 때이다. 양쪽의 묘묘한 냄새가 사라졌을 때다. 경제적 계급적 문화적 아비투스에 의한 천생연분이 만만치 않은 이유다.

냄새도 소멸의 알레고리를 비껴갈 수 없다는 것이다. 쥐스킨트의 『향수』의 앞 부분을 몇 개의 단락으로 나눠 인용해본다. 쥐스킨트도 "냄새라는 덧없는 영역"이란 표현을 담보로 18세기 유럽의 냄새를 나열한다.

① 길에서 나는 똥냄새, 뒷마당에서 나는 지린내가, 계단에서 나는 나무 썩는 냄새와 쥐똥 냄새가 났다.

② (집안으로 들어가보자) 부엌에서는 상한 양배추와 양고기 냄새, 거실에서는 곰팡내. 침실에는 땀에 절은 시트와 눅눅해진 이불 냄새가 요강에서 나는 오줌 냄새와 앙상블을 이루고 있었다.

③ (거리로 나가보자) 굴뚝에서 퍼져나온 유황 냄새, 무두질 작업장의 부식용 양잿물 냄새, 도살장에서 나오는 피냄새가 진동하고 있었다.

④ 사람들에서는 땀 냄새, 빨지 않은 옷에서 나는 악취, 충치로 인한 구취, 트림할 때 나오는 썩은 양파즙 냄새, 나이 든 사람들에서는 오래된 치즈, 상한 우유, 상처 곪은 냄새들이 났다.

⑤ 귀족들도 예외가 아니었다. 왕한테서는 맹수 냄새, 왕비한테서는 늙은 염소 냄새가 났다.

'18세기에는 아직 박테리아의 분해 활동에 제약을 가할 방법을 알지 못했기 때문이다.' 쥐스킨트의 부연이다. 여하튼 ① ② ③ ④ ⑤의 냄새들은 사라졌다. 적어도 똑같은 냄새는 사라졌다. 도살장에서 나오는 피냄새? 피냄새만큼 고약한 것이 있을까. 없다가 생기는 것 중에서 시체 냄새만큼 고약한 것이 있을까.

> 수많은 표류 시체를 보았다. 옷을 걸친 시체도 벌거숭이 시체도 모두 목탄처럼 김게 디 있었다. 도무지 현실감이 들지 않았다. 그들이 사람의 시체임에는 틀림이 없는데 남녀를 분간할 수조차 없었고, 그 곁은 떠내려가는 물체가 팔인지 다리인지 아니면 불탄 나뭇조각인지도 식별할 수 없있다

1945년 3월 10일 새벽 B-29 폭격기 344대가 도쿄의 하늘을 뒤덮은 후 도쿄 스미다 강 주변에 널린 희생자들의 참상을 목격한 한 군의관의 증언이다. 10만 명 이상의 시체에서 나는 냄새는 어떤 냄새일까. 도쿄 대공습보다 한 달 앞서 있었던 독일 드레스덴 대공습 때의 냄새도 이에 못지 않았을 텐데.

2.

술을 막걸리로 시작하였다. 춘천 팔호광장이란곳, 혼자였다. 아직 까까머리였을 때였지만 주모(?)는 서슴치 않고 막걸리를 내밀었다. 첫 막걸리

의 그 쉰 듯한 냄새를 나는 아직 맡는다. 프루스트 효과? 냄새를 통해 과거의 일을 기억해내는 현상을 말하는 것. 정확히 말하면 우리가 기억 못하는 것을 냄새를 통해 기억나게 하는 현상을 말한다. 나는 첫 막걸리의 그 쉰 듯한 냄새를 통해 나의 그 시절을 자주 기억해낸다. 특히 어머니와 관련된 부분을 기억해낸다. 어머니는 내가 술을 마시는 것을 알고 나의 뒤를 좇은 적이 있었다. 나는 어머니가 따라오는 것을 눈치채고 교육청 오른쪽 뜰에 가 앉아 먼 산을 바라보았다. 중학교 다니던 동생이 뒤를 밟은 적이 있었다. 동생은 내가 병막걸리를 마시는 것을 보았다.

그때도 500CC 조끼가 있었다. 맥주가 아닌 막걸리를 담아 마시는 500CC 잔. 7일 째, 7잔을 해치운 날, 불경스럽게도 나는 다니던 교회 뒷뜰에서 오바이트를 했다.

술 익는 마을마다
타는 저녁 놀.

구름에 달 가듯이
가는 나그네.

목월의 「나그네」 이 부분을 읽어도 술 냄새가 난다. 내가 처음 마신 팔호광장의 막걸리. 나그네 기질이 그때 시작되었을까. 술도가를 찾아다니는 나그네 기질? 나그네는 부질없다. 나그네는 끝나게 되어있다, 그것도 한참 비극적으로. 술 익는 마을에 정거하는 나그네는 더 일찍 끝나게 되어있다. 술 냄새가 사라지니까 인간도 사라지더라.

술꾼은 노래하지 않고 줄곧 길을 걷는다
유일한 장애물은 허공, 저 너머에

바다가 있는 것이 다행이다. 술꾼은
평온한 걸음걸이로 바닷속으로 들어가, 모습은
사라진 채 여전히 바다 밑바닥에서도 걸어가리라
밖에는 여전히 햇살이 비치리라

— 체사레 파베세(1908-1950)

「공무도하가」가 생각난다. 이렇게 사라질 수만 있다면! 죽음은 각종 게임이나 영화 속에서 오락으로 취급된다. 죽음이 오락처럼 취급되는 시대에 우리는 살고 있다. 다르게 말하면 죽음이 오락적으로 대량생산 되는 시대에 우리는 살고 있다. 「공무도하가」를 부르기가 부담스러운 시대에 우리는 살고 있다.

임이여, 물을 건너지 마오
임은 그예 물을 건너시네
물에 휩쓸려 돌아가시니
가신 임을 어이할꼬

—「공무도하가」 전문

3.

덕유산 오르는 길, 참 긴 길로 기억된다. 이름이 香積峰이었다. 거의 다 다랐을 때 냄새를 맡았다. 죽어서도 천 년이라고 하는 주목의 냄새.

살아서 겨우 살아있는 척 하다가
죽어서 죽어있는 것
하루살이가 참 길게 좇아왔다
하느님이 하루살이와 같은 것은

살아서 겨우 살아있는 척 하는 것

다른 것은 죽어서 살아있는 척 하시는 것?

죽어서 살아있는 척 하시는 것?

덕유산 香積峰 정상

향내가 많이 났다

朱木이 참 많다

죽어서도 천 년이라고 하는 것

국자론 — 박찬일

1.

북두칠성은 국자같이 생겼다. 이른바 국자론이다. 1980년대를 진단하는 말 중의 하나인 신식민지국가독점자본주의論의 줄임말인 신식국독자論이 떠오른다. 북두칠성의 국자 이미지와 1980년대의 신식국독자론의 이미지는 서로 관계가 없을까. 독점자본주의와 국자를 관련시킬 수 없을까. 독점자본가들이 숟가락으로 뜨지 않고 국자로 뜬다? 물론 국자론에서 신식국독자론이 떠올랐으니까 전혀 관계가 없다고 할 수 없다. 신식민지국가독점자본주의론과 식민지반자본주의론이라는 전혀 다른 시대판단의 대립, 전혀 다른 시대정신의 대립이 떠올랐으니까. 이것은 이후의 상황 전개에도 많은 영향을 끼쳤으니까. 1990년대 2000년대를 걸쳐 주사파들의 전면적 등장은, 이른바 386세대의 전면적 배치는, 식민지반자본주의론에 근거한 것이니까. 주체사상의 다른 말은 종북주의다. 종북주의가 있으면 종남주의가 있을 텐데 신식국독자론 편에 선 자들이 그렇다고 종남주의자들이 아니다. 세계시민사상, 박애주의, 아니 프롤레타리아 혁명을 꿈꾸는 자들이었으니까. 한국은 그런데 자유주의를 표방하는 나라였으니까. 북한에 의한 통일이 있다면 남한에 의한 통일이 있을 것이다. 남한에 의한 통일? 알 수 없는 일이다. 북한에 의한 통일? 마찬가지로 알 수 없는 일이다. 문제는 삶의 질이다. 북한의 삶의 질과 남한의 삶의 질이다. 북한이 더 낫다고 생각하는 자들이 있고 남한이 더 낫다고 생각하는 자들이 있다. 아니, 비교 자체가 불가능한 것이라고 하는 자들이 있다. 이를테면 가난의 평등과 가난의 불평등이다. 고루 가난한 것이 가난의 평등이고 고루 가난하지 않은 것이 가난의 불평등이다. 한국에는 부자들이 많다. 부자들이 GDP의 대부분에 기여하고 있다. 부자들의 불평등을 얘기해야 할지 모른다. '부의 양극화 현상'을 그렇다고 얘기하지 않을 수 없다. 남한의 결코 적은 수라고 할 수 없는 하층민들은 가난의 평등을 원하는가. 가난의 불평등을 원하는가. 혹시 이웃의 행복이 나의 불행이라고 생각하지 않을까. '가난의 평등' 편을 들지 않을까. 그렇더라도 북한이 가난이 평등한 나라라고 북한 편을 선뜻 들 수 없다. 북한이 가난이 평등한 나라라고? 30퍼센트는 잘 먹고 40퍼센트는 겨우 먹고 30퍼센트는 못 먹는 데도? 수백만 명이 굶어죽었다는데도? 정권 유지가 중요하다. 인민의 생명 유지가 중요하다. 정권 유지가 다수 인민의 생명 유지를 압도하고 있다. 소수가 다수를 압도하고 있다. 소수의 '힘에의 의지'가 놀랄만하다. 한 명의 힘에의 의지가 놀랄만하다. 한 명의 힘에의 의지가 놀랄만하다는 것이 역사적으로 보면 별로 놀랄 일도 아니다. 한 명의 경이로운 '삶[힘]에의 의지' 또한 보편성의 범주에 있다.

2.

국자론으로 돌아가자. 첫째, 북두칠성에는 7개의 별이 자리 잡고 있다. 둘째, 7개의 별이 크기와 밝기가 서로 다르다. 셋째, 우리 눈에 국자로 보인다는 것이다. '누군가'가 서로 다른 것을 배치해서 국자 모양을 만든 것이므로 알레고리 수법이라고 할 수 있다. 국자에 대한 알레고리이다. 영원한 국자가 있는가. 영원한 별이 있는가. 역시 소멸의 알레고리이다. 알레고리는 소멸을 내용으로 하고 있다. "겨울은 강철로 된 무지개"(이육사)는 암울한 식민지 현실에서 벗어나고 싶은 소망에 대한 역사적 알레고리이다. 역사적 알레고리는 1회적 알레고리이다. (알레고리 형식도 소멸을 '내용'으로 한다는 것이다.) 10개의 음절로 된 알레고리, 혹은 겨울, 강철, 무지개라는 3개의 명사로 된 알레고리. 물론 '겨울은 강철로 된 무지개'를 상징으로 볼 수 있다. "겨울이 오면 봄은 멀지 않으리"(셸리)에서 겨울과 봄은 상징의 영역에 '많이' 속한다. 문제는 바로 위에서 나열한 첫째, 둘째, 셋째 중 셋째가 얘기하는 '우리 눈에 그렇게 보인다는 것'이다. 혹은 육사의 눈에 그렇게 보인다는 것이다. 중요한 것은 '나'의 눈에 비친 세상이다. 나에 의한 세상에 대한 인식이다. 나의 시는 나에 의한 세상에 대한 인식의 결과물이다.

하늘에 날개가 닿았다
꺼칠꺼칠한 곳이 있었고 말랑말랑한 곳이 있었다
말랑말랑한 곳에 걸쳐 앉았다
바깥에서 윤전기 돌아가는 소리가 들렸다
침을 발라, 구멍을 뚫고 보니까
하늘 바깥에
하늘이 있는 또 하나의 세계가 있었다
그동안 헛고생한 것이다
하늘에 가면 다 가는 줄 알았는데
도달이라고 생각했는데
하늘 바깥에 또 하늘이 있었다니
길 떠나지 말라고 한 선생님이 생각난다
선생님은 알고 계셨던 걸까
하느님이 둘 이상이라는 것을

—「나비를 보는 고통」 전문

신의 부재에 대한 알레고리이다. 그러나 신이 언제 나에게 등장할지 모른다. 세계의 의미는 나에게 있다. 그러나 소멸과 생성의 변증의 궁극적 속내는 만물은 변한다는 것이 아니다. 만물은 소멸한다는 것이다. 열역학 제2법칙은 질서도의 증가가 아닌 무질서도의 증가를 얘기하는 것이다. 질서는 좋고 무질서는 나쁘다는 것은 '윤리적 존재로서의 인간' 때문? 신비로운 것은 그러나 인간이라는 종이 영원하지 않다는 것이다. 무질서가 좋고 질서가 나쁘다고 하는 것이 보편적 의식이 되지 말라는 법이 없다.

검은 제비 나비가 무릎 아래에서 펄럭거리고 다니는 것은
벌레를 잡숫기 위해?
천만에!
땅에 대고 싶어서다
땅에 기대어
저 무한 낭떠러지 공간으로부터
도망치는 것이다
팔 랑 팔 랑
팔 랑
이리 쏠리고 저리 쏠리면서도
혼신의 힘을 다해 가라앉는 나뭇잎처럼

혼신의 힘을 다해 줄행랑치고 있는 것이
무릎을 훑고 지나가는 것이다
삼켜질 데가 없는 공간으로부터
삼켜질 곳을 찾아

—「나비를 보는 고통」 전문

자유의 무서움, 혹은 삶의 잔혹함에 대한 알레고리이다. 자유로부터의 도피에 대한 알레고리이다. 우리를 삼키는 것은 공간인가, 시간인가. 두려움인가; 자발적 죽음에의 의지인가. 말할 수 없는 것에 대해서 침묵하라고? 그릴 수 없는 것에 대해서 침묵하라고? '신비스러운 것은 세계가 어떻게 존재하는 것이 아니라 [세계가] 있다는 것이다'(비트겐슈타인).

혼자서 날아다니다가
흙에서, 흙에서 뒹굴다 죽는 나비여.

날개가 아니라 몸뚱어리라는 것을.
그가 날개를 움직이는 동력이라는 것을.
내 진작 알았더라면

날개란 몸뚱어리에 붙은 어떤 것이라는 것을.
내 진작 알았더라면

몸뚱어리가 죽으면
날개도 따라 접힌다는 것을.
내 진작 알았더라면

혼자 다니다가
흙에 뒹굴다, 흙에 뒹굴다 죽는 나비에
나비의 운명에
내 가까이 하지 않았을 것이다.

— 「나비를 보는 고통」 전문

현실과 이상의 괴리에 대한 알레고리이다. 나는 이상주의자인가. 현실주의자인가. 이상주의자였던 것으로 보인다. 육체를 돌보지 않는 자의 영혼이 육체를 그만 놔둘 리 없다. 육체를 버리고 떠나는 영혼! "영혼은 육체에 붙어 있는 어떤 것"인가 '육체가 영혼에 붙어있는 어떤 것'인가. 둘 다 마찬가지인 것은 육체를 버리면 영혼이 떠나고 영혼을 버리면 육체가 떠난다는 것. 영원하지 않다는 것.

세 편의 「나비를 보는 고통」을 나열한 것은 '나비를 보는 고통'이 소멸한다고 하는 것이다. 다시 말하면 「나비를 보는 고통」이 계속 생기는 것은 무질서와 밀접한 관계에 있다. 열역학 제2 법칙, 엔트로피 법칙과 밀접한 관계에 있다.

알레고리는 덧없다. 역사가 덧없기 때문이다. 세계가 덧없기 때문이다. 통시적[역사적]으로도 덧없고 공시적으로도 덧없기 때문이다. 공시적으로 덧없다고 하는 것은 개인적으로, 민족적으로, 인종적으로 다르게 읽히기 때문이다. 개인이 나와 관계있고 민족이 나와 관계있고 인종이 나와 관계 있다. 나는 '다른 나'이다. 공시적 내가 덧없다. 21일, 22일, 23일, 나는 다르다. 무질서도의 무한한 증가이므로 나는 '없는 나'다.

3.

국자론으로 돌아가자. 첫째, 둘째. 셋째 항목이 공통적으로 상기시키는 것은 또한 병렬양식, 콜라주들이다. 서로 다른 7개의 별이 병렬(혹은 나열) 되어 있다. 서로 다른 7개의 별이 짜깁기되어 있다. 국자 모양은 그 다음이다. 국자 모양이 된 것을 물론 섭리가 작용한 것이라고 할 수 있다. 무슨 섭리? 우연성이라는 섭리? 우연히 만나 패밀리가 형성되듯 별들이 우연히 만나 국자를 형성하였다? 알레고리 경우처럼 여기에도 무상함이 저변에 깔려 있다. 그렇다. 문제는 소멸이라는 이념이다. 알레고리 존재, 알레고리 내용 모두에서 소멸이 지향[지양]된다는 점이다. 우연성 작법도 '우연'이 함의하고 있는 것처럼 소멸로 마감하게 되어있다. 북두칠성이 소멸한다. 어느 날 국자가 보이지 않는다. 혹은 국자로 보이지 않고 숟가락으로 보인다. 더 잔혹한 것은 북두칠성을 기억해주는 이가 없어진다는 것이다. 문서에 기록된 북두칠성을 읽어주는 이가 없어진다는 것이다.

요즘 나의 화두는 - 이미 수차례 詩로, 산문으로 언급하였지만 - '인류가 기억될 수 있는가'이다. '인류를 기억해주는 종이 존재하게 될 것인가'이다. 대멸종이 심심찮게 언급된다. 대멸종이 어떻게 올지도 모른다. 아직 인류는 300만 년이 안 되었다고 하는데, 공룡은 1억 5,000만 년 이상 번성하였다고 하는데. 하긴 300만 년도 영원한 시간이고, 1억 5,000만 년도 영원한 시간이다. 인간이 오래 존재하였다. 재미? 아마 흥미일 것이다.

인류가 기록될 것인가, 현생인류가 유럽을 중심으로 20만년 이상 번성한 네안데르탈인을 잡아먹었다는 기록
네안데르탈인의 턱뼈에 난 예리한 돌칼자국에 대하여 상세하게 기술하고 있지만
현생인류가 아주 오랜 시간 동안 번성하다가 천천히 사라져간 디노사우르에 대해 더 기록하겠지만
'인간이란 종이 고정된 것도 영원한 것도 아니다'가 오래된 소식
인류가 기록될 것인가, 인류가 스스로 기록하고 있다 하더라도 기록된 인류를 다시 기록하는 종이 있을 것인가
네안데르탈인을 돌칼로 발라먹었다는 현생인류, 우리를 잡아먹는 종이 기록하는 종이 되어갈 것인가
네안데르탈인이 기록하지 못했듯이, 호모하빌리스가 기록하지 못했듯이, 인류가 잊혀지게 될 것인가

—「인류에 대한 관심」 전문

제 곡조를 못 이기는 합창 — 이방원의 「하여가」

베케트가 먼저 썼고, 푸코가 「저자란 무엇인가?」라는 에세이 말미에서 다시 쓴, "누가 말하든 무슨 상관이야?". 이 말과 함께 생각나는 것이 '우연성'을 내포하는 들뢰즈의 용어, 배열이란 뜻의 아장스망agencement, 역시 우연성을 내포하는 들뢰즈의 용어, 뿌리줄기라는 뜻의 리좀rhizome, 역시 우연성을 포함하는 들뢰즈의 용어 '욕망하는 기계', 욕망하는 기계와 함께 나란히 기억되는 아르또의 용어 '기관 없는 신체', 역시 나란히 기억되는 크리스테바의 자궁벽이라는 뜻의 코라chora. 이와 나란히 떠오르는, '자연에는 목적이 없다'로 요약되는 다윈의 『종의 기원』, "자연에는 형식이 없다, 그럴 것이 내부와 외부가 없기 때문이다"(「유고 단편 1872년 여름-1873 초반」, Ⅲ-4, 47)라는 말로 이원론, 관념론, 유물론을 간단히 처리한 니체의 생리학Physiologie, '잃어버린 시간'을 뒤죽박죽 비선형적으로 보여준 프루스트의 '의식의 흐름', 16개 입자에 질량을 부여한, 신의 입자라 불리는, 최초우주의 힉스.

마음이 뇌에 의해 결정된다고 치자. 이 '사실'보다도 예술에 나타나는, 이를테면 다음과 같은 표현은 어떤가. 쉴러가 1803년 그의 비극 『메시나의 신부』를 위해 쓴 「비극에서 드러난 합창의 사용에 대하여」에 있는 말이다. 쉴러는 '운명의 잔혹성'과 대면하고 있었다. 그리고 가난과 병고에 시달리고 있었다, 2년 뒤에 죽는다.

> 합창은 그 자체 개인이 아니라 하나의 보편적 개념이다. 이 개념은 그러나 감각적인 거대한 量-多衆이다. 이 감각적인 거대한 量-多衆은 그 충만한 현존으로 관객의 의식을 강력히 뒤흔든다. 합창은 줄거리의 협소한 테두리를 벗어난다. 지나간 것과 다가올 것을 넘어서고, 먼 시간들과 먼 민족들을 넘어서고, 인간적인 것 전반을 넘어선다. 삶의 위대한 성과물들을 견인하고 지혜의 이

론들을 발설한다. 합창은 그러나 이것을 환타지의 충만한 힘으로, 대담한 서정적 자유로 일구어낸다. 환타지의 충만한 힘과 대담한 서정적 자유, 이것들이 인간 사물의 높은 봉우리에서 마치 신들의 당당한 걸음소리처럼 입성한다 – 합창은 그리고 이것을 리듬과 음악의 전 감각적 힘을 동원해서, 소리들과 동작들을 동원해서, 일구어낸다.(Friedrich Schiller, *Über den Gebrauch des Chors*(「[비극에 드러난] 합창의 사용에 대하여」), Sämtliche Werke in 5 Bdn., Ⅱ, 821)

우연성이라는 '잔혹한 진리grauenhafte Wahrheit'가 합창단의 "합창"에 묻혀 사라진다. 합창단은 신들이 "질주하는 열광의 말발굽소리"(니체, 『반시대적 고찰』, 전집, Ⅲ-1, 178)를 내며 "입성"하는 소리와 같다, 우연성이라는 괴물을 집어삼킨다. '잔혹한 세계가 미적으로 是認된다.' 자꾸 입안을, 귀안을, 맴도는 곡조가 있다.

이런들 어떠하리 저런들
어떠하리
만수산 드렁칡이 얽혀진들
어떠하리
우리도 이같이 얽혀서
백 년까지 누리리

— 이방원, 「하여가」 전문

"백 년까지 누리리라"라고 끝나는 걸로 알고 있는데, 끝의 '라'가 입안에, 귀안에, 울리지 않는다. 나에게 「하여가」는 "백 년까지 누리리"로 끝난다. 비참하다, 우울하다. "이런들"의 '들'이 비참하고. "저런들"의 '들'이 비참하고, "얽혀진들"의 '들'이 비참하다; 비참하다, 우울하다. "어떠하리"가 비참하고, "누리리"가 비참하다. "만수산 드렁칡"이 비참하고, "우리도"의 '도'가 비참하다, "백 년까지"의 '까지'가 비참하다. 간단히, 목적론적 세계관의 부인이다. '나에게는 영혼이 없다'라는 말, 누가 맨 처음이었을까. 나에게는 그것을 참아낼 인내심이 부족하다? 만약 신들이 존재한다면 나는 내가 신이 아니라는 것을 어떻게 참아낼 수 있다는 말인가?—그러므로 신들은 존재하지 않는다, 이것은 분명 '있는 그대로' 니체의 말이다. 더 비참하게 하는 것은 정몽주의 「단심가」 곡조이다. "제 곡조를 못 이기는 사랑의 노래"(한용운, 「님의 침묵」)까지 도달하지 않았지만, 「단심가」 역시 제 곡조를 갖는다. 전문이다.

이 몸이 죽고 죽어 일백 번 고쳐 죽어
백골이 진토 되어 넋이라도
있고 없고 임 향한
일편단심이야
가실 줄이 있으랴

그의 입을 틀어막고 싶다. 그때 거기에 있었더라면, 그의 입을 틀어막고, 그와 함께 넘어졌을 텐데. 토리노의 철학자가 말을 부여잡고 넘어졌듯. 우연성·필연성은 존재/무, 정신/물질, 인간/자연, 참/거짓, 지식/무지, 정의/불의, 성/속, 미/추, 선/악 등과 함께 중요한 기본개념 대립쌍이다. 우연성이 비참하게 하지만, 필연성이 더 비참하게 하므로, 우연성이 좋다. [리♪ 리♪ 리♪자로♪ 끝나는♪ 말은♪? 개나리♪, 미나리♪, 개구리♪, 누리리♪, 어떠하오리♪!] 그것이 대체 무슨 상관이란 말이오?

소멸의 알레고리 — 아이티 대지진

김영나 교수는 17세기 네덜란드의 화가 클라스Pieter Claesz (1596-1661)의 정물화 「정물」(1643)에서 죽음이라는 상징을 읽었다. '식사가 끝난 후의 정물'에서 부패하기 시작하는 음식물, 반 쯤 채워진[비워진] 유리잔, 그리고 시계 등에서 소멸의 알레고리를 본 것이다. 1643년은 언제인가. 신교·구교 간의 전쟁, 이른바 30년 전쟁(1618-1648)의 와중 아닌가. 중부유럽의 독일 인구 3분의 1 가량이 거주지를 떠난, 당시까지의 전쟁 중 가장 참혹했던 전쟁! 30년 전쟁은 '즐김'과 '허무'가 동전의 양면이었던 이후의 바로크예술 시대의 원인이었다. 다음 시는 벌써 표현주의 시대의 벤Gottfried Benn(1886-1956)의 『시체공시소·기타』(1912)를 방불한다.

> 부드러운 뺨이 오그라들고,
> 턱뼈, 혀, 이가 드러나고,
> 산호빛 입술은
> 완전히 검은 반점으로 덮였으며…
> — 그리피우스Andreas Gryphius(1616-1664), 「죽은 자들의 묘지와 안식처에 대한 생각」 부분

소멸의 알레고리? 지진 또한 소멸의 알레고리에 기여한다. 23만여 명이 죽은 2010년 1월 12일의 아이티 대지진, 23만여 명이 죽은 2003년 동남아 쓰나미, 1만 7000여 명이 죽은 1999년 터키 대지진, 25만여 명이 죽은 1976년 탕산 대지진, 10만여 명이 죽은 1923년 간토 대지진, 7만여 명이 죽은 1755년 리스본 대지진 등. 이를테면 1755년의 리스본 대지진은 그 자체가 '신중심사회 붕괴'의 알레고리였다. 혹은 칸트의 "너 자신의 오성을 사용할 용기를 가져라"라는 말로 압축되는 '인간중심주의 등장'의 알레고리

였다.

2010년의 아이티 대지진은 무엇에 대한 알레고리로 남을 것인가. '신은 신상필벌의 알레고리, 권선징악[사필귀정]의 알레고리에 좁게 갇혀 있지 않다'는 알레고리는 계속 유효할 것인가. 실로암 탑에 깔려죽은 18명의 죄가 예루살렘의 다른 사람들의 죄보다 더 크지 않다고 하신 예수의 알레고리는 계속 유효할 것인가. 가톨릭의 사제주의, 개신교의 목사주의는 계속 유효할 것인가.

하나님은 "살아있는 척 하시"고 계신 것이 아닐까. 이미 돌아가신 것이 아닐까.

살아서 겨우 살아있는 척 하다가
죽어서 죽어있는 것
하루살이가 참 길게 좇아온다
하느님이 하루살이와 같은 것은
살아서 겨우 살아있는 척 하는 것
다른 것은 죽어서 살아있는 척 하시는 것?
죽어서 살아있는 척 하시는 것?
덕유산 香積峰 정상
향내가 많이 난다
朱木이 참 많다
죽어서도 천 년이라고 하는 것

하나님은 돌아가신지 "천 년"도 더 된 것이 아닐까.

크리스토퍼 콜럼버스가 1492년 10월 12일 오전 2시 경 도착한 곳은 (중앙아메리카) 서인도제도의 북서부, 바하마제도의 중앙부 산 살바도르 섬이었다. 이이티 공화국에서 아주 가까운. 아이티 대지진은 '아메리카' 미국으로 대변되는 서양의 몰락에 대한 알레고리로 남게 되지 않을까. '기독교문명 몰락의 확실한 확인'으로 남게 되지 않을까. 아이티 주민의 80%가 구교도였고 16%가 개신교도였다.

지진으로 죽는 자들은 많은 경우 무엇 때문에 죽는지 모르고 죽는 사람들일 것이고, 더더욱 (윤리적으로) 왜 죽어야만 하는지 모르고 죽는 사람들일 것이다. 무의지적으로 세상에 '던져져서geworfen', 무의지적으로 세상을 떠난다. 이런 부조리가 있다니! 이런 부조리를 거행하시다니!

멀티콘센트 전기 차단 스위치를 누르면 선풍기에 붙어있는 정지 스위치를 누르지 않아도 선풍기는 꺼진다
꼭 선풍기에 붙어있는 정지 스위치를 눌러 선풍기를 끈다

멀티콘센트 전기 차단 스위치를 누르지 마소서, 하느님. 나의 목을 직접 조르소서, 하느님. 내가 알게 하소서, 하느님.

23만 명의 죽음은 작은 죽음인가. 큰 죽음인가. 질문이 우습다. 큰 죽음 아닌가! 정말 큰 죽음일까? 1명, 1명의 죽음이 더해져서 23만 명의 죽음이 만들어졌다면 작은 죽음이기도 할 것이다. 1명의 죽음이 작은 죽음인 것이다. 기억나지 않은 1명의 죽음이 작은 죽음인 것이다. 물론 그 1명의 죽음이 사라지는 것은 아니다. 1명의 죽음이 사라지지 않는다.

백색왜성 중성자별 블랙홀이 너무 큰 개념들이다
나는 너무 작은 개념들
산소와 산소 위를 날아가는 노란나비
산소가 너무 작은 개념들이다
작은 개념들은 사라지지 않는다

사라져도 사라지지 않는다
개미를 밟고 지나간다 나를 밟고 지나간다
내가 사라지지 않는다
개미가 사라지지 않는다
너무 작은 것은 사라지지 않는다
기억나지 않는 노란나비
기억나지 않는 것은 사라지지 않는다

소멸에 대한 알레고리가 있다면 자발적 소멸에 대한 알레고리도 있을 듯.

봄이다 푸른 함박눈이 쏟아진다
하느님의 길다란 은총이시다
나도 언제 함박눈으로 갚으리라
혼신의 힘을 다해 하늘로 쏟아지리라

여러 색깔이 있다 푸른 함박눈이 있다
어떤 색깔로 쏟을까
나는 현재 즐거운 비명으로 산다

하느님은 돌아가시는 걸 좋아한다

"혼신의 힘을 다해 하늘로 쏟아지리라"라고 한 것이 자발적 죽음과 관계있다. 하느님은 자발적 죽음도 "좋아"하시고 비자발적 죽음도 좋아하신다. [김말자 시인이 자발적 죽음을 선택한 것으로 보인다]

세계내적존재와 세계외적존재가 있다. 세계내적존재의 비극성은 세계내적존재를 보지 못한다는 것이다(숲에서 숲을 볼 수 없다는 것이다). 세계외적존재를 통해 세계내적존재를 볼 수밖에 없다는 것이다. 김말자 시인은 이러한 세계내적존재의 한계를 분명히 인식하고 있었다. 세계외적존재를 부정하는듯하지만 사실은 세계외적존재가 존재하기를 간절히 원하고 있었다. 세계외적존재가 세계내적존재를 위로해주고, 또한 세계외적존재가 세계내적존재를 데려가기를 간절히 원하고 있었다. 완강한 부정은 긍정이기 때문이다. "죽어도 아니 눈물 흘리오리다"라고 한 자는 눈물을 펑펑 쏟고 있는 자다.

그림자 하나 찢어진 의자 밤새
삐걱이어 잠 깨우네
일어나라 일어나라 속삭이네
이상스런 경험이네 특별한 공기 속에 있네

— 김말자, 「어두움」 부분

神聖을 느끼고 있는 순간을 포착한 절창이다. 세계외적존재가 "그림자"이고 "찢어진 의자"였다. 세계외적존재가 "일어나라 일어나라"고 "속삭이"고 있다. '일어나서' 김말자 시인은 "특별한 공기 속에 있"는 세계외적존재를 만났을까. 세계외적존재를 만나서 우리를 보고 있을까. 나는 그를 다시 만날 수 있을까.

죽음을 생각하게 한다 — 춘천

1.

차현민으로 기억한다. '요단강'을 처음 알게 해준 친구. 과학관 옥상에서 건물과 건물을 ㄱ자로 이어주는 모서리를 뛰어넘다가 아래로 떨어져 죽었다. 길이를 잘못 가늠하였다. 춘천중학교 과학관, 1학년 때였다. 그는 노력파, 나는 하룻밤 벼락치기파. 하룻밤 벼락치기파가 노력파를 이기는 수도 있다. 하룻밤 벼락치기는 '그때마다' 있는 일이 아니었다. 어쩌다 한 번 있는 일이었다. 가령 어머니와 싸운 날 하룻밤 벼락치기는 이루어지지 않는다. 지금도 하룻밤 벼락치기로 쓴다. 중학교 버릇이 53까지 왔다.

나는 차현민을 가끔 생각한다. 아니, 차현민이 가끔 생각난다. 그는 바이올린을 켰고, 나는 바이올린을 켜지 못하였다. 어머니는 이시우 음악선생께서 나에게 바이올린을 권유한 것에 대해 별다른 반응을 보이지 않으셨다. 학생은 공부만 하면 되는 것! 바이올린은 깽깽이였다. 피아노도 마찬가지로 치지 못하게 하셨다. 피아노가 있던 장애종 선생님과 어머니는 친척 사이였다. 장애종 선생님께 어머니는 영어 과외를 받게 했다.

나는 자전거를 못 탄다. 친구 자전거를 타볼 기회가 한 번 있었다. 공설운동장에서 연습한 뒤 지금은 없어진 요선동 터널을 들어가서 마주 오고 있는 택시 앞으로 자전거를 몰았다. 택시 기사는 브레이크를 밟고 밝게 웃으셨다. 죽으러 오는 놈을 죽지 않게 해주셨다. 어머니는 동생 둘에게는 '차곡차곡' 자전거를 사주셨다. 춘천고등학교 동기생 중에서 자전거를 못 타는 자로 나 말고 이덕수가 있다. 그러나 이덕수에게는 중앙감리교회 김연준 목사님이 계셨다. 얼마 전에 김연준 목사님의 아들 김성룡의 장례식장에서 자전거를 못 타는 이덕수와 자전거를 못 타는 박찬일이 마주쳤다. 아무 일도 일어나지 않았다. 소주 몇 잔 주고 받았을까. 이덕수는 아직 살아있다.

어머니에게 기타를 사달라고 했는데 기타를 안 사주고 통장에 기타값

만큼을 넣어주셨다. 나의 아들은 물어보지도 않고 기타를 사서 기타를 배우러 다닌다. 전승현스케이트를 사달라고 하니까 – 공지천은 그 당시 전국 빙상대회가 단골로 열리는 곳이었다 – 역시 사주지 않으셨다. 위험하다는 거였다. 춘천은 나에게 바이올린, 자전거, 기타, 스케이트로 요약된다. 그리고 그 꼭대기에는 어머니가 계셨다. 어머니가 바이올린, 기타를 켜셨고, 자전거, 스케이트를 타셨다. 어머니는 52에 돌아가셨다. 비이올린을 커시다가, 자전거를 타시다가, 기타를 켜시다가, 공지천에서 스케이트를 타시다가.

나는 팔호광장 5거리 한 귀퉁이 포장마차에서 술을 마시기 시작하였다. 고등학교 2학년 2학기 초부터 매일 저녁 팔호광장 포장마차로 출근하였다. 첫잔을 잊지 못한다. 500cc 조끼에 가득 따른 막걸리. 내가 지금 서울장수막걸리로 돌아온 것은 어쩌면 필연인지 모른다. 그만큼 첫 냄새는 강렬했다. 일곱 번째 날 일곱 잔을 마시고 나는 김연준 목사님이 담임하시는 중앙감리교회 도서실에서 오바이트를 하였다. 팔호광장 추억은 고등학교를 졸업하면서 끝난다. 하루도 빼놓지 않고 출근했던 팔호광장, 팔호광장.

> 국도 쪽으로 슬슬 다가가는 소여, 네가 길로 늘어서면 뿔로 車를 받을 것인가, 車가 받도록 내버려둘 것인가. 네가 아스팔트 위의 유일한 생물이다. 아스팔트 자리는 원래 네 밥상이었다.
>
> 기차를 향해 돌진했다는 낭트의 황소에게 이 詩를 바친다, 나는.
>
> —「경춘공원묘원」 전문

나는 그리고 1983년 2월 15일 오전을 잊지 못한다. 어머니는 혼수상태였다. 그런데 갑자기 사력(?)을 다해 '네가 나를 고려장 시킨다'고 하셨다. 집에 가고 싶다고 했는데 집에 못 가게 한 것을 갑자기 떠올리신 것이다. 우리 가족에게는 그 당시 기도원이 유일한 희망이었다. 신유의 축복이 유일한 희망이었다. 1983년 2월 15일은 집을 향해 가는 날이었다. 집으로 돌아가는 시간을 못 넘기고 어머니는 '네가 나를 고려장 시킨다'고 말씀하시며 운명하셨다. 버스가 천안 쯤을 지나고 있었을까. 서울에는 아버지와 동생들이 기다리고 있었다. 나는 어머니의 주검을 그들에게 보여주었다. 내 옆에는 아내 한영예가 서있었다. 나와 아내 한영예가 어머니의 임종을 목격하였다.

2월 17일 경춘공원묘원 충원묘원에서 어머니는 나를 무덤 속으로 데려가려고 하셨다. 나는 끌려가지 않으려고 발버둥쳤다. 나는 살아남았다. 어머니는 날 때부터 속 썩이더니 죽을 때까지 속 썩인다고 하셨다.

죽은지 1년이 되었는데도
아무 일도 일어나지 않았다
죽은지 2년이 되었는데도
아무 일도 일어나지 않았다
죽은지 3년이 되었는데도
아무 일도 일어나지 않았다
죽은지 4년이 되었는데도
아무 일도 일어나지 않았다
죽은지 5년이 되었는데도
아무 일도 일어나지 않았다
죽은지 6년이 되었는데도
아무 일도 일어나지 않았다
죽은지 7년이 되었는데도
아무 일도 일어나지 않았다
죽은 것이다

—「죽음에 대한 한 연구」 전문

기독교의 하나님은 여섯째 날에 인간을 창조하고 일곱째 날에 안식을 취하였다. 나는 어머니를 칠 년 동안 기다렸다. 다시 살아나기를 기다렸다. 다시 창조되기를 기다렸다. 그러나 그는 돌아오지 않았다. 창조되지 않았다. 그는 사라졌다. 이 지상에서 완전히 사라졌다.

어머니는 그래도 무덤에서 나오고 싶어하실 것이다. 2007년 10월 4일 나는 어머니를 결국 꺼내었다. 살은 전부 검은 가루로 변해 있었다. 뼈를 남김없이 추려서 화장을 시키고 분골함에 넣었다. 그리고 분골함의 뚜껑을 엄밀하게 봉했다. 그리고 봉안실에 안치했다. 어머니는 그래도 나오고 싶어하실까. 나를 보고 싶어서, 동생들을 보고 싶어서, 아버지를 보고 싶어서!

2.

詩 「모자나무」에 대해 이야기하고 싶다. 전문이다.

모자가 걸렸다, 중절모-바스크모-빵떡모-베레모—

할아버지-증조할아버지-할머니-외할머니—
어머니-외삼촌 — 모자가 차례로 걸렸다
사만 명의 유보트 대원 中 삼만 명이 귀환하지 못했다
삼만 개의 하얀 모자가 걸렸다
내 중학교 교모가 걸렸다
죽은 사람 모자를 거는, 모자나무
죽은 사람 눈에 뵈는, 모자나무

살아있으므로 살은 게, 아니라는 거,

쑥스럽지 말라는 거.

"내 중학교 교모가 걸렸다// 죽은 사람 모자를 거는, 모자나무/ 죽은 사람의 눈에 뵈는, 모자나무"이므로 시적 화자 '나'는 중학교 때 죽었다고 한 것이다. 차현민의 죽음을 내 죽음으로 착각했나?

미성년자입장불가라고 쓰여진 요선동 제일극장에 들어갔었다. 공상과학영화가 돌아가고 있었다. 시간이 가장 거대한 것, '거대하게' 시간이 움직이고 있는 것을 보았다. 죽음을 보았다. 중학교 3년 내내 불면증을 앓았다.

중학교 시절은 차현민의 죽음과 나의 불면증으로 요약된다. 죽음과 불면증은 인근의 관계에 있었다. 죽은 자가 잠들지 못한다.

편지: 자연 — '개 잡는 일'

자연아, 나는 너에 대해 아는 것이 별로 없다. 지리산을 수없이 들락날락거렸던 것은 걷는 게 좋아서였다. 지루하지 않게 하염없이, 하염없이 오르락내리락 걷게 해주었던 지리산 능선. 나는 풀 한 포기 생각나지 않는다. 꽃 한 송이 생각나지 않는다. 물론 예외는 있다. 나는 주왕산 느지미재로 향하는 능선을 잊지 못한다. 이름 모를 신비한 풀꽃들을 잊지 못한다.

자연아, 너는 나에게 공포의 대상이었다. 언젠가 지리산 연하천 산장을 떠난 뒤 나는 곧 폭풍우에 휩쓸렸고, 곧 길을 잃었고 – 큰 바위산 하나를 뱅뱅 돌았고 – 곧 오른쪽 무릎 연골을 다쳤다. 나를 구한 것은 자연이 아니라, 사람이었다. 마침 마주친 한국외국어대 산악반원으로 소개한 청년 둘이 아니었으면 나는 지금 이 글을 쓰고 있지 못할 것이다. 사람에는 나도 포함된다. 나는 나의 두 다리로 지리산 자연을 뚫고 하산하는데 성공하였다. 자연에는 폭풍우도 포함된다.

죽은 '자연'도 자연인가. 지리산 세석평전에 있는 枯木들에 대해서 나는 나중에 다음과 같이 읊었다. 제목은「죽은 나무가 나무다」이다. 진문이다.

지리산 장터목의 枯木이 말한다.
나무가, 자라서, 나뭇잎이, 펄럭인다고, 나무인가.
바람일 뿐, 바람표시일 뿐.

한 번. 가면. 다시. 안 올. 그딴. 노래. 부르지 마라.
새들의 속삭임, 새들의 가벼운 날개 위해
잔가지 치지 마라—꼼수 부리지 마라.

살아 있다는 것, 졌다는 것이다.

다시 말할까, 항복했다는 것이다.
한 점 살, 한 방울 피까지 다 뺏기는 것이다.

겨울이 와도 봄을 기다리지 않는다?
봄이 와도 싹을 틔우지 않는다, 노래 부른다.
모든 바람에게 길을 터주는
그가

노래 부른다 — 죽은 나무가 나무다.
영원히 나무다.

춘천에 있는 삼악산도 나를 죽음으로 몰고 갔었다. 폭풍우가 자연의 일부인 것처럼 얼음과 눈도 자연의 일부. 나는 얼음과 눈에 시달리느라 길을 잃었다. 이때 나를 도와준 것도 '나'라는 사람이었다. 자연이 아니었다.

먼저 나에게 자연하면 도가의 무위자연의 '자연'이 떠오른다. 上善若水! 물처럼 자연스럽게 사는 삶 말이다. 順하게 사는 삶 말이다. 그러나 '자연스럽게 사는 삶'의 '자연'은 나에게 실체가 아니라 관념이었다.

무엇보다도 나에게 자연은 '자연으로 돌아가라'의 '자연'으로 기억됐었다. 계급이 없는 자연! 개나리, 진달래, 철쭉들 사이에는 계급이 없다고 한다. 자연이 계급 없는 사회의 은유였다.

나에게 자연은 또한 19세기 말의 문예운동인 자연주의의 '자연'으로 각인된다. 여기에서의 자연주의는 요즘 화장품 광고에 쓰이는 '자연주의 미인'의 '자연주의'가 아니다. '추하고 역겨운 것에 대한 정밀한 묘사'에 대한 명명이 자연주의였다. 19세기를 대변하는 문예사조인 사실주의 뒤에 온 것으로서 극사실주의로 명명되기도 하는 것. 자연주의 시대에 이르러 처음으로 제4계급, 곧 무산자 계급이 역사의 전면에 전면적으로 등장하였다. 자연주의는 이들의 곤궁한 삶에 대한 묘사였다. 혹은 산업화시대의 창부, 알콜중독자, 정신병자들에 대한 기록이었다. 자연주의의 '자연'은 제4계급의 곤궁한 삶 및 창부, 알콜중독자, 정신병자들에 대한 은유, 혹은 이들 삶에 대한 정밀한 묘사에 대한 은유였다.

그렇다고 자연아, 섭섭해하지 말아라. 모든 것은 변하지 않니? 이를테면 봄 여름 가을 겨울로 변하지 않니? 나는 자연으로 돌아갈 날을 기다리고 있는지 모른다. 자연으로 돌아가는 아름다운 죽음을 기다리고 있는지 모른다.

2009년 3월 8일 박찬일 올림.

추신: 자연아, 너에게는 우울이 없구나. 인간에게 우울이 없을 수 없다. 나는 나중에 다음과 같이 읊게 될 거다. 제목: 「무심히 바라보는 자연—뒤돌아보며 퇴장하는 디티람보스」

자연이 뒤돌아보지 않습니다. 자연이 자연을 기억하지 않습니다. 자연에 우울이 없습지요.

千미터 얼음 꽃에 덮인, 그 스노볼에서 두 번 살아남은 게, 우울이 없어서죠.

四月이 잔인한 게 아니죠. 자연이 잔인한 거죠. 一月부터 十二月까지, 청동기 시절, 잔인하지 않은 적이 없었어요.

잔인하지 않은, 대궁, 가지, 이파리, 꽃잎이 없었어요. 대궁이 올라오고—사라지죠. 가지들, 이파리들, 꽃잎들, 등장해주고—퇴장해줍니다.

모오두, 등장해주기 시작하고—퇴장해주기 시작하고, 자연-인간 中에, 인간을 우울이 감싸고돕니다.

퇴장에서, 그러죠, 광포한 몸짓으로 퇴장하는 거—인간이 그 族이라는 거. 뒤돌아보며 퇴장당하는 게. 일부러 그랬겠어요?

내동댕이쳐졌으니까—내동댕이쳐지는 거, 처음부터, 퇴장을 염려하는 인간이라는 우울. 디티람보스, 우울에 대한 합창.
자연이 무심히 바라봅니다. 무심히 등장해주고 무심히 퇴장해주는 일을 반복하는 자연. 디티람보스, 자연의 침착에 대한 광포한 합창.

류승도 시인이 '개를 잡아먹는 것'이 '자명한 것으로서 自然'이라고 일러주었다. 然=夕+犬+火. 자연이 '개 잡는 일'의 은유?

확실한 소멸과 불확실한 소멸 시간의 모순 — 김정숙

어디 다녀왔냐구? 아니야. 오래 전에 다녀온 곳이 생각났어. 책상을 정리하다가 엽서가 한 장 나오더군.

> 박 선생, 보내준 카드, 반갑고 고맙게 읽고도 납상이 늦어 미안하네. 그동안 건강하게 지냈으리라 믿네. 부인도 안녕하시지? 학기가 시작되었으니 요즘은 무척 바쁘겠네. 춘천까지 오고 가려면 힘도 들 텐데. 고생이 심하겠네. 춘천에 가면 김정숙 교수에게 우리 부부 안부를 좀 전해주게나. 그전 본에서는 가깝게 지내던 분이라네. 출국하기 전 박 선생 하고 오대산에 같이 오른 것, 즐거운 추억이네, 귀국하면 가끔 같이 산에도 가고, 무엇보다도 한 잔 같이 하세. 어려운 시절, 이 악물고 견디어 나가세!

스승 김수용 선생께서 1995년 3월 10일 독일 뒤셀도르프에서 경기도 군포의 나에게 보낸 엽서 전문. 엽서 앞에는 나움 가보Naum Gabo(1890-1977)의 설치미술 작품 「공간 속 구성」(1938-39)이 사진으로 찍혀 있고. 이것이 눈에 띄게 한 걸까. 크리스탈을 재료로 해서 만든 것으로서, 지금(2009년)으로부터 70년 전, 그러니까 1939년 産이네. 사진으로 복제된 작품[기술복제시대의 예술작품]. 진품이 쾰른의 루드비히 박물관에 있다. 김수용 선생님이 뒤셀도르프 인근에 있는 쾰른에 가셨다가 기념으로 고른 '그림카드' 중의 하나이리. 내가 앞으로 쾰른에 가서 진품을 보게 될 확률은 못 보게 될 확률보다 훨씬 더 높을 것. 벤야민 투로 말하면, 몰락의 自然史 속에는 몰락의 人類史도 포함된다. '확실한 소멸과 불확실한 소멸 시간의 모순'은 소멸의 '진리 내용'.

그렇다네. 김수용 선생님과 오대산 진고개를 거쳐 노인봉을 올라 소금강 계곡으로 하산한 적이 있네. 동행했던 후배 최경은 선생이 등산화 때문에 고생하던 모습이 생생하네. 김수용 선생님과의 이 산행을 위해 나는 아내와 똑같은 코스로 오르고 내려가는 '연습'을 했었지. 이를테면 사전답사를 했었지. 나는 그 즈음 산에 자주 가 있었고, 산에서 길을 자주 잃었었어. "바람과 비와 나무,/ 하얀 뼈와 소화기계통 순환기계통만 작동한다./ 오만한 영혼에 의해 여태 보이지 않던 것,/ 천대받던 것들./ 두 팔과 두 다리는 나를 골짜기 밑으로 안내하였다"로 시작하는 詩, 「아, 연하천이여」도 그 즈음 나온 것. 이 詩에는 "1995년 여름, 호우주의보가 내린 어느 날, 지리산 연하천 산장을 지난 뒤 길을 잃었으나 육체의 도움으로 살아온 사람이 있었다"라는 각주가 붙어있지.

김수용 선생님은 2008년 8월 정년퇴임하셨네. 일주일에 한 번 산에 오르는 기쁨을 위해 일주일을 보낸다고 할 정도로 '산'을 낙으로 삼으셨던 분. 아무쪼록 산에 오르시는 기쁨을 오래오래 누리시기를 바랄 뿐.

김수용 선생님이 엽서에서 김정숙 선생께 안부를 전해달라고 하셨네. 아, 김정숙 선생님! 김정숙 선생님께 나는 분명 김수용 선생님의 안부를 전해드렸을 것이네. 본 대학에서 '카프카'로 학위를 하시고 강원대 독문과에서 교편 생활을 시작하신 분. 『카프카의 결혼』이라는 장편소설로 민음사를 통해 소설가로 데뷔하신 분. 이문열 선생이 賞讚하셨던 분. 나에게 가끔 詩원고도 보여주시기도 하셨던 분. 더 이상 이 지상에 더 이상 안 계신 분. 확실한 소멸 시간을 가지신 분.

김수용 선생님의 이 답장은 나에게 또한 1991년 6월 3일부터 6월 10일까지의 독일 여행을 생각나게 했네. 여행의 시작을 본에서 시작하였기 때문이리. 여행은 본에서 시작하여 뮌스터, 브레멘 등을 거쳐 독일 문학도서관이 있는 마르바흐에서 끝났네. 본에는 베토벤하우스가 있었고, 무엇보다도 아름다운 라인강이 흐르고 있었지. 거기에 머물고 계셨던 권기범 선생과 함께 한 라인강변 산책을 두고두고 잊을 수 없네. 라인강은 좁고 깊었네. 라인강변의 숲은 '아름답고 어둡고 깊었네'(로버트 프루스트). '지속가능한 발전'을 모토로 하는 소극적 개념의 생태주의를 어느 구석에서도 찾을 수 없었지. '라인강의 기적'이 상징하는 독일 산업화는 어느 곳에서도 찾을 수 없었지. 라인강의 기적에는 독일 생태운동의 기적도 포함되어 있었나?

여행의 절정을 뮌스터에서 느꼈네. 베스트팔렌 지방의 유서 깊은 대학도시 뮌스터. 특히 여기에서 역사적인 베스트팔렌 조약이 체결되었다는 세계사 지식이 나를 흥분시켰을 것이네. 뮌스터에 도착한 것이 6월 5일, 수요일. 뮌스터에는 나의 절친한 대학친구였던 김성재가 매체학과 신문방송학을 공부하고 있었다. 성재와 나는 시간 가는 줄 모르고 통음했었네. 인상 깊었던 복합명사 3개가 아직까지 기억난다네. 샤덴프로이데Schadenfreude. 우리말로는 이웃의 불행을 기뻐하는 것 정도. 니체는 『차라투스트라』에서 형용사형으로 샤덴프로schadenfroh라는 말을 썼었지. 그리고 인테그라치온스츠방Integrationszwang. 우리말로는 합류강박증? 이졸라치온스앙스트Isolationsangst. 우리말로는 고립불안. 뒤의 두 단어는 동전의 앞뒷면 관계. 나는 첫 번째 난어 사덴프로이데에 특히 재미있어 했지, '니체'를 떠올리며. 사촌이 땅을 사면 배 아픈 것이 인류보편적 가치였나? 6월 6일 브뢰트헨(독일 아침식사용 빵)을 맛있게 먹고 첫 번째 찾은 곳이 — 김성재의 말에 따르면 — 1618년~1648년 사이에 있었던 신교/구교 간의 30년 전쟁 종식을 위한 베스트팔렌 강화조약이 체결된 '평화의 홀Friedenssaal'이었네. 독일은 유럽의 한 가운데를 차지하고 있었던 관계로 신교/구교 전쟁의 텃밭이었네. 30년 전쟁의 한 복판에 있었네. 독일 인구의 거의 반이 줄었다는데.

30년 전쟁이 반영된 곳이 바로크 문학이지. 'vanitas허무'는 독일 바로크문학을 대변하는 용어. 그리피우스Andreas Grypius(1616~1664)의 동명의 詩 제목이기도 한 'vanitas! vanitum vanitas!허무여! 허무 중의 허무여!'를 독일 바로크시대-바로크문학의 모토라고 할 수 있을 듯.

어떠한 현명한 지식도 도움이 안 되네,

우리는 아무런 구별 없이 하나같이
그리로 들어간다네.
수많은 궁성들이 무슨 소용인가
여기 이 세상이 너무 좁다고 느끼는 자에게
좁은 무덤이 너무 넓을 것을.
—「허무여! 허무 중의 허무여!」 부분

사실 바니타스는 기독교 구약의 주요 구절 중의 하나인 "헛되고 헛되며 헛되고 헛되니 모든 것이 헛되도다"(『전도서』, 1장 2절)를 상기하면 새삼스러울 것이 없는 말. 허무를 몸소 실천해 보여준 것이 30년 전쟁이었다 이 말. 바로크문학을 '카르페 디엠!carpe diem!'과 '죽음을 기억하라!memento mori!'의 혼종으로 말하는 사람들이 있지. 인용한 그리피우스의 詩들, 그리고 오피츠Martin Opitz(1597～1636)의 문학 등이 그랬지. 성재는 그리피우스의 詩 한 편을 나에게 또 읽혀주었네. 이번 것은 20세기 초 고트프리트 벤(1886～1956)의 『시체공시소-기타』에 실린 詩들을 방불케 했네.

장 속의 오물이 피부로 흘러나와
구더기에 완전 파먹혔다;
장을 보고 있자니, 아 끔찍해라!
고름과 피, 그리고 물이 뒤범벅되어 흐르는구나.
—「고인들의 묘지와 안식처에 대한 생각」 부분

나는 '그만, 그만하라!' 했네. 내가 바로크문학을 들으러 여기 온 줄 아는가(?). 이에 대한 성재의 응수. 바로크문학에 특징적으로 나타나는 알레고리 형태 '엠블럼 구조'를 알고 있나? 표제inscriptio, 그림pictura, 경구subscriptio들로 구성된 엠블럼들, 바로크문학의 표상들. 그리고 나는 아무

말도 하지 않았다.

성재가 나를 데려간 곳은 재세례파 수장들의 머리가 전시되었다는 람베르티 교회탑. 재세례파 운동(The Anabaptist Movement)이란 루터와 츠빙글리의 종교개혁 이후 생긴 일종의 분리주의 운동을 말한다. 유아세례를 부정하고, 성경의 내용에 근거하여, 스스로의 판단에 의해 신앙 고백하는 사람에게 세례를 다시 주어야한다는 교리를 펼쳤다. 재세례파는 16세기 종교개혁기 스위스에서 시작되었으나 이후 많은 탄압을 받았다고 하지. 람베르티 교회탑에는 참수형에 처해진 재세례파의 수장들의 머리가 정말 걸려있었네. 새장 같은 것들이 3개 걸려 있었네. "여기 이 세상이 너무 좁다고 느끼는 자에게/ 좁은 무덤이 너무 넓을 것을"! '인간은 슬프다, 피조물로서 슬프다.' 앞에서 몰락의 自然史, 몰락의 人類史라는 말을 썼었지. 알레고리는 바로크문학의 예를 통해 소멸을 진리내용으로 할 수 밖에 없다고 한 者가 벤야민. 벤야민은 파리 아케이드들에 진열된 자본주의的 상품에서도 바로크시대의 몰락의 알레고리를 적용시켰네. 사실 알레고리는 '초역사적 상징'과 구별되는, 일회적 알레고리 및 역사적 알레고리가 강조되는 점에서 그 자체 소멸을 전제로 하는 수사법. 먹물을 용서하시게. 먹물이 먹물을 만났었네. 자네도 먹물 아니었나?

거기도 바람 불고 비 오고 그러는가. 가끔 소식 전하시게나. 기다리겠네.

2009년 5월 10일 박찬일 올림.

제6부

『멜랑콜리커들』 補遺

●

세계-내-존재 自覺의 한 방향 — 無의 형이상학
— 안수환의 글쓰기

세계-내-존재 自覺의 한 방향—無의 형이상학
— 안수환의 글쓰기

(1) 인생이란 무엇인가? — 당초무늬 질그릇 뚜껑을 놓치는 일이다. — 칫솔을 놓치는 일이다. — 손수건을 놓치는 일이다. — 칸트를 놓쳐버린 일이다. 아내를 놓쳐버린 일이다. [이 모든 것을 합쳐 말할 때] — 먼지를 놓친 일이다. 인생이란 무엇인가? — 먼지를 놓치는 일이다. '먼지로서 인생'을 놓치는 일이다.

(2) 내가 놓친 것은/ 당초무늬 질그릇 뚜껑만이 아니다/ 칫솔을 놓치고/ 손수건을 놓치고/ 읽고 있던 칸트를 놓쳐버렸다// 내 아내를 놓쳐버렸다// 허무한 인생,// 그러나 정말로 내 손에서 빠져나간 것은/ 가벼운 먼지였다/ 가볍게 가볍게 손에 들고 있던 인생이었다

— 안수환,「인생」전문,『그 사람』, 2012.

1. 예술가의 지독한 자부심

신학-존재론-존재철학 — 존재신론-철학 등 다양한 이름으로 불리는 형이상학이 본래적 의미에서, 구제형이상학을 포함하고, 윤리형이상학을 포함한다. 초월성과 내재성을 동시에, 혹은 따로따로 향유하였다. 안수환의 도저한 사유가, 신학-존재론-존재철학Ontosophie—존재신론을 관통하면서, 본인 고유의 형이상학적 체계를, '존재'에 대한 응답인 것으로서, 언어를 통해 전경화 시켰다. 안수환은 이에 관한 한 20세기-21세기 한국의 거의 독보적 詩人이다. 詩人 중의 詩人을 말해야 할 때, 안수환을 먼저 떠올릴 일이다. 안수환은 문학판-정치판의 그 雜音에 응답하지 않는, 오로지 '존재音'에 응답하는 존재자로서, '고유한 철학으로서 詩세계'를 구축해왔

다. 세치 혀로 詩를 하지 말고, 온몸으로-진정성으로 詩를 하렸다! 안수환의 범주적 명령[정언명령]이 아닐 리 없다.

중심이 없는 하늘이 '그 하늘'이 아니다. 바람으로 비유되는 하늘 역시 그 하늘이 아니다. 바람은, 늘 한 번 지나가며, 그리고 다시 안 오는, 하여, 구름과 유비로서, 다시 올려다보면 늘 그 자리를 벗어나 있는 그 구름과 유비로서, 그 바람이기 때문이다. 2013 늦가을, 필리핀을 휩쓸고 간 태풍 하이옌, 2011, 일본 동북부를 강타한 대지진, 그리고 대형원전사고, 2010 아이티의 수도를 궤멸시킨 대지진 등이 하늘을 부정하게 하는 것들로서, 하늘을 쉽게 죽인다. [쉽게 죽는 하늘이 그 하늘이 아니다] 죽었다가 살아나는 하늘이 그 하늘이 아니다! 종말론으로 표상되는 구원론이 2000년 동안 지치지 않고 살아남은 것이, 내부의 적 같은 것으로서, 내부에 똬리 튼, 구원에 대한 갈망 때문이다. 구원에 대한 갈망이 보편적이다. 구원에 대한 갈망이 쉽게 죽는 하늘이 아닌 것으로서, 神性이다.

하늘은 쉽게 죽는다
본받으라는 것인가 본받지 말라는 것인가

바람이 바람을 붙잡지 않은 것을 보면
더 이상 중심을 잡을 일도 없을 터

나는 혼자 걸었다
눈물이 나더라도 혼자 걸었다

나를 비추던 조명이 깨진 다음에도
당신 앞으로 달려가지 않았다

그래야 마음이 편했다

— 「하늘은」 전문, 『눈부신 먼지』, 2008.

"쉽게 죽는"— "하늘"이 世界史的 차원에서만 확인되지 않는다. 個人史的 차원에서도 확인된다. 인간은 그냥 슬프다. '피조물로서 비애'이다. 피조물로서 비애가 '하늘'을 꼭 우러러보게 하지는 않는다. 피조물로서, 눈물이 단지를 넘쳐흐를 때 [하늘에 대한 더 큰 집중이 가능하고] '하늘에 대한 포기'가 가능하다. '구원론으로서 종말론'의 포기가 가능하다. '피조물로서 비애'? 너무 거창하다. 피조물로서 비애는 초월적 존재가 아닌, '내재적 존재로서 비애'이다. 초월적 존재를 전제하지 않는 '순전한' 내재적 존재로서 비애가 가능한가? 그렇다면, 세상사람-世人으로서 비애이다. 안수환은 世人으로서 비애를 작정하고, '世人으로서 비애'를 감수-감당하려고 한다. 이른바 "눈물" 흘리면서 "혼자" 씩씩하게 "걸"어가는 자세이다. 사실 눈물 흘리면서 앞으로 걸어가는 자세는 동태적 멜랑콜리-역동적 멜랑콜리의 자세이다. 일반적 멜랑콜리가 아닌, 역동적 멜랑콜리dynamische Melancholie가 구원과 무관하지 않다. 물론 자기 자신의 구원이다. '그'에게 인생을 늘 살만한 것으로 의식하게 하는 '자부심-자존심'이 있다. 프로메테우스的 자부심이 "눈물이 나더라도 혼자 걸었다"라고 진술하게 한다. "나를 비추던 조명이 깨진 다음에도/ 당신 앞으로 달려가지 않았다"고 발언하게 한다. '자부심으로서 안수환'을 말해야 하는 까닭이다. 「하늘은」의 맨 끝 구절 "그래야 마음이 편했다"가 쐐기 역할을 한다. '그래야 마음이 편했다'가 '자부심으로서 안수환'의 극명한 노출이다. '눈물'로 표상된 생-로-병-사의 고통이 인생을 점철하더라도, 하늘을 찾지 않는다. '나를 비추는 조명이 꺼짐'으로 표상된 '변덕성으로서 희-노-애-락'의 고통이 인생을 점철하더라도 '당신'을 찾지 않는다.

통영에 가면

민어를 먹는다

통영에 가면

황복어를 먹는다

맨드라민 바라만 보고

시청 주차장에서 날 기다리는

그리스도,

잠깐 손 잡아보곤 놓아드리고

배가 부른 만큼

—「통영」 전문, 『그 사람』, 2012.

"민어"-"황복어"-"맨드라미"가 각각 표상하는 것이 내재성으로서 삶이다. '내재성으로서 삶'이 "시청 주차장"을 떠올리게 하기도 하나, "시청 주차장에서 […] 기다리는" 것으로 해서 이미 그 의미를 脫色으로 암시한, "그리스도"를 떠올리게 하기도 하나, 이미 충분히 삶을 산 後였다. '희-노-애-락으로서 삶'을 충분히 겪은 者가 충분히 "배가 부른 만큼" 이 세상을 '가벼이' 떠날 자격이 있다. 충분히 고통을 "먹"은 者, '배 부른 者'가 그리스도를 "놓아드리고" '가뿐하게' [그리스도 없이] 세상을 뜰 자격이 있다. 인간으로서 삶이 먼저이나, 인간으로서 삶이 그리스도[구원]의 조건이 아니다.[1] [구원을 무시로서 무시한다]

---

1 "금을 만들 때는 수은이 들어간다/ 수은은 증발하고 금이 남는다// 설악산 신흥사엔 부처가 없다// 앞마당 뒷마당에 수은이 없으니/ 부처를 감싸줄 수은이 없으니// 오 증발이 없으니// 설악산 신흥사엔 부처가 없다"; 안수환의 「설악산 신흥사」 전문이다. 시집 『그 사람』

생-로-병-사의 잔혹성과 희-노-애-락의 변덕성이 동시에 말하는 것이 '좌불안석으로서 인생', 그리고 불안이 그 표상인 '어쩔 줄 몰라하는 인생'—'당황한 기색이 역력한 인생'이다. '역동적 멜랑콜리로서 안수환'에게 불안이 '신에 의한 구원'의 동력으로 사용되지 않고, '자기자신에 대한 구원'의 동력으로 사용된다. 예술가의 지독한 자부심으로, '미적 단계 → 윤리적 단계 → 종교적 단계'의 역순으로서 '종교적 단계 → 윤리적 단계 → 미적 단계'를 자발적으로 말하는 안수환. '그래야 마음이 편했다'는 인간 안수환의 자부심의 표현이고, 동시에 예술가 안수환의 자부심의 표현이다. '프로메테우스-시지포스'가 계속 간을 쪼아 먹히고, 계속 바위를 굴려 올리는 것은 '자기자신의 정당성'에 대한 확고한 인식에 기반한다. 태어난 게 罪이나 그것은 나에 의한 罪가 아니다. 이미 '나'는 세계-내-존재로서, 罪와 무관하다. 나는 나의 창조자이다. '세계-내-존재 意識'이 被投性-수동성이 아닌, 企投性-능동성으로서, 자신을 새롭게 규정하는 동력이다. 예술가의 지독한 자부심이 가능한 까닭이다. '그래야 마음이 편했다'로 표상되는 예술가의 지독한 자부심-자긍심이 「소나무」에서 아주 간결하게 처리됐다.

소나무는 고개를 빳빳이 들고 있지 않았다

팔꿈치를 펼쳤다가 팔꿈치를 접고 있는 나무,

특별히 허리를 꼬부리고 서 있는 나무,

푸른 소나무,

(2012)에 실렸다; "수은"이 "부처"의 조건이지 부처가 수은의 조건이 아니다. 수은이 먼저이고 부처가 나중이다. 형상이 먼저 오고 질료가 그 뒤를 따른다? 아니다! 질료가 먼저이고 형상이 나중이다. ["증발"이 '충분한 삶'을 표상했다]

존엄이란 존엄이 다 몰려왔다

얼 얼 얼

나는 이 소나무 씨를 받으며 살아갈라네

—「소나무」 전문, 『그 사람』, 2012.

“고개를 빳빳이 들고 있”는 “소나무”가 자부심이 아닌 것이 거기에 삶이 없기 때문이다. ‘내재성으로서 삶’이 없기 때문이다. [고개를 빳빳이 들고 있는 소나무가 삶에 대한 무지를 드러낸다] 팔굽혀펴기를 하고 있는 나무(“팔꿈치를 펼쳤다가 팔꿈치를 접고 있는 나무”), 이삭 줍는 나무(“특별히 허리를 꼬부리고 서 있는 나무”), 거기에 삶이 있고, 안수환이 특별하게 말하는 것으로서, 삶이라는 “존엄이란 존엄”이 있다. “푸른 소나무” 한 그루에 우주가 있다. 이니, 푸른 소나무 하나를 우주가 감당하지 못한다. [푸른 소나무가 오직 영원하다] 푸른 소나무가 술부가 아닌 주부로서, ‘나머지는 침묵이다’가 말하는 바와 같다. 푸른 소나무의 유비가 나락하기 以前의-‘선악 분별’ 以前의, 천지창조시대의 로고스이다. 푸른 소나무와 ‘타락하기 이전의 선악과나무’가 상호 유비적이다. 푸른 소나무가 말하는 것이 ‘존엄으로서 존엄’으로서, 즉 동일률로서[2], 로고스이고 아담언어이다. 안수환이 살고 있는 땅이 선악의 분별 없는, “얼 얼 얼”이 그 표상인 시니피앙의 시대, 곧 천지창조시대의 에덴공간이다. ‘얼 얼 얼’이 언필칭 ‘방언’과 같은 것으로서, 천지창조시대의 언어이다. ‘그’가 선이 무엇을 말하는지 모르고, 악이 무엇을 말하는지 모른다.

---

2 ‘존엄이 존엄이다’가 동일률-항진명제-분석명제이다. ‘존재사로서 繫辭’, ‘이다’가 존엄을 진리로 是認시킨다.

강요와 자유의 경계 밖으로

새들은 더 높이 날아올랐다

—「지나가는 바람 10」 부분, 『눈부신 먼지』, 2008.

예술가의 지독한 자부심이다. "강요"/"자유"와 선/악이 상호 유비적이다.

2. 내재성으로서 비애

'내재성으로서 비애'가 토출된 글이 「아내의 바다」이고, 「지나가는 바람·10」이고, 「지상시편 24」이다. 「아내의 바다」가 궁금하다.

내 아내는 나뭇잎에 물든 물방울을 보면

바다라고 부른다

햇빛이 반짝이는 날,

나뭇잎을 쓸고 가는 바람을 보면

바다라고 부른다

바다는 저쪽에 있는 것

바다는,

호수보다도 크고 노을보다도 먼 곳에 있는 줄 잘 알면서도

나뭇잎을 물들이는 물방울을 보고 바다라고 부른다

가슴이 답답해지면

아내는 내 손바닥을 끌어당겨 자기 젖가슴 위에 놓는다

— 「아내의 바다」 전문, 『눈부신 먼지』, 2008.

“나뭇잎에 물든 물방울”과 “나뭇잎을 물들이는 물방울”이 벌써, 하늘이라고 할 때 그 하늘이 의미하는, “바다”인 것이다. 바다가 “저쪽에 있는 것”으로서, “먼 곳에 있는” 그 바다가 아니라, ‘지금 여기’가 바다라고 알린 것이다. [여기가 로도스이다] “답답”한 “가슴”-“아내”의 “젖가슴” 또한 벌써 바다이다. ‘변덕성으로서 희노애락’-‘잔혹성으로서 생로병사’가 바다이다. 안수환이 내재적 질서에서 구원을 찾는 것이 분명할 때, ‘답답한 가슴’이 구원에 포함되고, ‘아내의 젖가슴’이 구원에 포함된다. 「지상시편 24」에 주목하는 까닭이다.

나는 각목에 박힌 못을 뺐다
각목이 가벼워졌다

나는 연못에 박힌 대못도 뺐다
연못이 가벼워졌다

그런데
눈물 반쪽을 데리고 온
내 가슴속 흰 돌멩이는 온데간데없다

잠깐,

— 「지상시편 24」 부분, 『시문학』, 2012. 10.

“눈물 반쪽을 데리고 온/ 내 가슴속 흰 돌멩이”가 서쪽에서 온 뜻이 ‘가슴속 흰 돌멩이’가 말하는바, 내재적 삶에 대한 강조이다. ‘가슴 속 흰 돌멩이’가 ‘내재성으로서 삶의 비애’를 표상한다. 흰 돌멩이가 하얀 소복을 떠올리게 하는 것으로서, 애도대상을 표상한다. “눈물 반쪽”이 얘기하는 바이기도 하다. [죽음이 다녀가셨다] "가슴속 흰 돌멩이는 온데간데없다"가 동쪽으로 간 뜻은? '애도불가능성-자아상실감'으로 표상되는 일반적 멜랑콜리의 그 행로에서 벗어난 것을 알린다. 문제는 별연으로 처리한 "잠깐,"이다. 콤마로 끝냈으므로 뭔가 생략된 듯? 아님 '열린 형식offene Form'으로서, 해석상의 자유를 부여하려 한 것? '잠깐'이 '온데간데없다' 바로 다음에 오는 것이므로, 즉 잠깐이 온데간데없다에 걸리므로, '잠깐, 온데간데없다'를 말한 것일까? ('잠깐'이라고 했으므로) '흰 돌멩이'에 대한 '애도불가능성[리비도집중철회불가능성]-자아상실'의 여지를 알린 것일까? 일반적 멜랑콜리 또한 보편적인 것으로서, 내재성의 범례이다. 인간은 기본적으로 슬프다. '사랑하는 사람' 때문에 슬프고, 자기자신에 對한 실망이 말하는 바, 자기자신 때문에 슬프다. '자기자신에 對한 실망'을 선고하는 초자아Über-Ich 때문에 슬프다. '흰 돌멩이'에 주목할 때, 다른 式의 해석이 등장한다.

> 귀 있는 자는 성령이 교회들에게 하시는 말씀을 들을찌어다 이기는 그에게는 내가 감추었던 만나를 주고 또 흰 돌을 줄 터인데 그 돌 위에 새 이름을 기록한 것이 있나니 받는 자 밖에는 그 이름을 알 사람이 없느니라
>
> —「요한계시록」2장 17

성경에서 "흰 돌"이 표상하는 것이 "만나"와 마찬가지로 구원, 즉 구원의 증표이다. "각목에 박힌 못"을 빼서 "각목이 가벼워졌"으나, "연못에 박힌 대못"을 빼서 "연못이 가벼워졌"으나, 내 가슴속 돌멩이는 [벌써] 온데간데없었고, 그러므로 나는 가벼워진지 오래라고 한 것으로 보는 것이다. 종말론-구원론에서 자유로워진지 오래라고 한 것으로 보는 것이다. 「지상시편 24」의 "눈물 반쪽"이 표상하는 것이 '수고하고 무거운 짐을 진 자들아, 다 내게로 오라, 내 너희들을 쉬게 하리니'의 '수고하고 무거운 짐들' 같은 것이다. 눈물이 아니고, 더구나 눈물 한쪽도 아니고, 눈물 반쪽의 어투가 암

시하듯, '수고하고 무거운 짐들'이 구원요청의 근거가 아니라, 지상에서 감내해야 할 몫으로 보는 것이다. 더구나 인생은 잠깐 아닌가?; "잠깐"을, 제목「지상시편 24」의 '지상시편'을 고려해서, 말 그대로 잠깐인 인생에 관해서 말한 것으로 보는 것이다. 잠깐 다음의 쉼표에, '있다가는 인생 아닌가?' 같은 것이 내장돼 있다 보는 것이다. [구원을 단호히 거부하는 안수환]

내 영혼이 깨끗해진 것은
사라지는 것들이 곁에 있었기 때문
무쇠에게 입을 맞추고 돌아온 자는
다시 눈을 떠야 하리라

갈참나무 아래 물달개비꽃
낯익은 죽음 한가운데 서서
천둥을 가슴팍에 찢이붙인 너는
아름답구나

오, 상처난 영혼이 더욱 아름답구나
부러진 나뭇가지처럼
강요와 자유의 경계 밖으로
새들은 더 높이 날아올랐다

— 「지나가는 바람 10」 부분, 『눈부신 먼지』, 2008.

"사라지는 것들"을 "내 영혼이 깨끗해진" 이유로 말한다. 무서운 역설이다. 역설은 늘 '역설적 진리'이다. "무쇠에게 입을 맞추고 돌아온 자는/ 다시 눈을 떠야 하리라"에서 '무쇠'가 은유하는 것이 시체 같은 것으로서, '사라지는 것'-'사라진 것'이다. 육사가 "강철로 된 무지개"(「절정」)를 말했을 때, 강철 또한 무쇠에서 크게 벗어나지 않는다. '강철로 된 무지개'는 무지개를 '어려운 것'으로 말한 것이다. '무쇠에게 입을 맞추고 돌아온 자는 다시 눈을 떠야 하리라'가 특히 말하는 것이 '몰락의 보편성'이다. '몰락의 보편성'이 진리로 드러났을 때, 그것은 진리가 말하는 것으로 해서, '무조건적 수용'을 요구한다. '다시 눈을 떠야 하리라'가 말하는 것은 '깨끗해진 영혼'이 말하는 바와 같다. 요이 땅! 인생을 다시 시작하는 것이다. 담배 한 갑에 스무 개의 자유가 있다지 않는가? 스무 번 다시 시작할 수 있는 담배, 인간이 담배보다 못하지 않지 않은가? "낯익은 죽음"이 말하는 것 또한 몰락의 보편성이다. 죽음은 늘 낯이 익다. 참 많이 죽는다. 죽음이 '친숙한 죽음'이다. 죽음이 인간에게 동무로서, '친구야 놀자!', 할 때 그 친구와 같다. '친구야 놀자'와 '죽음아 놀자'가 같은 곳을 向한다. "천둥을 가슴팍에 찢어붙인 너"를 "아름답구나"로 불러주었을 때, "상처난 영혼"을 "아름답구나"로 불러주었을 때, 이것은 파우스트의 어조로서, 진리를 보았을 때 말한 '멈추어라, 아름답다!'의 그 어조이다. '세계의 가장 안쪽을 붙들고 있는 것이 무엇인지, 이제 알겠노라', 그 어조이다. 진리의 司祭로서 안수환을 말한다. '몰락의 보편성으로서 진리'를 告知하는 안수환을 말해야 하는 까닭이다. 몰락의 보편성이 진리로서 是認됐을 때, 몰락의 보편성이 구원을 말하기 시작한다. 미네르바의 부엉이가 저녁 무렵에 날기 시작한다. "강요와 자유"를 非-"경계"로 말하는 것이 구원이다. "더 높이 날아"오른 "새들"이 구원받은 새이다.

3. 지상의 양식 — 천상의 양식

지상시편들 中 안수환의 생-철학을 비교적 명료하게 드러낸 것이 미켈란젤로의 시스티나교회 천정화 「천지창조」의 감상문 「지상시편 19」이다. 神이 손을 내밀려고 하고, 인간이 그 손을 잡을 준비를 하고 있다. 神

이 인간에게 말을 걸려고 하고, 인간은 神에 응답할 준비가 돼있다.[3] 파르메니데스 용어로서, '동일한 것das Selbe-to auto'의 場, 즉 사유와 존재가 '함께 속해있음Zusammengehören의 場'에서 사유와 존재는 상호공속성 Zueinandergehörigkeit이 특징이다. 상호共屬性이 벤야민의 용어로는 '상호공명'이다.[4] 神이 말을 걸어올 때, 준비하던 인간이 그 말을 듣고, 그 말을 받아 적는다. '우주 가장 안쪽에 앉아있는 존재'가 들려주는 말[우주音]을 들을 수 있고, 그것을 받아 적을 수 있는 者가 詩人이다. 詩人 중의 詩人이다. 「천지창조」에서 안수환이 본 것은 그러나 神의 손을 붙들지 않은 인간의 손이었다. 神의 손과 인간의 손 '사이'였다.

미켈란젤로의 시스티나 천정화를 보면
손가락을 내민 쪽은 당신의 손이었다

1512년 이후,

내 손가락은 당신의 손에 닿지 않았다
그러므로 손해 본 쪽은 당신의 손이었다

안간힘을 쏟은 당신의 손,

미켈란젤로의 생각과는 달리

---

3 이렇게 말하는 것은 「천지창조」를 하이데거에서 보는 것이다. 하이데거, 「동일성의 명제」, 『동일성과 차이』, Pfullingen 1957, 6. Aufl.(1978), 8～12.

4 벤야민의 말: "모든 이념이 각각 하나의 태양이다. 태양들이 상호 관련 맺듯, 이념이, 비슷한 다른 이념들과, 서로 관련 맺는다." 벤야민, 「이념으로서 말」('인식비판적 서문'), 『독일 비애극의 원천』, 전집, Frankfurt/M. 1978, 2. Aufl. Ⅰ-1, 218.

사르트르는 그 시스티나 예배당 천정화를 보고 無를 발명했다

말하자면,
사르트르는
당신의 손가락과 내 손가락 사이로 無의 공간을 찔러 넣은 것이다

그 날 이후,
無는 당신의 밥이 되었다

저것 봐
계룡산 수탉도 암탉을 끼고 다니면서 풀씨를 쪼아 먹는 것 봐
아니라니까 풀씨가 아니라니까 無라니까

— 「지상시편 19」 전문, 『시문학』, 2013. 11.

"당신의 손가락과 내 손가락 사이"에 "無의 공간"이 있다. 인간은 늘 신으로부터 '저만치' 떨어져 있다. 신과 인간 사이에 無-Nichtsein가 있다. 신은 말을 걸려고 했는가? 어쨌든 인간은 응답할 준비를 하지 않았고, 신의 손을 잡지 않았다. 無인 것이다. 은하수 전체가 '적막으로서 無'인 것이다.[5]

---

5 쇼펜하우어의 『의지와 표상으로서 세계』(1818)는 다음과 같이 끝난다. "[…] 인도인들이 신화 및 의미가 없는 말들을 통해 브라마Brahm로 흡수되는 式처럼, 혹은 불교도들의 니르바나 式처럼, 無를 회피하는 그런 式 말고, 달리 말하는 것: 모든 덕목과 거룩함의 뒤편에서 부유하는 마지막 목표지, 즉 저 무Nichts의 어두운 인상을 몰아내야 할 것이다. 아이들이 어두운 것을 두려워하듯, 두려워하는 그것을 몰아내야 할 것이다. 오히려 응당 고백할 것이, 의지가 완전히 지양된 후에 남아있는 것이, 아직 의지 충만한 그 모든 者들이 볼 때, 물론 無라는 사실이다. 그러나 또한 역으로, 의지가 방향을 바꾸어서 자기를 부인한 者들에게는, 매우 리얼한 이 세계가 모든 태양들과 은하수들과 함께 — 無인 것이다." 쇼펜하우어는 '자기부인Sich-Verneinen을 통한 無'-'無에의 의지를 통한 無'를 말한다. [주목되는 곳이 '無를 회피하는 그런 式 말고, 달리 말하는 것'이다] 無에의 의지가 그 결과로서, 無의지-無이다. '無에의 의지'와 '몰락에의 의지'가 상호 유비적이다. 쇼펜하우어에서

당신의 양식-"당신의 밥"이 無인 것이다. 조심스럽게 말해야 하는 것이, "수탉"과 "암탉"이 "풀씨"가 표상하는 사랑을 "쪼아 먹"고 살지만, 결국 먹게 되는 것이 마찬가지로 無라는 점이다. "아니라니까 풀씨가 아니라니까 無라니까", 화자가 강한 톤으로 풀씨를 부인하고 無를 긍정한다. 인간의 양식도 無인 것이다. 이른바 無의 보편성이다. 당신[하나님]도 無가 밥이고, 인간도 無가 밥이다. 無의 보편성과 몰락의 보편성이 상호 유비적이다. 신이 無가 양식일 때, 神이 그 극단적 존재자로 해서, 사실대로 말해 최고존재자로 해서, 神이 無가 양식인 것을 알리는 것은 '無가 보편성으로서, 진리'를 알리는 것이다. 천상의 神도 無를 먹고 사는구나! 천상의 神이 無를 먹고 사는데 뭘, 우리가 無를 먹고 사는 게 천상 당연한 것 아냐? 神의 無가 인간의 無를 정당화시킨다. '안수환'이 구제형이상학으로서, 특이 이점에서 니체-벤야민에 합류한다.

서녁인데
살구꽃은 발끈 성이 나 고함을 질렀다

내 발목 복숭아뼈 近洞
꺼뭇꺼뭇한 배추밭이 일어나
꽃보고 揖을 한다

상황이 이러하매
아홉 겹 九天 자갈밭에 묻어 둔
내 이름을 불러내
揖하도록 명했다

의지의 형이상학을 말하고, 니체에서 '몰락의지로서 형이상학'을 말한다.

꽃 보면

揖,

— 「지상시편 4」 전문, 『시문학』, 2013, 1.

은하수 전체가 無로 판명나고, 신이 無로 판명나고, 인간이 無로 판명났다. 사유와 존재의 상호공명을 말할 게 아니고, 인간과 신의 상호공명을 말할 게 아니다. 안수환은 "살구꽃"과 "배추밭"이 상호공명하는 모습을 볼 것을 요청한다. "내 이름"에게 살구꽃의 "고함"소리에 공명할 것을 요청한다. '살구꽃의 고함소리'의 그 소리가 '신의 소리-존재의 소리'가 아닌 것은 분명하다. [이 소리가 아닙니다. 저 소리가 아닙니다] 그리고, 모든 "꽃"에게 경배할 것을 요청한다. "꽃 보면/ 揖"! — 압권이다; 굳이 구별할 때, 신과 無의 상호공명이 수직적 상호공명이고 살구꽃-배추밭-내 이름들의 상호공명이 수평적 상호공명이다. 무슨 소용인가? — 안수환의 말일 것이다.

안수환의 시적 성취는 그 표면이 잠잠한 만큼이나 그 깊이를 측량하기가 곤란하다. 인수환의 시적 성취는 — 존재론을 넘어, 존재-神-론Onto-Theo-Logie을 넘어, 無의 형이상학에, '구제형이상학으로서 無의 형이상학'에 도달했다. '나머지는 침묵이다.'

신을 잃어버린 자가 있고, 신을 잊은 자가 있다. '신을 잃어버린 자 — 신을 잊은 자'와 '정태적 멜랑콜리커 — 동태적[역동적] 멜랑콜리커'가 상호유비이다. '신을 잊은 자로서 안수환'을 말할 때, 안수환을 역동적 멜랑콜리커로서 말해야 하는 까닭이다. 신의 유골함은 어쩌면 가장 큰 유골함이므로 안수환은 어쩌면 가장 큰 역동적 멜랑콜리커이다.